Historische und dogmatische Darstellung

des

strafbaren Bankerotts

unter besonders eingehender Untersuchung
der Schuldfrage.

Von

Karl Neumeyer.

Gekrönte Preisschrift.

München.
Verlag von J. Schweitzer.
1891.

Druck von C. Brügel & Sohn in Ansbach.

Dem Andenken

meiner teuern Mutter.

Inhaltsübersicht.

Historischer Teil.

Dogmatischer Teil.

Vorwort.

Eine „historische und dogmatische Darstellung des strafbaren Bankerotts unter besonders eingehender Untersuchung der Schuldfrage“ hat die juristische Fakultät der kgl. Ludwigs-Maximilians-Universität München als Preisaufgabe für das Jahr 1890/91 ausgeschrieben. Der Verfasser hat sich mit der vorliegenden Arbeit an dem Wettbewerb beteiligt, und es wurde ihm die hohe Ehre zu teil, von der Fakultät den vollen Preis zugesprochen zu erhalten.

Der Verfasser möchte mit seiner ersten Arbeit nicht in die Öffentlichkeit treten, ohne seinem verehrten Lehrer, Professor Dr. Birkmeyer in München, der ihn eingeführt in die Strafrechtswissenschaft, den schuldigen Dank zu erstatten. Dankbar möchte er an dieser Stelle aber auch der Fülle von Anregungen zu gedenken, die er in von Liszts genialem Lehrbuch des Strafrechts gefunden.

Die Arbeit selbst gerät mit den herrschenden Anschauungen nicht selten in Widerspruch. Nicht, um originell zu erscheinen! Der Verfasser hat es versucht, aus der geschichtlichen Entwickelung des Bankerotts ein Bild von seinem Wesen zu gewinnen, seine Auffassung des geltenden Rechts ist die natürliche Folge der dort gefundenen Ergebnisse. Möchte es ihm gelingen, dadurch beizutragen zu einer Festigung der schwankenden Begriffe des Bankerottrechts!

München, im Juli 1891.

Karl Neumeyer.

Historischer Teil.

Römisches Recht.

Ein Grundzug beherrscht das Schuldrecht der alten Welt, so wie es uns die ersten geschichtlichen Nachrichten erkennen lassen. Der Schuldner, der nicht zahlt, verfällt mit seiner Person und seiner Habe dem Gläubiger, gleichgiltig, ob er nicht zahlen will oder nicht kann, ob ihm die Unmöglichkeit zu erfüllen aus eigener Schuld erwächst oder aus unabwendbarem Zufall. Nur dem Schuldner selbst ist es möglich zu leisten. Erfüllt er nicht, so liegt es nahe, statt der unkörperlichen, unfaßbaren Leistung sich an die Person des Schuldners selbst zu halten, an den Träger jener Leistung, ihn in ganzer Person in die Gewalt desjenigen zu geben, dem er im einzelnen Fall seinen Willen unterzuordnen versprochen und — gleichviel aus welchem Grunde — nicht Wort gehalten hatte.[1]) Von selbst ergab sich dann die weitere Folge, daß dem Schuldner die seiner Gewalt unterworfenen Menschen und Sachen in seine Abhängigkeit nachfolgten. So berichten uns die alt- und neutestamentlichen Quellen von den Juden,[2]) so bestimmte es das Schuldrecht Griechenlands,[3]) so erzählt Cäsar von den Galliern,[4]) das war rechtens bei den Germanen, und so war auch das älteste römische Schuldrecht beschaffen.[5])

---

[1]) Vgl. von Bethmann-Hollweg, der römische Civilproceß 1864 ff. Bd. I, S. 194 ff.; Birkmeyer, Vermögen 1879 S. 36.

[2]) Reg. II, 4, 1; Evang. Math. XVIII, 25.

[3]) Plutarch. Sol. 15; Diodor. I, 79.

[4]) de bell. Gall. I, 4; VI, 13.

[5]) Vgl. überhaupt Kohler, Shakespeare vor dem Forum der Jurisprudenz 1883 S. 8 ff.

Natürlich fließen über die ältesten Zeiten die Nachrichten nur spärlich; immerhin wissen wir, daß dies Schuldrecht in seinen wesentlichen Zügen übereinstimmt mit jenem, wie es uns die zwölf Tafeln darstellen. [1])

Der Gläubiger, dessen Forderung feststeht durch Urteil oder Geständnis, oder dessen Schuldner sich in der feierlichen Form des nexum verpflichtet hat, klagt gegen den Säumigen im Wege der legis actio per manus iniectionem. Er bringt den Schuldner, der nicht freiwillig folgt, gewaltsam vor Gericht, um ihn unter richterlicher Autorität in sein Haus abzuführen (domum ducere). Der Schuldner hat zunächst eine vorläufige Haft durchzumachen, während der ihm die Möglichkeit geboten ist, sich durch Zahlung zu lösen. Einreden kann er geltend machen durch einen vindex. Die ductio gewährt dem Gläubiger nur ein Pfandrecht an der Person des Schuldners, [2]) der status des Schuldners bleibt unverändert. [3]) Über seine Behandlung enthält tab. III eingehende Vorschriften. Sechzig Tage dauerte diese Frist, während der ihn der Gläubiger an drei Markttagen auf das Forum führen sollte, ob ihn niemand auslöst. Nach Ablauf dieser Zeit verfällt das Pfand. Der Schuldner wird zum zweitenmal der Obrigkeit vorgeführt, und diese spricht ihn und seine Familie und sein lebendes und totes Gut dem Gläubiger als Eigentum zu (addictio). [4]) Der Gläubiger mag zum Ersatz für die nicht erhaltene Leistung den Schuldner in's Ausland verkaufen, vielleicht behält er ihn selbst als Schuldknecht, um sich aus seiner Arbeit bezahlt zu machen, [5]) oder er rächt sich für den erlittenen Ausfall, indem er den Schuldner tötet. [6])

---

[1]) Voigt, die Geschichte des römischen Exekutionsrechts, in den Berichten der sächsischen Gesellschaft der Wissenschaften 1883 S. 78. — Vgl. über das folgende hauptsächlich Gell. XX, 1, 45—49.

[2]) Bethmann-Hollweg Bd. I, S. 198.

[3]) Voigt S. 81.

[4]) Dion. VI, 37 u. a. Bethmann-Hollweg Bd. I, S. 199. Anders Puchta, Institutionen 1875 Bd. I, S. 155.

[5]) Bethmann-Hollweg a. a. O.; Grimm, deutsche Rechtsaltertümer 1828 S. 615. Dagegen Voigt S. 82.

[6]) Das berühmte »partes secare« der tab. III, 6 läßt sich gegenüber der überraschenden Analogie im altnordischen Recht (Gulathingslög 71) wohl nicht länger als Vermögensteilung fassen. Vgl. Kohler S. 30 ff.; Grimm S. 616 ff. Anderer Meinung Voigt S. 83 mit reichhaltigen Literaturangaben.

Schon im Altertum [1]) findet sich die Auffassung, als bedeuteten diese Bestimmungen der zwölf Tafeln eine „poena perfidiae“, und manche haben diese Ansicht seitdem angenommen. Allein diese Auffassung verstößt gegen den Gedanken, daß Strafe nur um Schuld möglich ist; vielmehr stellt das Verkaufs- und Tötungsrecht lediglich die bürgerlichen Rechtsfolgen der Nichterfüllung einer Forderung dar, ohne Rücksicht auf den Grund der Nichterfüllung.

Allerdings beginnen schon die zwölf Tafeln diese gleichmäßige Behandlung der Schuldner zu individualisieren: nach tab. VIII, 10 unterliegt der Schuldner aus einer fahrlässigen Brandstiftung, der den Schaden aus bösem Willen nicht ersetzt, der gewöhnlichen Exekution; „si minus idoneus sit, levius castigatur“ [2]): wer nicht zahlen will, ist strenger zu behandeln als derjenige, der nicht zahlen kann.

Die Praxis schwächte diese Härten bald ab. Der Schuldner erhielt durch die lex Valeria 412 a. u. das Recht, sich selbst zu verteidigen (Verfahren der manus iniectio pura) [3]). Tötung und Verkauf mochten dem Gläubiger unbequemer erscheinen, als der Weg, sich durch die Arbeit des Schuldners bezahlt zu machen, ein Zustand, der durch die lex Poetelia 428 a. u. [4]) seine gesetzliche Regelung erfuhr: Tötung und Verkauf eines römischen Bürgers werden verboten. [5]) Der addictus ist als freier Höriger zu betrachten [6]) und kann sich durch Zahlung jederzeit lösen. [7]) Zugleich wird dem nexum seine Exekutivkraft entzogen. [8]) Die wichtigste Bestimmung des Gesetzes war jedoch die Anerkennung eines selbständigen Rechtes auf das Vermögen des Schuldners:

Französische Schriftsteller wollen die ganze Stelle für unecht erklären. So Alauzet, commentaire du code de commerce 2e éd. Paris 1871 Bd. VI, S. 4 ff.

[1]) Gell. a. a. O.

[2]) l. 9 D 47, 9.

[3]) Bethmann-Hollweg Bd. I, S. 162.

[4]) So Voigt S. 86; Puchta Bd. I, S. 155; nach Bethmann-Hollweg Bd. I, S. 164 441 a. u.

[5]) Liv. VIII, 28, 8.

[6]) Quint. decl. 311.

[7]) Quint. J. O. V, 10, 60.

[8]) Liv. a. a. O.

„pecuniae creditae bona debitoris, non corpus obnoxium esse“. [1]) Dies neue Prinzip, im Verein mit den biegsameren Formen des Formularprozesses, schuf die Grundlage für ein geregeltes Exekutions- und Konkursverfahren, wie es der Prätor Rutilius im Jahre 643 der Stadt einführte. [2]) Die verletzten Gläubiger werden auf ihr Ansuchen vom Prätor in das Vermögen des Schuldners eingewiesen (missio in bona debitoris), wodurch der Schuldner die freie Verfügung über dasselbe verliert. Die Einweisung wird öffentlich bekannt gemacht (proscriptio). Nach Ablauf von dreißig Tagen beginnen die Verkaufsverhandlungen. Damit wird der Schuldner infam. Wer den Gläubigern die meisten Prozente ihrer Forderungen als Kaufpreis bietet, erhält das Vermögen des Schuldners als dessen Universalsuccessor (emptor bonorum.) [3]) Natürlich stand neben dieser honorarischen Vermögensexekution dem Gläubiger auch die civile Personalexekution alternativ und kumulativ zur Verfügung, [4]) nur ist das Verfahren den Grundsätzen des Formularprozesses angepaßt. [5])

Eine lex Popillia vom Jahre 673 der Stadt gewährt dem Schuldner, der bei eingetretener Zahlungsstockung seine Zahlungsfähigkeit beschwört (bonam copiam iurat), unter Befreiung von der Schuldhaft Stundung oder Zwangsvergleich. [6]) Die Vorschrift dürfte kaum grundsätzliche Bedeutung beanspruchen, es ist ein Tausch von Vorteil gegen Vorteil zwischen Gläubiger und Schuldner.

Von großer Bedeutung für die Entwicklung des Schuldrechts wurde dagegen die lex Julia iudiciorum privatorum vom Jahr 737 der Stadt, die im Wege der cessio bonorum — zunächst nur für Italien [7]) — ein neues Konkursverfahren mit neuen Prinzipien aufstellt. [8])

---

[1]) Liv. a. a. O. — Vgl. Birkmeyer S. 7.

[2]) Birkmeyer S. 10 bringt dasselbe in unmittelbaren zeitlichen Zusammenhang mit der lex Poetelia.

[3]) vgl. Cic. p. Quinct; Gai. III, 78 ff.

[4]) lex Rubria c. 22 vers. 47.

[5]) Bethmann-Hollweg Bd. II, S. 662 ff.

[6]) Voigt S. 108 ff.

[7]) l. 4 C. 7, 71.

[8]) Der Verfasser schließt sich im folgenden den Ausführungen Bethmann-Hollwegs Bd. II, S. 687 ff. an. Die Entwicklung dieses Instituts ist viel bestritten. Anders z. B. Puchta Bd. I, S. 559; Voigt S. 114 u. a.

Ausgehend von der Erfahrung, daß Schuldner in schwieriger Vermögenslage sich gerne über ihren Zustand täuschen, daß sie — optima fide — jeden Hoffnungsschimmer für Wirklichkeit nehmen, ein Mißlingen ihrer Berechnungen aber kaum in Betracht ziehen, bis sie sich plötzlich überzeugen müssen, daß für sie und ihre Gläubiger alles verloren ist — ausgehend von dieser Erfahrung, führte Augustus ein neues Befriedigungsverfahren ein, in welchem der Schuldner unter Erklärung seiner Zahlungsunfähigkeit sein Vermögen freiwillig an die Gläubiger abtritt. Dafür genießt er wesentliche Vorteile: er wird nicht infam, [1]) und er erhält das beneficium competentiae, wonach er weder jetzt, noch bei einer Wiederholung der Exekution in sein später erworbenes Vermögen in Schuldhaft genommen werden durfte. [2]) Diese Rechtswohlthat erweiterte sich in der Kaiserzeit dahin, daß dem Schuldner auch die zu seinem Unterhalt notwendigen Mittel gelassen werden mußten. [3]) Die cessio stand jedermann offen, sie erforderte nur eine ehrliche Selbstkritik des Schuldners bei Betrachtung seiner gegenwärtigen Vermögensverhältnisse. [4]) Damit war auch ihr Mißbrauch gegeben. Der entsittlichte Römer der Kaiserzeit mochte die Einrichtung dazu benützen, sein Vermögen bis auf den letzten Sesterz zu verprassen, um dann den Gläubigern zu erklären: jetzt habe ich nichts mehr, jetzt trete ich mein Vermögen ab. Deshalb ging Gratian einen Schritt weiter. Er verlangte nicht nur Ehrlichkeit bei der Auseinandersetzung, sondern auch Schuldlosigkeit bei der Verwendung des Vermögens. Nach l. 1 C. Th. 4, 20 soll sich niemand der Wohlthat der Cession erfreuen, „nisi forte propriorum dilapidationem bonorum aut latrociniis abrogatam aut fortasse naufragiis incendioque conflatam aut quolibet maioris impetus infortunio atque dispendio docuerit afflictam.“ Trugen nun künftig die Gläubiger auf missio an, während der Schuldner sich der cessio bedienen wollte, so war eine gerichtliche Entscheidung über die Zulassung des Schuldners zur Cession erforderlich. [5]) Auch

---

[1]) l. 11 C. 2, 12.

[2]) Dernburg, Pandekten 1884 Bd. II, S. 153. — l. 1 C. 7, 71 bestätigt durch nov. 135.

[3]) l. 173 pr. D. 50, 17.

[4]) Bethmann-Hollweg Bd. II, S. 689.

[5]) Bethmann-Hollweg Bd. III, S. 318.

wandte man sich darum an den Kaiser, der bei Gewährung der Bitte den Gläubigern die Wahl ließ zwischen Annahme der Cession und fünfjähriger Stundung ihrer Forderungen. [1])

Für Personen senatorischen Ranges erlaubte ein Senatusconsult indes eine weitere gemilderte Konkursform: es konnte zur Umgehung der infamierenden bonorum venditio ein curator bonis distrahendis bestellt werden, der den Verkauf des Vermögens im einzelnen besorgte. Doch waren die Gläubiger rechtlich nicht gezwungen, sich dieser Form zu bedienen. [2])

Die spätere Kaiserzeit (seit Antoninus Pius) entwickelte den Begriff der Spezialexekution durch pignoris capio. Der einzelne Gläubiger wird solche Befriedigung dem umständlicheren Verfahren durch missio oder cessio vorziehen, so daß diese letzteren das eigentliche Konkurs-Verfahren darstellen. Durch die Ausbildung der Cession war aber die Stellung der missio völlig geändert worden. Der schuldlos Insolvente ergreift natürlich die Cession mit ihren Vorteilen, so daß das Verfahren per missionem — von seiner Anwendung gegen den contumax abgesehen — die eigentümliche Exekution für eine schuldhaft herbeigeführte Zahlungsunfähigkeit wird. Im Falle vorsätzlich herbeigeführter Zahlungsunfähigkeit werden die Rechtsfolgen der missio noch geschärft durch den Verlust des beneficium competentiae, wo es nach anderen Rechtssätzen begründet wäre. [3]) Gegen früher hat das Verfahren einige Veränderungen erfahren, insbesondere wird der Verkauf nicht mehr auf dem Wege der Universalsuccession vollzogen, sondern ein Kurator bestellt, der das Vermögen des Gemeinschuldners durch Einzelverkauf zu verwerten hat. [4]) Die neben der missio zulässige Schuldhaft wird nicht mehr beim Gläubiger vollstreckt, sondern im öffentlichen Schuldgefängnis (carcer). Zuwiderhandeln gegen diese Bestimmung gilt als Majestätsverbrechen. [5])

Dergestalt suchte das römische Recht die Befriedigung des Gläubigers zu erzwingen. Allein es handelte sich für die Rechts-

---

[1]) l. 8 C. 7, 71.

[2]) l. 5, l. 9 D. 27, 10.

[3]) l. 51 pr. D. 42, 1.

[4]) l. 10 § 2 C. 7, 72.

[5]) l. 1 C. Th. 9, 11.

ordnung nicht nur um die Herbeiführung der Exekution, sondern auch um deren Schutz gegen Verletzungen.

Der Schuldner hatte eine doppelte Möglichkeit, die Exekution zu hintertreiben: indem er sie rechtlich oder thatsächlich unmöglich machte. In ersterer Beziehung ist an die Bestimmung der älteren Zeit zu erinnern, wonach der Schuldner, der auswandert, um in einem fremden Staate das Bürgerrecht zu erwerben (qui exilii causa solum vertit), eine capitis deminutio erleidet, durch welche seine Schulden erlöschen; [1]) es war damit dem unehrlichen Schuldner leicht gemacht, seine Gläubiger um ihre Ansprüche zu betrügen, [2]) diesen blieb nur die Möglichkeit, das etwa zurückgelassene Vermögen des Schuldners zu okkupieren. Doch beschränkten Staatsverträge mit den verbündeten italischen Städten dies ius exilii frühzeitig. [3])

Ungleich wichtiger ist der Fall, daß der Schuldner seinen Gläubigern thatsächlich ein Objekt entzieht, das bei der Exekution zu ihrer Befriedigung hätte dienen sollen.

Ein solches Exekutionsobjekt ist vor allem die Person des Schuldners. Schon das Zwölftafelrecht unterwirft den vindex, der dem Gläubiger seinen Schuldknecht streitig macht, der poena dupli, freilich ohne jede Berücksichtigung einer Schuld auf Seiten des vindex. Andrerseits gehört es hierher, wenn der Schuldner vor der Exekution die Flucht ergreift. Der Gläubiger wird dadurch in doppelter Beziehung verletzt: der Schuldner versperrt ihm den ordentlichen Prozeßweg — der Legisaktionen- und der Formularprozeß sind ohne seine Gegenwart nicht denkbar [4]) — und er entzieht ihm einen Gegenstand seiner Befriedigung. Nur dieser letztere Punkt kann uns hier interessieren. Zur Zeit, da noch die Schuldknechtschaft bestand, stellt der addictus einen Vermögenswert dar, so gut wie jeder Sklave. Der Schuldner, der sich der addictio entzieht, verletzt durch seine Flucht den Gläubiger unmittelbar. Mit der Aufhebung der Schuldknechtschaft erlosch die Möglichkeit einer solchen Schädigung. Allein auch die bloße Schuldhaft hat

---

[1]) Gai. IV, 38.

[2]) Vgl. Cic. pro Caec. 34.

[3]) Bethmann-Hollweg Bd. I, S. 113.

[4]) Bethmann-Hollweg Bd. II, S. 555.

einen Vermögenswert für den Gläubiger: zunächst durch die Arbeitskraft des Schuldners, der den Gläubiger durch Abarbeiten seiner Schuld noch vollständig befriedigen kann — und dann durch den Druck, welcher durch die Haft auf den Schuldner und seine Angehörigen geübt wird, alle Mittel aufzubieten, um durch Befriedigung des Gläubigers die Schuldhaft abzuwenden. Und eine solche Möglichkeit der Verletzung, wie sie die Vereitelung der Schuldhaft in sich schloß, war während der ganzen Dauer des römischen Rechtes gegeben. Allein die römischen Quellen behandeln die Abwesenheit des Schuldners nur unter dem Gesichtspunkt der mangelnden Verteidigung.[1]) Es handelt sich also nicht um einen Angriff auf das Vermögen, das dem Gläubiger zur Befriedigung dienen soll, sondern um einen prozessualen Angriff — zur Zeit der legisactio und formula gegen den Gläubiger, der lädt — im Kognitionsprozeß gegen den ladenden Richter, sodaß sich schließlich der Angriff gegen die staatliche Rechtspflege wendet.[2]) Da es aber bei der römischen Behandlungsweise des Stoffes nur darauf ankam, die Gläubiger möglichst schadlos zu halten, war durch die Entschädigung für den Prozeßnachteil eine gesonderte Behandlung dieser Vermögensverletzung abgeschnitten.

Mit der Einführung der reinen Vermögensexekution durch bonorum venditio nahmen auch die Angriffe auf das Vermögen eine andere Gestalt an. Es handelte sich jetzt darum, eine Entwertung der Masse nach Kräften zu verhüten, und zu diesem Behufe hatte die Rechtsordnung verschiedene Möglichkeiten vorgesehen. Zunächst erhielten die eingewiesenen Gläubiger die custodia in Beziehung auf das schuldnerische Vermögen, so daß sie eine etwaige Verkürzung auf Rechnung ihrer eigenen Unvorsichtigkeit setzen mußten.[3]) Weiter gewährte die missio — und die cessio stand ihr gleich — prätorisches Pfandrecht.[4]) Gegen die Erhebung unbefugter Ansprüche an die Masse schützte die gerichtliche Untersuchung über die Berechtigung der Forderungen.[5]) Eine Sicherheit gegen Verletzung der Gläubiger beim Verkauf

[1]) So l. 36 D. 42, 5; l. 7 § 5 D. 42, 4.
[2]) Vgl. l. 53 pr. D. 42, 1.
[3]) l. 3 § 23 D. 41, 2.
[4]) l. 26 pr. D. 13, 7; l. 35 D. 42, 5.
[5]) l. 8 D. 42, 3; l. 10 pr. C. 7, 72.

bot die Protokollierung desselben und der Eid des Verkäufers, daß er die Masse möglichst vorteilhaft veräußert habe. [1]) Einen Schutz gewährte ferner der Manifestationseid des bonis cedens, wie ihn nov. 135 vorschreibt.

Der wirksamste Schutz der Gläubiger gegen Verkürzung bestand jedoch in einer Reihe von Klagen, die man unter dem Namen der paulianischen Klage zusammenzufassen pflegt. [2]) Ihren geschichtlichen Ausgangspunkt hat diese Klage in einer utilis rei vindicatio, welche im Falle einer venditio bonorum den Gläubigern und dem emptor gewährt wurde zur Wiedererlangung von Vermögensstücken, die der Schuldner betrüglicher Weise veräußert hatte. [3]) Dieser Eigentumsklage stellte der Prätor an die Seite das interdictum fraudatorium, für welches der Nachweis nicht erforderlich war, daß der veräußerte Gegenstand Eigentum des Schuldners gewesen. [4]) An das Interdikt schloß sich eine actio in factum, die auch gegen den bona fide-Erwerber gerichtet war. [5]) Fraudulos geschlossenen Kontrakten verweigerte der Prätor die Klagbarkeit. [6]) — Eine umfassendere fraudatorische Klage stand im Kuratorenkonkurs zur Verfügung. [7]) — Das justinianische Recht hat diese verschiedenen Klagen unter dem Namen der actio Pauliana verschmolzen. [8])

Für den Thatbestand dieser Klage sind drei Momente erforderlich: erstens eine Entäußerung von Vermögen seitens des Schuldners, und zwar eine Entäußerung im weitesten Sinne des Wortes. [9]) Zurückweisung eines angebotenen Erwerbs, [10]) ebenso die Befriedigung einzelner Gläubiger in der Absicht, sie zu begünstigen, [11]) fallen

---

[1]) l. 10 § 3 C. 7, 72.

[2]) D. tit. 42, 8; C. tit. 7, 75.

[3]) § 6 J. IV, 6.

[4]) l. 10 pr. D. 42, 8.

[5]) l. 10 pr. D. 42, 8.

[6]) l. 25 D. 42, 5.

[7]) l. 1 pr. D. 42, 8.

[8]) So Dernburg Bd. II, S. 366 ff. Die Entwickelung der Klage ist sehr bestritten. Vgl. Arndts, Pandekten 13. Aufl. 1886 S. 445; Windscheid, Pandekten 6. Aufl. 1887 Bd. II, S. 774 Anm. 1 und die dort citierte Literatur.

[9]) l. 1 § 2, l. 2, l. 3 pr. D. h. t.

[10]) l. 6 pr. § 5 D. h. t.

[11]) l. 6 § 7 D. h. t.

nicht unter den Begriff der Pauliana, selbst vorzeitige Zahlungen nur bis zum Belauf des Zinses der Zwischenzeit.[1])

Zweitens muß die Veräußerung erfolgen animo fraudandi, in der Absicht, die Gläubiger zu verkürzen.[2]) Es ergibt sich hier die Frage, ob aus dem Bewußtsein einer Benachteiligung der Gläubiger auch auf die Absicht (das Motiv) des Schuldners geschlossen werden dürfe, jene zu benachteiligen. l. 17 D. 42, 8 beantwortet die Frage in kaum zweifelhafter Weise dahin, daß das Bewußtsein einer Verkürzung auch die darauf gerichtete Absicht einschließen soll.[3]) Doch muß mit Schärfe betont werden, daß es sich hier um eine positiv-rechtliche Singularität handelt, welche dem Geist der Sprache Zwang anthut. „animus“ und „causa“ drücken stets den Zweck einer Handlung aus.[4]) Trefflich hebt denn auch Ulpian diesen Gegensatz von Vorsatz und Absicht in einem ganz ähnlichen Falle (l. 7 § 5 D. 42, 4) hervor: „Is, qui fraudationis causa latitet, non tamen propter creditores, etsi haec latitatio creditores fraudet, in ea tamen erit causa, ne hinc possideri bona eius possint, quia non hoc animo latitet, ut fraudet creditores: animus enim latitantis quaeritur, quo animo latitet, ut fraudet creditores, an alia ex causa“.

Als drittes Erfordernis der paulianischen Klage kommt endlich noch die Verwirklichung jener Absicht in Betracht.

Zunächst ist die Klage praktisch gegen den dolosen Geschäftsgenossen. Jedoch kann im Gegensatz zu der Regel, daß der Gemeinschuldner nach dem Verkauf seines Vermögens gegen Klagen ex ante gesto geschützt ist, auch der betrügliche Schuldner selbst strafweise mit dieser Klage belangt werden:[5]) „si quaedam dis-

---

[1]) l. 10 § 12 D. h. t.

[2]) l. 1 pr. § 1, l. 17 § 1 D. h. t. l. 10 D. 40, 9.

[3]) Dieser Auffassung hat sich auch die Glosse angeschlossen (vgl. z. B. Straccha, tractatus de decoctoribus III, 34. Benutzte Ausgabe „de mercatura“, Lugduni 1621), und es folgen ihr fast ausnahmslos die neueren Schriftsteller, so Windscheid Bd. II, S. 777 A. 9; Dernburg Bd. II, S. 369. Vgl. über den Stand der Ansichten insbesondere Otto, die Anfechtung von Rechtshandlungen 1881 S. 97 ff.

[4]) Vgl. Arndts S. 118. — Diese Bedeutung des „animus“ und der „causa“ übersieht Otto S. 98 ff., wenn er die Bestimmungen des römischen Rechts aus dem Wortsinn der „fraus“ rechtfertigen will.

[5]) l. 25 § 7 D. h. t.

perdidisset, si nulla ratione reciperari possent, nihilominus actio in eum dabitur, et praetor non tam emolumentum actionis intueri videtur in eo, qui exutus est bonis, quam poenam", d. h. es wird gegen den Schuldner auf Schadenersatz geklagt; bei seiner Mittellosigkeit kann er solchen nicht leisten und verfällt damit den Nachteilen der Zahlungsunfähigkeit, vor allem der Schuldhaft. So ist mit dieser Bestimmung das römische Recht sogar auf dem Wege, einen strafbaren Bankerott zu konstruieren — allein war schon diese „poena" keine Strafe, sondern nur die Unterwerfung unter Nachteile des Privatrechts, so tritt die Halbheit der Maßregel erst recht deutlich hervor durch die beigefügte Bedingung: erst wenn die verletzten Gläubiger nicht entschädigt werden, dürfen sie strafweise gegen die Person des Schuldners vorgehen.

Schließlich sei noch auf die actio doli hingewiesen, die gegen jede vorsätzliche Vermögensbeschädigung gewährt wird, gegen welche keine andere Klage gegeben ist.[1])

So hatte das römische Privatrecht wichtige Begriffe ausgebildet; allein die Entwickelung dieser Materien griff auch noch auf ein anderes Gebiet über, auf den Boden gesellschaftlicher Anschauungen.

Den Schuldner, der in Vermögensverfall geraten, trifft die allgemeine Verachtung. — Das Gesetz kann jemand für einen Erfolg strafen, den er nicht verschuldet hat. Die Mißachtung eines Menschen seitens der öffentlichen Meinung läßt sich kaum denken, ohne daß den Verachteten zugleich ein Vorwurf treffen müßte. Wenn sich daher die Mehrzahl der uns erhaltenen diesbezüglichen Nachrichten auf den zahlungsunfähigen Schuldner schlechtweg bezieht, so dürfen wir wohl trotzdem annehmen, daß die meisten dieser Maßregeln nur dem schuldhafter

---

[1]) Tit. D. 4, 3; C. 2, 20. — München, das kanonische Strafrecht 1866 S. 559 behauptet bei Erwähnung des „betrügerisch herbeigeführten Unvermögens des Schuldners, seine Gläubiger zu befriedigen, des betrügerischen Bankerotts" (!): „Gegen einen solchen Schuldner würde die Klage wegen dolus erfolglos sein," unter Berufung auf l. 6 D. h. t. Wir können jedoch aus l. 5 und 6 nur das genaue Gegenteil dieser Behauptung herauslesen: die actio doli wird gerade gewährt, wenn die Vermögenslosigkeit des Gegners eine andere Klage aussichtslos erscheinen läßt.

Weise Verarmten galten. Was die Art der Verschuldung anlangt, so sei hier beispielsweise hingewiesen auf eine Stelle des Seneca,[1]) der dem durch casus Verarmten einen gegenüberstellt, „qui pecuniam, quam a creditore acceperat, libidine aut alea absumpsit".

Einen solchen belegte schon der Censor, die Verkörperung des Volksgewissens zu Zeiten der Republik, mit seiner Rüge.[2]) Er war unfähig, Priester zu werden.[3]) Im Prozesse hatte er als persona suspecta Kaution zu leisten, daß er die Verteidigung übernehmen und im Falle seiner Verurteilung zahlen werde.[4]) Im Theater war er vermutlich von gewissen Plätzen ausgeschlossen, oder es war ihm der Zutritt gänzlich verwehrt,[5]) der Zuwiderhandelnde war mit Strafe bedroht.[6])

[1]) de benef. VII, 16.

[2]) Rein, in der Realencyklopädie von Pauly-Teuffel 1842 Bd. II, S. 882.

[3]) Cic. Phil. II, 2.

[4]) Gai. IV, 102.

[5]) Man pflegt hier vorzugsweise die lex Roscia vom Jahre 687 der Stadt anzuführen, gestützt auf Cic. Phil. II, 18. Die Stelle lautet in ihrem Zusammenhang: „Tenesne memoria praetextatum te decoxisse? Patris inquies, ista culpa est. Illud tamen audaciae tuae, quod sedisti in quattuordecim ordinibus, cum esset lege Roscia decoctoribus certus locus constitutus, quamvis quis fortunae vitio, non suo decoxisset." „Du selbst willst kein decoctor sein, deinen Vater treffe die Schuld — gut. Aber gegen die lex Roscia hast du dich doch vergangen. Die trifft einen „decoctor", mag er an seinem Vermögensverfall noch so unschuldig sein", d. h. eben nicht nur den decoctor, nicht nur denjenigen, der seinen Vermögensverfall verschuldet hat, sondern jeden Vermögenslosen. Die Stelle dürfte also wohl das Gegenteil von dem beweisen, was sie beweisen sollte. — Uebereinstimmend berichten denn auch andere Schriftsteller, daß es sich bei dem Gesetze des Roscius nur darum handelte, ob jemand den rittermäßigen Census besaß oder nicht, um in den vierzehn Reihen nächst der Orchestra sitzen zu dürfen. Nicht nach der früheren, sondern nach der gegenwärtigen Vermögenslage wird dabei gefragt. Vgl. Hor. ep. I, 1, 65 „rem facias, rem. . ut proprius spectes lacrimosa poemata Pupi"; epod. 4, 16; Juv. sat. III, 153 ff.: „exeat . . . . cuius res legi non sufficit"; Suet. Oct. 40. Vgl. auch Drumann, Geschichte Roms 1841 Bd. V, S. 352; Rudorff, römische Rechtsgeschichte 1857 Bd. I, S. 36. Allerdings scheinen aber Theatergesetze ergangen zu sein, die thatsächlich von einem sittenrichterlichen Standpunkte den decoctores gegenüber ausgingen. Die Stelle bei Spart. Hadr. 18 (s. die folgende Anmerkung) setzt ein solches wohl voraus, und auch Suet. Dom. 8 scheint auf einen derartigen Standpunkt hinzuweisen: „suscepta correctione morum licentiam theatralem

Ueberhaupt traf den Gemeinschuldner, sofern er nicht bonis cediert hatte, die Infamie. Direkt sprechen denn auch die römischen Schriftsteller an verschiedenen Stellen von der Anrüchigkeit des leichtfertigen Schuldners. Cicero (Phil. II, 18) wirft es dem Antonius als Schimpf vor: „Tenesne memoria praetextatum te decoxisse?“ Juvenal (Sat. XI, 50 ff.) klagt von seiner entarteten Zeit: „Cedere namque foro iam non est deterius quam . . Esquilias a ferventi migrare Subura.“ „Turpe est creditori decoquere“, sagt Seneca ep. 36, und ähnlich de benef. I, 1.

So war denn der Thatbestand einer schuldhaften Zahlungsunfähigkeit mit aller Schärfe entwickelt, so hatte die allgemeine Volksstimme die Verwerflichkeit solchen Thuns mit größter Entschiedenheit ausgesprochen, so waren denn alle Bedingungen gegeben, die die Strafe herausfordern mußten — und die Strafe kam nicht. Allerdings ergingen zahlreiche Gesetze gegen übertriebenen Aufwand, es findet sich eine Bestrafung des Spielens, [1]) allein dies sind Maßregeln, die mit der dadurch etwa herbeigeführten Zahlungsunfähigkeit des Schuldners nichts zu thun haben. Und auch die Versagung einer Wohlthat, wie der cessio bonorum, gegenüber einem leichtfertigen Schuldner kann nicht wohl als Strafe bezeichnet werden.

Die Gründe für den Nichteintritt einer Bestrafung mochten verschiedenster Art sein. Für die älteste Zeit des römischen Rechtes

---

promiscue spectandi in equite prohibuit“. In der That findet sich bei dem Neapolitaner Rechtsgelehrten Alexander ab Alexandro (genialium dierum V, 16. Benutzte Ausgabe Paris 1561) die Bemerkung: „Othonis lege decoctoribus qui fortunae naufragio . . . decoxissent, certus in theatro locus constitutus erat . . Qui vero . . vilitate et gula aut luxuria se autorassent vel aere obligassent, a theatro arcebantur penitus.“ Bei der mangelnden Angabe von Belegen ist die Nachricht nicht zu kontrollieren.

[6]) Spart. Hadr. 18: „decoctores bonorum suorum, si suae auctoritatis essent, catomidiari in amphitheatro et dimitti iussit“. Der heruntergekommene Schuldner, der sich auf einen ihm nicht zukommenden Platz drängt, soll geprügelt und aus dem Theater entfernt werden. Es dies vielleicht dieselbe „poena theatralis“, von der Suet. Oct. 40 spricht. — Gegen die Auffassung der Stelle als einer Bemerkung über die Bestrafung der decoctores spricht sowohl der Umstand, daß das Theater keine gewöhnliche Gerichtstätte war, als auch daß alsdann das Wort dimittere einen unbegreiflichen Pleonasmus darstellen würde.

[1]) Vgl. Schönhardt, „alea“ 1885.

gilt, wie für andere jugendliche Rechtsbildungen, der Satz, daß das Recht nur auf die sinnfällige Verletzung reagiert, ohne nach dem woher? zu fragen. Daraus folgte für unsern Fall eine harte Exekution gegen Alle, aber keine Strafe gegen den Schuldigen. Für die spätere Zeit, als man schon angefangen hatte, nach dem Maße der Schuld zu unterscheiden, mochten Gründe für die Erhaltung des alten Rechtszustandes hereinspielen, wie sie Seneca einmal[1]) ausführt: „Quid tu tam imprudentes iudicas maiores nostros fuisse, ut non intelligerent iniquissimum esse eodem loco haberi eum, qui pecuniam, quam a creditore acceperat, libidine aut alea absumpsit, et eum, qui incendio aut latrocinio, aut aliquo casu tristiore aliena cum suis perdidit? nullam excusationem receperunt, ut homines scirent fidem utique praestandam." Zu einer Zeit, da in Rom noch Reste der alten Sitteneinfalt vorhanden waren, da der aufblühende Handel eine ausgedehntere Geldwirtschaft mit sich brachte, die beginnende Weltstadt aber auch allerlei unlautere Elemente an sich zog — erscheint ein solcher Schutz des Kredits einleuchtend. Aber später, als sich mit den klassischen Juristen der Schuldbegriff machtvoll Bahn brach und sich in den Vordergrund der Rechtserwägungen stellte,[2]) als der Gegensatz der cessio und missio das Unrecht des leichtsinnigen Schuldners ins helle Tageslicht rückte? Der Grund liegt wohl tiefer: er ist im Wesen des römischen Rechtes selbst zu suchen. Das mächtige Fundament des römischen Rechtsbaues, den Mittelpunkt seiner Entwickelung, bildet der Begriff des Eigentums, das starke Recht des Individuums; und die Durchführung des Prinzips in eherner Folgerichtigkeit ließ das Werk den Jahrhunderten trotzen. Auch unsere Materie weist seinen Einfluß auf. Der unbefriedigte Gläubiger sollte befriedigt werden, Entschädigung sollte dem Verletzten geboten werden, soweit es die Umstände erlaubten. Wer hatte da noch ein weiteres Interesse an der Verfolgung solcher Handlungen? Etwa der Staat? Die römische Kaiserzeit hatte keinen Beruf zur Strafgesetzgebung. Das Strafrecht war viel zu sehr mit der Politik verwachsen, als daß es zu einer gedeihlichen und ungestörten Entwickelung hätte kommen

[1]) de benef. VII, 16.

[2]) Vgl. Ihering, das Schuldmoment im römischen Privatrecht 1867.

können. Und für ein „punitur ne peccetur", wie es Seneca predigt, war bei der Härte der Exekution auch kein Bedürfnis vorhanden.

Freilich, wenn man manche Buchschreiber des 16. oder 17. Jahrhunderts liest, die in naiver Kritiklosigkeit von Alten und Neuen abschreiben, sollte man meinen, daß dem leichtsinnigen Schuldner ein wohlgefügtes Strafensystem gegenüberstand; und auch in manche moderne Werke ist einiges davon übergegangen. Dahin gehört etwa, daß der Schuldner, der über das Maß seines Vermögens gespielt, mit dem Exil bestraft wurde[1]), daß derjenige, den überhaupt ein Verschulden trifft an der Zerrüttung seiner Vermögensverhältnisse, an der columna Maenia ausgepeitscht worden,[2]) ja daß ein solcher mit dem Tode bestraft

---

[1]) So Souterius, de alea veterum, in Gronovii thesaurus VII, 1091 Venedig 1732. — Ein Versuch, die Irrtümer nachzuweisen, welche zu dieser Auffassung führten, bei Schönhardt „alea" S. 20 ff.

[2]) So Georges in seinem lateinisch-deutschen Handwörterbuch unter columna: „columna Maenia . . Schandsäule auf dem forum Romanum, an welcher Sklaven, Diebe und böse Schuldner gerichtet und bestraft wurden, Cic. div. in Caec. 16, 50." Die angezogene Stelle spricht jedoch weder von Sklaven noch von bösen Schuldnern, während das bisweilen citierte Scholion des Pseudo-Asconius zu dieser Stelle (Cic. op. ed. Orelli 1833 Bd. V, 2 S. 121) lautet: „fures et servi nequam apud tresviros capitales apud columnam Maeniam puniri solent". — Ebenso findet sich die Behauptung bei von Hoiningen, Beiträge zur geschichtlichen Entwickelung des strafbaren Bankerotts in Deutschland 1878 S. 3. Hoiningen scheint seine Notiz geschöpft zu haben aus Sauter, mastix fallitorum Lugd. Bat. 1619 S. 11 oder aus Marquard, de iure mercatorum Frankfurt 1662 IV, 10, § 12. Beide berufen sich auf das eben angeführte Scholion oder auch auf eine Stelle aus den „Bacchides" des Plautus: „abducite hunc intro u. s. w."! Die weiter citierte l. 40 C. 10, 32 bezieht sich nur auf die Unterschlagung öffentlicher Gelder. Auch Speidel (speculum iuridico — politicum u. s. w. Nürnberg 1683 S. 102) und Moller (gründlicher Bericht von der Bankerottirer Leben und Wandel, Frankfurt und Leipzig 1714 S. 91 ff.) wissen ähnliches zu erzählen. Wir konnten nur eine Nachricht finden, welche die decoctores mit der columna Maenia verbindet, und zwar ist dies eine Bemerkung des vatikanischen Scholiasten zu Cic. pr. Sext. 8, 18 (ed. Orelli V, 2, 295). Derselbe spricht von einem „locus in vicinia fori, ubi erat etiam columna Maenia, apud quam debitores a creditoribus proscribebantur. scimus praeterea columnam . . ." Das übrige ist leider zu grunde gegangen. Die Säule war errichtet zu Ehren des Konsuls

wurde:[1]) allein alle diese Nachrichten erweisen sich bei näherem Zusehen kaum als stichhaltig.

So viel von der verschuldeten Insolvenz. Noch dürftigere Ergebnisse liefert in strafrechtlicher Beziehung eine Untersuchung des Begriffes der betrügerischen Verminderung der Konkursmasse. Die Häufigkeit einer verschuldeten Insolvenz steht im engsten Zusammenhange mit der Kulturgeschichte ihrer Zeit. Wo sich die allgemeine Lebensführung zu Leichtsinn und Genußsucht hinneigt, da wird sich dies auch in einer leichtfertigen Vergeudung des Vermögens äußern, das den Gläubigern zu ihrer künftigen Befriedigung dienen soll. Auch die Häufigkeit einer böswilligen Schmälerung der Konkursmasse seitens des Gemeinschuldners steht natürlich unter dem Einfluß einer mehr oder minder skrupelfreien Volksmoral. Allein derartige rechtswidrige Handlungen bilden doch immer nur eine vereinzelte Erscheinung. Und so ist es begreiflich, daß die schuldhaft herbeigeführte Zahlungsunfähigkeit in der öffentlichen Meinung Roms eine bedeutende

---

Mänius, dessen Konsulat in das Jahr 416 der Stadt fällt. (Realencyklopädie Bd. IV, S. 1358), eine Zeit, zu der die Personalexekution noch in höchster Blüte stand. Vergleicht man nun obige Bemerkung mit der Stelle des Gellius XX, 1, 46, der von den domum ducti berichtet: „trinis nundinis continuis ad praetorem in comitium producebantur, quantaeque pecuniae iudicati essent, praedicabatur“ — so wird man wohl nicht fehl gehen, wenn man in jener proscriptio nichts anderes, als die bekannte Ausstellung des Schuldners erblickt, um jemand zu seiner Auslösung zu veranlassen.

[1]) So Sauter a. a. O. S. 35, der eine harmlose Bemerkung des Tacitus Ann. 15 über die Milde des Tiberius: „pecuniae caussa neminem occidit“ in diesem Sinne ausbeutet und sich weiter auf Amm. Marc. 27, 7 beruft: „itemque aliud audiebatur horrendum, quod, ubi debitorum aliquem egestate obstrictum nihil reddere posse dicebatur, interfici debere pronuntiabat“. Zunächst ist eine Maßregel, die jeden egestate obstrictum ohne Rücksicht auf den Grund der Zahlungsunfähigkeit trifft, keine Strafe; und dabei soll gerade Valentinians rechtswidrige Tyrannenwillkür geschildert werden. Marquard a. a. O. IV, 29 bringt die gleiche Nachricht, indem er sich außer auf Amm. Marc. 27, 7 noch auf die „supplicia“ der l. 1 C. Th. 4, 20 bezieht. Bekanntlich ist dies die Stelle, welche durch die Gewährung der cessio bonorum den unschuldig Verarmten ausnimmt von den „supplicia“ der regelmäßigen Exekution, d. h. von der sonst eintretenden Schuldhaft und Infamie.

Rolle spielt, während über den paulianischen Thatbestand in dieser Beziehung kaum etwas Besonderes zu bemerken ist.[1]) Noch weniger hat es dieser Thatbestand zu einer selbständigen strafrechtlichen Verkörperung gebracht.[2]) Unter den Gründen dieser Nichtbeachtung mag auch hier wieder der Umstand als ausschlaggebend erscheinen, daß dem beschädigten Gläubiger durch ein wohlgegliedertes System von Vorschriften des Privatrechts nach Möglichkeit eine Schadloshaltung gewährleistet war, ein weiteres Interesse aber für niemand bestand.

Immerhin konnten einzelne diesbezügliche Handlungen unter bekannte strafrechtliche Thatbestände eingereiht werden.

So unter den stellionatus.[3]) Den Thatbestand des Delikts erfüllt eine vorsätzliche Vermögensbeschädigung, für welche der Thäter nicht aus einem anderen Strafgesetz zur Rechenschaft gezogen werden kann.[4]) Von den in l. 3 D. h. t. angeführten Beispielen paßt der Fall, daß jemand „merces obligatas averterit", auf eine betrügliche Verminderung der Konkursmasse, insofern missio und cessio ein Pfandrecht gewährten (s. oben S. 8). Anwendbar war vielleicht auch der Fall des „merces supprimere", doch dürfte der Gesetzgeber dabei in erster Linie an den Verkäufer gedacht haben, der die bezahlte Waare nicht abliefert[5]).

Ein veränderter Gesichtspunkt ist maßgebend bei der Beurteilung mancher Handlungen als falsa:[6]) der Thäter wird nicht gestraft wegen der Vermögensbeschädigung seiner Gläubiger,

---

[1]) Es mag für die Beurteilung einer solchen Handlungsweise allenfalls auf Apuleius apol. 554 und 555 verwiesen werden.

[2]) Milone behauptet merkwürdiger Weise im archivio giuridico Bd. XVI, S. 178 von den betrügerischen Schuldnern: „I frodatori andavano soggetti alle più gravi pene che fossero conosciute nella legislazione romana e il più delle volte eran puniti con l'estremo supplizio", ohne jedoch einen Gewährsmann für seine Behauptung zu nennen. Wir konnten im römischen Recht nicht den geringsten Anhaltspunkt für dieselbe entdecken, und sie dürfte wohl auf Quellen zurückzuführen sein, wie die in der vorletzten Anmerkung erwähnten.

[3]) tit. D. 47, 20; C. 9, 34.

[4]) Rein, das Kriminalrecht der Römer 1844 S. 332 ff.

[5]) Vgl. Sternberg, de crimine stellionatus 1838 S. 40.

[6]) tit. D. 48, 10; C. 9, 22.

sondern wegen seines Angriffes auf Treu und Glauben im rechtlichen Verkehr. Der Zusammenhang mit unserer Materie ist daher nur ein dürftiger. Im einzelnen sei hingewiesen auf l. 15 C. 9, 22, die auch gegen ein betrügerisches Einverständnis zwischen dem Gemeinschuldner und einem Gläubiger zum Schaden der übrigen Konkursgläubiger schützt. Insbesondere ist hier an die Verfälschung der Geschäftsbücher zu erinnern. Führte doch schon zu Zeiten der Republik der ordentliche Hausvater ein Schuldbuch (codex)[1]; die Bücher der Bankiers genossen nach Pandektenrecht sogar öffentlichen Glauben.[2]) Eine böswillige Veränderung von Bucheinträgen wird daher als falsum bestraft.[3])

Schließlich ist auch noch das furtum zu erwähnen, die „contrectatio rei fraudulosa lucri faciendi gratia".[4]) Von den im Gesetz angeführten Fällen dürften l. 12 § 2 und l. 67 D. h. t. als anwendbar erscheinen, welche die Entwendung, bzw. den Verkauf einer verpfändeten Sache seitens des Verpfänders als Diebstahl bezeichnen, da ja der Konkurs ein Pfandrecht der Gläubiger begründet. Weiter ist nach l. 34 pr. derjenige als Dieb zu betrachten, welcher sich betrüglicher Weise als Gläubiger aufspielt und auf diese Weise etwas aus der Masse erhalten hat.

So ergibt sich denn bei der Betrachtung des römischen Rechts für die Geschichte des strafbaren Bankerotts unmittelbar ein durchaus negatives Resultat. Und doch ist gerade das römische Recht von hervorragender Bedeutung für unsern Gegenstand. In den beiden Thatbeständen der cessio bonorum und der paulianischen Klage hat es Begriffe gezeitigt, die in musterhafter Klarheit zwei Gruppen von Verletzungen der Gläubigergesammtheit hinsichtlich eines Konkurses darstellen, die erste eine schuldhafte Herbeiführung der Zahlungsunfähigkeit, die zweite eine Verletzung der Gläubiger bei einem an sich schon gegebenen Konkurs. Eine derartige — so natürliche — Trennung der beiden Thatbestände ist bis auf den heutigen Tag nicht wieder erreicht worden.

Und dabei beherrschen die Sätze des römischen Rechts Mittelalter und Neuzeit — diesmal freilich ein minder begrüßenswerter

¹) Ps. Ascon. in Cic. or. in Verr. II, 1 § 60.
²) l. 9 § 2 D. 2, 13.
³) l. 1 § 4 l. 16 D. h. t. mit l. 23 C. h. t.
⁴) tit. D. 47, 2; C. 6, 2.

Umstand. Die Ohren fest verstopft gegen die Stimme modernen Rechtslebens, zwängen die älteren Schriftsteller den Bankerott, das Kind neuzeitlichen Weltverkehrs, in die Formen des römischen Rechts, und es ist wahrlich kein Verdienst dieser Wissenschaft, wenn sich der Bankerott heute den Platz im System des Strafrechts errungen hat, der ihm gebührt.

Kanonisches Recht.

„Ecclesia vivit lege Romana!" Die römische Jurisprudenz hatte den Begriff der rechtswidrigen Gläubigerverletzung nur ausgebildet im engen Rahmen des civilen Exekutionsrechts. Das kanonische Recht übernahm diese Ergebnisse, ohne daran viel zu ändern. Die primitiven Kreditverhältnisse des früheren Mittelalters, die von der Kirche noch künstlich weiter erhalten wurden, ließen ja ein Bedürfnis nach einer Bankerottstrafgesetzgebung nicht aufkommen. Nur die Exekutions*mittel* erlitten eine teilweise Veränderung.

c. 2 X III, 21 verbietet die Schuldhaft, „ein für Priesterherrschaften sehr naheliegender Gedanke".[1]) Der Satz widerspricht jedoch der allgemeinen Rechtsentwickelung jener Zeiten[2]) und konnte so praktisch nur wenig Berücksichtigung finden.[3]) Höchstens hatte er die negative Wirkung, daß die Anwendung des weltlichen Schuldrechts nach manchen Rechten vertragsmäßig ausbedungen werden mußte.[4]) Als Ersatz für den Ausfall schärferer Exekutionsmittel erscheint in c. 3 X III, 23 — allerdings nur für Kleriker — der

---

[1]) Roscher, die Grundlagen der Nationalökonomie 1854 Bd. I S. 150.

[2]) Vgl. für das französische Recht z. B. Alauzet, commentaire Bd. VI S. 7, für das italienische Pertile, storia del diritto italiano 1871 ff. Bd. VI b S. 849. Vereinzelte Ausnahmen bei Alauzet a. a. O., bei Pertile S. 848 und 860.

[3]) Die einzige Spur eines Einflusses dieser Vorschrift in Deutschland findet Stobbe (zur Geschichte des älteren deutschen Konkursprozesses 1888 S. 110) in den Salzburger Taidingen S. 215: „Wie wol daz natürlich, auch gemaine recht verpieten, daz man umb schulden niemants vänklich halten soll", so darf die Haft doch vollstreckt werden.

[4]) So in den Statuten von Como 1281; von Pisa 1286. Vgl. Pertile Bd. VI b S. 848.

Eid des Schuldners, in besseren Vermögensverhältnissen seine Schulden zu bezahlen. Andererseits erfuhr das kanonische Schuldrecht aber auch eine charakteristische Erweiterung: die Nichtzahlung der Schuld erschien der Kirche als Sünde.[1]) Demgemäß gelangten denn auch die geistlichen Zwangsmittel zur Anwendung, dies Unrecht zu verhüten: Exkommunikation und Interdikt.[2]) Die empfindliche Wirkung der Exkommunikation wurde vielfach noch dadurch gesteigert, daß sich die weltliche Acht oder andere weltliche Strafen an sie anschlossen.[3]) Vielfach findet sich auch, der allgemeinen Rechtsentwicklung entsprechend, eine vertragsmäßige Unterwerfung des Schuldners unter die Exkommunikation für den Fall, daß er nicht rechtzeitig erfülle.[4]) Die neuen Mittel schienen fleißig benützt zu werden.[5]) Bonifaz VIII. sah sich im Jahre 1302 genötigt, das Interdikt um Geldschulden zu verbieten, „quod sunt nonnulli iudices nimis prompti ad proferendam sententiam interdicti.“[6]) Auch wird in c. 3 X III, 23 die Exkommunikation von Geistlichen wegen Schulden untersagt.

Die spätere Gesetzgebung der Päpste ist natürlich durchaus als italienisches Partikularrecht zu betrachten, und sie bewegt sich denn auch in voller Uebereinstimmung mit der Rechtsentwickelung im übrigen Italien: so verschiedene Bullen von Leo X., von Pius IV., von Pius V. und anderen[7]) — allein wir müssen es uns versagen, hier näher darauf einzugehen, da dies den Rahmen unserer Darstellung weit überschreiten würde.

Somit blieb auch das kanonische Recht unmittelbar einflußlos auf die Entwickelung des Bankerotts. Und doch darf seine Bedeutung nicht unterschätzt werden. Als die berufene Vermittlerin der Rezeption hat die Kirche auch den Ergebnissen des römischen

---

[1]) Sickel, Bestrafung des Vertragsbruchs 1876 S. 46.

[2]) Vgl. z. B. c. 3 X III, 23; c. 5 C. XVI q. 7. — Eine interessante Bestimmung findet sich im Recht von Padua von 1339: Kleriker, welche die cessio bonorum mißbrauchen, sollen suspendiert, nach sechsmonatlicher Suspension exkommuniciert werden. Vgl. Pertile Bd. VI b S. 879.

[3]) Vgl. Kohler, Shakespeare S. 52.

[4]) Vgl. Kohler S. 61.

[5]) Beispiele bei Sickel S. 48—51; bei Kohler S. 52.

[6]) Vgl. Pertile Bd. VI b S. 828.

[7]) Vgl. Pertile Bd. VI b S. 885, S. 881, S. 852; Bd. V S. 666.

Schuldrechts Eingang verschafft in das germanische Mittelalter. Der Verschmelzung dieser beiden Rechtskreise aber verdankt der moderne Bankerott vorwiegend seine Entstehung.

Deutsches Recht.

Vor 1548.

Uebereinstimmend in Werdegang und Ergebnis stellt sich auch das germanische Schuldrecht dar als ein Glied in der Kette jenes Weltrechts, das die Kindheit aller Völker umspannt. Und doch trägt es gerade dem römischen Recht gegenüber sein durchaus eigentümliches Gepräge.

Vom Standpunkt der Rache des Gläubigers für die Nichtbefriedigung seines Anspruchs hat sich das römische Recht frühzeitig durchgerungen zu einer privatrechtlichen Auffassung des Schuldverhältnisses. Das germanische Recht erhält seine charakteristische Färbung in der Vertiefung des strafrechtlichen Gedankens, der jenem ältesten Schuldrecht zu grunde liegt. Darum mußten wir bei der Besprechung des römischen Rechts die Entwickelung der Exekution in den Vordergrund unserer Untersuchung stellen, darum kann uns eben dasselbe Gebiet bei der Untersuchung des deutschen Rechts nur in nebensächlicher Weise beschäftigen.

Mit scharfer Betonung des Unrechts, das eine Erfüllungsweigerung in sich schließt, stellen die Volksrechte eine Bestrafung des Zahlverzugs auf. „Si noluerit fidem factam solvere . . solidos XV super debitum, quod fidem fecerit, culpabilis iudicetur“, sagt der 50. Titel der Lex Salica. Es wird damit eine Strafe verhängt: ein Drittel derselben fällt an das Gericht.[1]) Eine ähnliche Buße verfügt auch das bayerische Recht (L. Bai. XIII, 2). Das langobardische Recht (Liutpr. c. 108) unterwirft den Rechtsweigerer einer dreimaligen Pfändung. Kurz, die strafrechtliche Ahndung des böswilligen Verzugs ist allgemeines deutsches Recht.[2])

---

[1]) Löning, der Vertragsbruch im deutschen Recht 1876 S. 159.

[2]) Löning S. 74.

Der Schuldner wird dabei gestraft einzig im Hinblick auf die Nichtleistung; die Frage, ob der Gläubiger zu seiner Befriedigung gelangt, ist davon gänzlich unabhängig. Die Bestrafung des Verzugs ist so gewissermaßen ein Vorspiel zur Entwickelung eines Thatbestands, bei welchem das Nichtzahlen des Schuldners erst zu einem Verbrechen wird im Zusammenhang mit der Nichtbefriedigung des Gläubigers — ein Vorspiel zur Entwickelung des strafbaren Bankerotts.

Hoiningen (S. 1 und 92) behauptet, der strafbare Bankerott habe sich aus dem Exekutionsrecht herausentwickelt. In der That sind Exekution und Bankerott aufs engste verwandt. Beiden ist der gleiche Endzweck gemeinsam: den Kredit zu schützen, beide bedienen sich vielfach der gleichen Mittel, diesen Zweck zu verwirklichen; bei Gelegenheit der Exekution wird auch der Bankerott gestraft -- und so hat denn das Exekutionsrecht auch thatsächlich die Entwickelung des Bankerotts verschiedentlich beeinflußt. Trotzdem dürfte der Ursprung des Bankerotts in ganz anderer Richtung zu suchen sein. Nicht auf civilistischer, sondern auf strafrechtlicher Grundlage ist das Delikt erwachsen, teilweise auf deutschen Ideen beruhend, vorzüglich aber gebildet durch die Bedürfnisse des internationalen Verkehrs. Der Bankerott stellt sich in seinen geschichtlichen Anfängen dar als eine Art des dieblichen Behaltens.

Dies diebliche Behalten des deutschen Rechts lehnt sich, wie schon das Wort besagt, auf das engste an an den Begriff des Diebstahls. Beiden ist gemeinsam die bewußt rechtswidrige Zueignung einer fremden Sache, insbesondere auch die Heimlichkeit und darum Verächtlichkeit solcher Schädigung. Der Diebstahl erfordert den Bruch fremder Gewere, das diebliche Behalten dagegen eine Verletzung der Vindikationsmöglichkeit des Eigentümers durch Hinterziehung eines der Vindikation unterworfenen Gegenstandes in der Gewere des Thäters. Wie der Diebstahl, wird auch die Unterschlagung strafrechtlich verfolgt.[1])

---

[1]) L. Wis. V, 5, 3; L. Bai. XV, 5. — Löning (S. 100 und 402 ff.) leugnet den Begriff der Unterschlagung für das deutsche Recht. Er bezeichnet die angeführte Stelle der L. Wis. als „prinzipwidrig"; in der darauf beruhenden Bestimmung der L. Bai.: „sicut fur eam ab eo exigi legum statuta praecipiunt, compositionem cogatur inplere", will er die compositio nicht

Eine äußerst merkwürdige Anwendung erfuhr der Begriff des dieblichen Behaltens durch die Ausdehnung des Schutzes dinglicher Rechte auf den persönlicher Ansprüche in einer Verordnung König Liutprants c. 57: Der Sohn, dessen Vater zahlungsunfähig geworden und den Gläubigern sein Vermögen zu ihrer Befriedigung abgetreten hat, kann von diesen zur Ableistung eines Eides gezwungen werden, „quod de rebus patris . . nihil apud se habeat nec alicubi commendassit aut abscondissit, et sit absolutus. Et si postea apud eum inventum fuerit de rebus paternis, conponat in actogild.“ (actogild ist die Diebstahlsbuße des langobardischen Rechts.) Der Sohn ist nicht etwa als Hehler zu betrachten, sondern es ist an den Fall zu denken, daß derselbe als heres necessarius die Schulden des Vaters übernimmt[1]) und so seine Gläubiger bei der Zahlungseinstellung durch Verminderung des zu ihrer Befriedigung bestimmten Vermögens schädigt: kurz, es ist hier ein einzelner Fall des betrügerischen Bankerotts gesetzlich geregelt, und zwar in einer Reinheit, wie sie sich erst in der Rechtsbildung der Neuzeit in ähnlichem Maße wiederfindet. Die merkwürdige Bestimmung ist mit dem übrigen langobardischen Recht übergegangen in die Concordia (XXV), in den Liber Papiensis, in die Lombarda (II, 20, 20), und ohne nachweisbaren Einfluß zu üben, ohne zu einer analogen Anwendung zu reizen, ist sie wieder in Vergessenheit gekommen.

Die Anfänge des Bankerotts führen uns wieder zurück zur regelmäßigen Unterschlagung. Hier war frühzeitig eine Anwendung des Delikts auf kaufmännische Verhältnisse erfolgt. Ins-

als Diebstahlsbuße, sondern als Strafe des Vertragsbruchs fassen, eine Auslegung, die wohl als gezwungen bezeichnet werden darf. Löning wird durch seine Auffassung genötigt, S. 229 das Unrecht gewisser Unterschlagungen (und zwar gerade gewisser Bankerottthatbestände) in dem böswilligen Vertragsabschluß zu suchen — ein regelmäßig durchaus untergeordnetes Moment, das höchstens für den Beweis des Dolus bei der Unterschlagungshandlung von Wichtigkeit wird. — Es finden sich denn auch Rechtszeugnisse für die Bestrafung der Unterschlagung im früheren Mittelalter in größerer Zahl. Vgl. z. B. Köstlin, der Diebstahl nach deutschem Recht vor der Carolina, in der kritischen Ueberschau Bd. III S. 208 A. 2.

[1]) Einige Handschriften des Lib. Pap. fügen dies ausdrücklich bei. (Mon. Germ. Leg. IV a. a. O.) Vgl. auch Exp. § 2.

besondere läßt sich eine Reihe von Quellenaussprüchen anführen für die Bestrafung des Handwerkers, der einen ihm zur Bearbeitung anvertrauten Stoff unterschlägt. [1])

Das Unrecht dieser Gruppe von Rechtsverletzungen liegt in der Entziehung einer anvertrauten Sache, die in specie hätte zurückgegeben werden sollen. Entwickeltere Verkehrsverhältnisse, wie sie sich zuerst in dem aufblühenden Handel des früheren Mittelalters herausbildeten, forderten nun auch einen Schutz für Fälle, in welchen Sachen anvertraut wurden mit der Bestimmung, nur ihrem Werte nach in das Vermögen des Leihers zurückzukehren. Der Handelsmann, der die Waare böswillig der Verfolgbarkeit seitens des Gläubigers entzieht, ohne ihm die Möglichkeit zu gewähren, ihren Wert, wie es dem Vertrag entsprochen hätte, in Geld ersetzt zu bekommen, begeht keine Unterschlagung im gewöhnlichen Sinne — die Sache war ja bestimmt, dem Gläubiger nicht mehr zurückgegeben zu werden — ihn aber wegen des Verzugs bei der Nichtzahlung der Geldschuld verantwortlich zu machen, war der Rechtsanschauung jener Zeiten nicht mehr entsprechend [2]) — und so gelangte man für den Fall der Uneinbringlichkeit jener Geldleistung, für den Fall der Zahlungseinstellung, zu einer analogen Anwendung der Unterschlagung auf das vorliegende Unrecht, ein Delikt, das zum strafbaren Bankerott geworden ist. Wie die eigentliche Unterschlagung, so lehnt sich auch dieser strafbare Bankerott aufs engste an den Diebstahl an, und in unzähligen Stellen wird denn auch bei seiner strafrechtlichen Würdigung auf den Diebstahl verwiesen. Strafbarer Bankerott im ältesten Sinne ist demnach die von einem Kaufmann begangene Hinterziehung einer Sache, welche, mit

---

[1]) L. Wis. VII, 6, 3 und 4; Upl. Kiöp. c. 1 § 2 (angeführt bei Wilda, Strafrecht der Germanen 1842 S. 861); Braunschweiger Statuten von 1232 Stück 5 § 16 (angeführt bei Köstlin a. a. O.); verschiedene Braunschweiger Rechte bei Löning S. 410; ebenda: Statut der Gaddemen (Gewandschneider) zu Köln von 1344; S. 412: Stadtrecht von Memmingen 1396 Art. 46 Abs. 2. Dasselbe sei hier beispielsweise mitgeteilt: „Wer ouch hie ze Memmingen aim antwerkmann ... ichtz entpfilcht ze machent ond er das versatzti, e er es gemachti, der sol ain manod von der stat ond sol jms dennocht an schaden lösen“.

[2]) Löning S. 254.

der Verabredung übergeben, in Geld ersetzt zu werden, noch Eigentum des Uebergebenden ist — in Verbindung mit der Einstellung seiner Zahlungen.[1])

Das Verbrechen richtet sich gegen das Vermögen der Gläubiger. Scharf ist davon zu sondern der „Arrestbruch", die Entziehung des rechtmäßig gepfändeten oder sonst verstrickten schuldnerischen Vermögens aus der Verstrickung, als Angriff gegen die Rechtspflege des Staates, ein Delikt, das als augenfälligere Rechtsverletzung lange vor dem strafbaren Bankerott zur Kriminalisierung gelangte.[2])

Dabei verletzt das Verbrechen nur diejenigen Gläubiger des Falliten, welche ursprünglich Eigentümer der hinterzogenen Sachen waren, nicht aber die Gläubigergesammtheit, die an der Zahlungseinstellung beteiligt ist. Insofern vermag der Thatbestand dem modernen Bankerottbegriff nicht völlig zu genügen. Allein es macht den Eindruck, als dächten sich die betreffenden Gesetzgebungen bei Aufstellung ihres Thatbestandes die Verletzten als die einzigen Gläubiger, so daß das Verbrechen dadurch thatsächlich dem heutigen Bankerottbegriff wieder näher kommt. Insofern erscheint die Nichtbezahlung des einzelnen Gläubigers auch als Zahlungseinstellung. Jedenfalls wird dieser Thatbestand von den Zeitgenossen bereits als Bankerott bezeichnet, wie die Aeußerung Straccha's

---

[1]) Die Quellen rechnen bisweilen auch die Hinterziehung einer „pecunia aliena" zum strafbaren Bankerott, in scheinbarem Widerspruch mit unserer Definition, die einen Ersatz in Geld verlangt; denn solange das Geld wirklich fremd ist, muß es in specie zurückgegeben werden. Allein der Ausdruck darf nicht scharf juristisch genommen werden. Vgl. z. B. Straccha, de decoctoribus III, 6: „. . mercatores, qui arripiunt fugam cum pecuniis alienis, licet proprie non sit furtum . . " Die Unterschlagung thatsächlich fremden Geldes ist aber ein furtum. Es gehören diese Fälle vielmehr einem späteren Entwicklungsstadium des strafbaren Bankerotts an, in welchem das Delikt auch auf die Beiseiteschaffung nur wirtschaftlich fremder Güter ausgedehnt ist. (Vgl. unten S. 32.)

[2]) Brunner, deutsche Rechtsgeschichte 1887 S. 183; Schröder, Lehrbuch der deutschen Rechtsgeschichte 1889 S. 279 (burgundisches Recht); Pertile Bd. V S. 661 (langobardisches Recht); von Meibom, das deutsche Pfandrecht 1867 S. 98 ff. (Kapitulare von 825); ferner Osenbrüggen, alamannisches Strafrecht 1860 S. 297 (Augsburger Stadtrecht von 1276; Baseler Verordnung von 1399.)

(III, 6) beweist, der die „falsi mercatores, qui arripiunt fugam cum pecuniis alienis“ „Bancha ruptos seu Bancham ruptam facientes“ nennt.

Der Ursprung des Wortes Bankerott (von dem italienischen banco rotto oder banca rotta) ist bekannt. Es entstammt dem alten Herkommen, einem Geldwechsler, der seine Zahlungen eingestellt hat,[1]) den Wechseltisch, den er auf dem Markte inne hatte, zu zerbrechen.[2]) Das Wort dient metonymisch zur Bezeichnung der rechtsförmlichen Zahlungseinstellung, manchmal auch zur Bezeichnung der ihr zu grunde liegenden Zahlungsunfähigkeit. Aber erfordert der Begriff des Bankerotts nicht ein Verschulden des Gemeinschuldners, mit anderen Worten, ist der Bankerott nicht vielmehr ein strafrechtlicher als ein privatrechtlicher Begriff?[3])

[1]) Und dies scheint nichts Ungewöhnliches gewesen zu sein. Nach einer Notiz bei Al. Lattes (il fallimento nel diritto comune e nella legislazione bancaria della republica di Venezia. Venedig 1880 S. 40 A. 69) haben von den 103 Privatbanken, die es in Venedig bis 1584 gab, 96 falliert!

[2]) Marquard, de iure mercatorum II, 12. 19: „. . decoctiones bancheriorum Genuae, Neapoli, Messanae, Florentiae etc. . . iique ex eo quod banca illa vel mensae rumperentur, bancaeruptores . . dicti sunt.“ Sauter, mastix fallitorum, praef: „Banccorotti . . a mercatorum et numulariorum seu foeneratorum mensis appellati, quas Itali hodie bancas vocant. Mensas autem fregisse dicunt, banca rotta: de iis qui conturbarunt. Hoc ab Italia Galli acceperunt, ut et nos, banque routte, banckerut“. Allerdings scheint es nach dieser letzten Darstellung, als sei das „mensam frangere“ eine Thätigkeit des Schuldners. Auch Moller (Gründlicher Bericht u. s. w. S. 5) leitet das „französische“ Wort davon ab, daß jemand den Wechseltisch gebrochen d. i. aufgegeben und aufgelassen hat. Vgl. ferner Alauzet commentaire, VI, 22 ff. Richtig bei Lattes S. 46 A. 85.

Sauter (a. a. O.), und ihm folgend Marquard (VI, 8, 5), hat jedoch die Kühnheit, das Wort auf — Horaz zurückzuführen, und zwar auf die 3. Satire des 2. Buches Vers 18 ff.: „postquam omnis r e s m e a Janum Ad medium f r a c t a e s t, aliena negotia curo, Excussus propriis“! — Justinus Gobler aber (Politiae ac reipublicae imperialis constitutio ann. dom. 1548 latine interpretata et explicata S. 98. Frankfurt 1566) weiß das Wort von dem griechischen Verbum *βαγκαρώϑειν* herzuleiten! Leider enthält er die Bedeutung dieses Wortes seinen Lesern vor.

[3]) Milone im archivio giur. Bd. XVI S. 180 bejaht die Frage ohne weiters — leider ohne Angabe von Quellen. Das Gegenteil behauptet Du Cange, glossarium mediae et infimae latinitatis, neue Ausgabe von Favre, Paris 1883 ff. s. v. ruptus; ebenso Alauzet a. a. O.

Die älteste mir bekannte Nachricht über den Gebrauch des Wortes ist eine Stelle aus den Conventiones Civitatis Saonae aus dem Jahre 1334[1]). Die Stelle spricht von den „Rupti“ unter Weglassung ihrer Beziehung auf die „Bank“, also offenbar von einer allgemein bekannten und darum althergebrachten Erscheinung: „Aliqui cives seu habitatores Saonae, eo praetextu, quod non sint solvendo, habuerunt recursum ad M. officium extraordinariorum, et fecerunt se declarari Ruptos et tanquam non sint solvendo“. Offenbar ist die ruptura hier ein rein objektiver Begriff. Aehnlich verwenden das Wort die Decisiones Rotae Genuae[2]). § 40 der ersten Entscheidung spricht von des Schuldners „impotentia ad complendum sua negotia“ und fährt fort: „et per dictam rupturam“ u. s. w. Vgl. auch §§ 24 und 28. Entsprechend gebrauchen auch die Genueser Statuten von 1595 den Begriff: „si videretur magistratui . . eius rupturam non pendere simpliciter a mala fortuna, possit procedere contra ipsum criminaliter“.[3]) Der alte venetianische Chronist Malipiero macht einmal von einem Bankhaus die Bemerkung:[4]) „il banco ch'era mezo rotto è sta stabilio più che'l no era avanti“. So spricht auch ein Erlaß des französischen Königs Heinrich IV. von 1609[5]) von der „nequitia ac fallacia, quae sub nomine ac praetextu banccaeruptionis . . factitatur“.

In demselben Erlaß nun findet sich auch die Bemerkung: „quoniam in banccaeruptores . . parum . . poenarum sit constitutum . .“; der Bankerottierer ist auf einmal zum strafwürdigen Verbrecher geworden! Verordnung Karls V. für die spanischen Niederlande von 1531:[6]) „. . mercatores . . qui fraudulenter et dolose auferunt pecunias, merces aut debita aliorum . . quos banccaeruptores appellant“. Muß

---

[1]) Bei Du Cange a. a. O.

[2]) Zum ersten Male gedruckt 1582. Benutzte Ausgabe: „de mercatura“ Köln 1622. — Es sei mir gestattet, diesen Punkt hier über die in der Ueberschrift bezeichnete Zeitgrenze von 1548 hinaus und zu Ende zu führen.

[3]) Pertile Bd. VI b S. 903 A. 126.

[4]) Lattes S. 46 A. 85.

[5]) Nach der lateinischen Uebersetzung bei Sauter S. 83.

[6]) Nach der lateinischen Uebersetzung bei Sauter S. 41.

sich einem da nicht der Gedanke aufdrängen, daß sich die Worte Bankerott und Bankerottierer nicht völlig decken? daß die Bezeichnung jemands als bancoruptor entsprechend den Grundsätzen der lateinischen Wortbildung als eines Mannes, der sich eindringlich mit dem Bankerott befaßt, oder ihn sich gar zum Berufe macht, einen gehässigen Beigeschmack erhalten hat?

Auch in deutschen Quellen ist der gleiche Unterschied zu finden. So spricht ein Hanserezeß von 1491 [1]) von dem „petulans decoctor aut defraudator, quem Bancrottirer dicunt." Ebenso erscheint auch bei Damhouder, [2]) bei Carpzov, [3]) bei Speidel [4]) der bancoruptor als Missethäter. Nach Moller (S. 12) soll einem ehrlichen Schuldner, der in Zahlungsstockung geraten, sogar die actio iniuriarum zustehen, wenn man ihn einen Bankerottierer schelte. An einer andern Stelle dagegen (S. 61) mahnt er den Kaufmann zur Vorsicht, daß er „nicht betrogen werde und dadurch in Schaden, Armuth und Bankerott gerathe".

Dieser objektive Begriff des Bankerotts blieb denn auch auf lange Zeit der herrschende. Bei dem Schriftsteller Alberus (1548) heißt es einmal: [5]) „Etliche kaufleut heben ire händel so hoch an, daß si in nit hinauß künden füren und müssen darüber entlaufen, welchs man auffstehen heißt oder gefalliert, in Hispanien heißt es bankerota." Aehnlich thut Schuppius (1684) an einer Stelle die Aeußerung: [6]) „Wann es einem Kaufmann mißlingt, daß er bankorot macht." Von der gleichen Auffassung gehen auch Sauter (praef.) und Marquard (II, 12, 19) aus. So unterwirft auch der Reichsschluß von 1670/71 [7]) „alle diejenige" einer Strafe, „welche Banqueroute machen, und austrünnig werden, ohne Unterschied, ob sie aus eigenem Verschulden oder aus andern

---

[1]) Nach der Fassung bei Werdenhagen, de rebus Hanseaticis (Mitte des 17. Jahrhunderts) Bd. IV S. 1081. — Es ist dies überhaupt die erste mir bekannte Stelle des deutschen Rechts, die den „Bankerott" erwähnt.

[2]) Praxis rerum criminalium (zuerst 1554) cap. 106 n. 17.

[3]) Practica nova imperialis Saxonica rerum criminalium Wittenberg 1646 III quaest. 119 § 38.

[4]) Speculum u. s. w. S. 101. — Ebenso Dietherr, in der continuatio speculi Speideliani Nürnberg 1686 S. 111.

[5]) Grimm, deutsches Wörterbuch 1854 Bd. I S. 1111.

[6]) Grimm a. a. O.

[7]) Teutsche Reichsabschiede Frankfurt 1747 Bd. IV S. 78.

Zufällen ins Unvermögen gerathen." Die Straßburger Polizeiordnung von 1628 [1]) spricht davon, daß durch das prächtige Haushalten der Weiber des Mannes „bankerott und verderben öfters verursachet werde", und fast wörtlich gleichlautend die Nürnberger Fallitenordnung von 1717 [2]) — eine Ausdrucksweise, die notwendig einen privatrechtlichen Begriff des Bankerotts voraussetzt. Aehnlich verhält es sich, wenn das preußische Bankerottedikt von 1723 [3]) die Schuldner bestraft, die noch Gelder aufnehmen, wenn sie „ihren ohnvermeidlichen Banquerout vor Augen sehen." Vgl. auch Püttmann, opuscula iuris criminalis 1789 S. 181: „ . . was Konkurs, Falliment, Bankerott heißt."

In dem Repertorium von Hellfeld (1753) wird als „Banqueroutirer" eine Person bezeichnet, „die in Abfall des Vermögens gekommen ist und daher nicht im Stande ist, ihre Gläubiger völlig zu bezahlen." Als Anmerkung wird jedoch hinzugefügt: „Gemeiniglich wird dieses Wort in einem übeln Verstande genommen, und heißt ein Banqueroutirer ein Leutbetrüger, der sich durch das üble wirthschaften um sein Vermögen gebracht, oder auch wohl sonst seine Gläubiger geflissentlich zu hintergehen suchet u. s. w." Die Anmerkung gibt den Jahrhunderte alten Sprachgebrauch wieder; der Text aber enthält einen Fingerzeig für die Weiterbildung des Sprachgebrauchs: Einer oberflächlichen Betrachtung mochte es inkonsequent erscheinen, das abgeleitete Wort in einem andern Sinn zu gebrauchen, als das Stammwort, und so verwendete man das Wort Bankerottierer auch in objektiver Bedeutung. Der gleiche Grund führte aber auch dazu, den „Bankerott" als die That des „Bankerottierers" aufzufassen — und so ist „Bankerott" ein strafrechtlicher Begriff geworden. Quistorp [4]) spricht bereits von dem „Verbrechen des Bankerotts". Das preußische Landrecht § 1476 aber bestimmt: „Jeden erfolgenden Bankrutt ist der Richter von Amtswegen und nach Befund der Umstände zu bestrafen schuldig."

Ausschlaggebend für die heutige Auffassung der Begriffe wurde der Sprachgebrauch des code de commerce. Derselbe

[1]) Hoiningen S. 49 A. 19.

[2]) Hellfeld, repertorium iuris privati Jena 1753 S. 448.

[3]) Corpus constitutionum Marchicarum Bd. II, 2 Nr. XL.

[4]) Beyträge zur Erläuterung verschiedener Rechtsmaterien 2. Aufl. 1787 S. 177.

scheidet scharf zwischen „faillite“ als der (kaufmännischen) Zahlungseinstellung und „banqueroute“ als einer strafrechtswidrigen Handlungsweise eines Falliten. Dieser Sprachgebrauch hat auf dem Umweg über das preußische Strafgesetzbuch von 1851 seinen Eingang in das Reichsstrafgesetzbuch und in die Reichskonkursordnung gefunden und ist damit auch in die Reihe der technischen Bezeichnungen der Strafrechtswissenschaft eingetreten. Doch ist dieser Sprachgebrauch heute durchaus nicht zur unbestrittenen Herrschaft gelangt. Die Redeweise des täglichen Lebens hat ihn nicht übernommen. Grimm bezeichnet in seinem deutschen Wörterbuch (S. 1111) den Bankerott einfach als „ruinae fortunarum“. Die älteren Kriminalisten dieses Jahrhunderts stehen fast alle auf diesem Standpunkt.[1]) Das Urteil des Reichsgerichts vom 31. III. 80[2]) kennt einen „unverschuldeten Bankerott.“ Ja, Berner (Lehrbuch des Strafrechts 15. Aufl. 1888 S. 589) beginnt seine Darstellung des Bankerotts mit der Bemerkung, das alte gemeine Recht habe den Bankbruch in dem Unvermögen gesehen, seine Schulden zu bezahlen, während das heutige Recht den Bankbruch in der Zahlungseinstellung finde.[3])

---

[1]) So z. B. Klein in der 6. Auflage von Quistorps Grundsätzen des peinlichen Rechts 1810 Bd. II S. 182; Grolmann, Grundsätze der Kriminalrechtswissenschaft 3. Aufl. 1818 S. 367; Tittmann, Handbuch der Strafrechtswissenschaft 2. Aufl. 1823/24 Bd. II S. 503; Heffter, Lehrbuch des gemeinen deutschen Kriminalrechts 1833 S. 417; Roßhirt, Geschichte und System des deutschen Strafrechts 1838/39 Bd. III S. 63; Escher, Lehre vom strafbaren Betrug 1840 S. 289; Feuerbach, Lehrbuch des peinlichen Rechts 14. Aufl. herausgegeben von Mittermaier 1847 S. 675; Köstlin, Darstellung der Lehre vom strafbaren Bankerott in Goltdammers Archiv Bd. VI S. 18.

[2]) Entscheidungen des Reichsgerichts in Strafsachen Bd. I S. 283.

[3]) Die Bezeichnung des Verbrechens ist ganz gewiß eine der unglücklichsten, die unser gesammtes Recht aufzuweisen hat. Zunächst stört schon der schwankende Sprachgebrauch, wie er sich auch in Juristenkreisen findet. Dabei ist ein bildlicher Ausdruck durchaus ungeeignet, als technische Bezeichnung zu dienen, vollends, wenn dieser Ausdruck ein passiver ist und zur Bezeichnung eines Verbrechens dienen soll, wo das Verbrechen doch seine eigentümlichen Merkmale gerade aus der Thätigkeit des Verbrechers herleitet. Die Uebersetzung „Bankbruch“ — die sich schon früh findet, so in den Rotenburger Statuten von 1576 (Hoiningen S. 47), auch bei Fischart (Grimm S. 1110) — vermag diesen Uebelstand ebensowenig zu beseitigen; das Wort Bankerott hat wenigstens den Vorzug, daß es sich geschichtlich rechtfertigen läßt.

Die Heimat des strafbaren Bankerotts ist Italien, dort hat er zuerst seine scharfe Ausprägung erhalten. In den großen Kaufmannsplätzen Venedig, Genua, Florenz u. s. w. erwachte der Handelsverkehr des Mittelalters zuerst zu neuem Leben, dort machte sich das Bedürfnis nach einem kräftigen Schutze des Kredits zuerst fühlbar. Es sei uns daher eine kurze Abschweifung gestattet auf das mittelalterliche Statutarrecht des nördlichen Italiens.

Bankerott ist die von einem Kaufmann begangene Hinterziehung einer Sache, welche, mit der Verabredung übergeben, in Geld ersetzt zu werden, noch Eigentum des Uebergebenden ist — in Verbindung mit der Einstellung seiner Zahlungen.

Im Jahre 1231 schließt Venedig einen Vertrag mit den Barbareskenstaaten über Rechtshülfe gegen solche Uebelthäter[1]): „Quando aliquis fugiet mercator cum havere Saraceni, Dux (Venetiarum) expediat illud ab eis cum omni sollemnitate iuris, quando inveniret et haberet habere". Aehnlich vereinbaren 1276 Venedig und Treviso die gegenseitige Festnahme der „fugitivi cum alieno havere".[2]) Ein diesbezüglicher Vertrag zwischen der Trevisanischen Mark, der Lombardei, der Romagna und andern aus dem Jahre 1271 verhängt über den ergriffenen Schuldner die „vindicta que fit de furto".[3]) Venetianisches Statut von 1244.[4]) Ein venetianisches Gesetz von 1395[5]) bestimmt: „Cum aliquid hodie, non timentes Deum nec curantes infamiam mundi, malitiose fugiunt de Venetiis cum habere et bonis aliorum.. ordinetur u. s. w."

Die angeführten Stellen lassen kaum einen Zweifel, daß das Unrecht des Thäters in einer Verletzung fremden Eigentums be-

---

Was aber die Benennung des Thäters anlangt, so ist schon die Bezeichnung desselben als „ruptus" gerade keine glückliche — denn es wird doch die Bank zerbrochen — seine spätere Benennung als „bancoruptor", „Bankerottierer" und ähnliches aber ist einfach ohrenzerreißend: ein passiver Begriff mit aktiver Endung! Und das Wort hat Bürgerrecht erlangt in den meisten modernen Sprachen! Da wäre man fast versucht, Fischarts geschmackvollem Ausdruck „bankenrumpirig" (Grimm S. 1111) den Vorzug zu geben.

[1]) Bei Pertile Bd. VI b. S. 905 A. 139.

[2]) Pertile a. a. O.

[3]) Pertile a. a. O.

[4]) Fuchs, Konkursverfahren 1863 S. 20.

[5]) Pertile Bd. V S. 666 A: 128.

steht. Maßgebend für die Beurteilung der Eigentumsfrage sind im allgemeinen die Grundsätze des gemeinen Rechts.[1]) So fällt z. B. unter diesen Thatbestand der Verkaufskommissionär, der das Kommissionsgut unterschlägt, der Kaufmann, der unbezahlte Waaren bei Seite schafft, ohne daß ihm der Kaufpreis kreditiert ist. Ein weites Feld war der Anwendung dieser Bankerottgesetze eröffnet durch den Satz der italienischen Praxis und die entsprechende Bestimmung vieler Stadtrechte, daß der unbezahlte Verkäufer trotz Kreditierung des Kaufpreises Eigentümer der hingegebenen Sache bleibt, wenn der Kauf kurz vor der Zahlungseinstellung des Käufers erfolgt ist.[2])

Die juristische Regelung der Eigentumsverhältnisse deckt sich nicht immer mit der wirtschaftlichen Auffassung derselben. Der Kaufmann, der mit der unbezahlten Waare entflieht, ohne daß ihm deren Kaufpreis kreditiert ist, verfällt dem Bankerottstrafgesetz. Wenn er mit derselben unbezahlten Waare flüchtig wird, und der Kaufpreis ist ihm kreditiert, sodaß er Eigentum daran erwirbt, kann er dafür nicht zur Rechenschaft gezogen werden. Kann ihm doch niemand bei der Verwendung seines eigenen Vermögens etwas einreden. Die öffentliche Meinung sah aber zwischen den beiden Fällen ganz gewiß keinen großen Unterschied. Und so vollzog sich allmählig — äußerlich unscheinbar — eine Entwickelung, die für den Begriff des Bankerotts von grundlegender Bedeutung wurde: dem rechtlich fremden Eigentum wurde auch das wirtschaftlich fremde, wenngleich thatsächlich eigene Vermögen des Thäters in Bezug auf den strafrechtlichen Schutz der Gläubiger gleichgestellt.

So bestimmen schon die Pisaner Statuten aus dem Jahre 1286:[3]) „Mercator si quis vel artifex . . creditores eorum creditis fraudaverit . . eum capiemus et detinebimus . . in carcere pisani Communis." — Der Florentiner tractatus de cessantibus von 1393[4]) rubr. I verordnet: „Quicumque mercator vel artifex . . cessabit vel aufugiet cum rebus et pecunia alienis seu sibi creditis . . poenis subiaceat infrascrip-

[1]) Vgl. Goldschmidt, Handbuch des Handelsrechts 1868 Bd. II S. 855.
[2]) Vgl. z. B. Straccha III, 31. — Goldschmidt a. a. O. mit vielen Belegen.
[3]) Pertile Bd. VI b S. 891 A. 72.
[4]) Herausgegeben von Fuchs 1865.

tis . ." — Baldus [1]) unterscheidet bei einem flüchtigen Schuldner: „. . aufugit cum re, et est malum ratione rei, quia contrectando facit furtum, et idem, si cum re, quae aliquando fuit aliena, ut cum pecunia deposita ad numerum, licet proprie non sit furtum."

Der strafbare Bankerott hört damit auf, Unterschlagung zu sein; an die Stelle der bewußt rechtswidrigen Verfügung über fremdes Eigentum tritt zunächst die bewußt rechtswidrige Verfügung über wirtschaftlich fremdes, thatsächlich eigenes Vermögen.

Daß die Sache eine wirtschaftlich fremde sei, liegt vorzüglich in ihrer Bezeichnung als „credita". [2]) Häufig wird in den Gesetzen dieser Gedanke auch zum Ausdruck gebracht durch die Angabe der causa debendi: insbesondere, daß der Schuldner ein Darlehen nicht bezahlt habe. [3]) Als Kennzeichen dient manchmal auch der Umstand, daß die Schuldenlast eine gewisse Höhe erreicht hat; denn wer viel Schulden hat, der verzehrt notwendig ökonomisch fremdes Vermögen. [4])

Einen entscheidenden Einfluß auf diese Gestaltung der Dinge übte hier aber auch das römische Recht. Die Kommentatoren, die einerseits das römische Recht verarbeiteten und andererseits auch das Statutarrecht in den Kreis ihrer Betrachtungen zogen, bringen vielfach die Ergebnisse der neueren Rechtsbildung in römischem Gewande. [5]) In unserer Frage mochten sie etwa so argumentieren: Das gegenwärtige Recht schützt den unbezahlten Verkäufer und ähnliche, kurz Gläubiger, gegen eine rechtswidrige Hinterziehung von Sachen, die der Schuldner in Händen hat. Einen solchen Thatbestand weist auch das römische Recht auf. Und so gelangen sie dazu, dies diebliche Behalten des deutschen Rechts zu identifizieren mit dem Thatbestand der actio Pauliana: der Verletzung der

---

[1]) Consilia, vol. V cons. 382 § 5; benutzte Ausgabe Frankfurt 1589.

[2]) Siehe die oben angeführten Statuten von Pisa und Florenz.

[3]) So in Verona und Ferrara (Pertile Bd. V S. 666 A. 129; Bd. VI b S. 905 A. 138).

[4]) Vgl. z. B. die Statuten von Genua von 1306: jeder Schuldner von mehr als 500 l., der sich zum Schaden seiner Gläubiger von Genua entfernt, wird für immer verbannt (Pertile Bd. V S. 666 A. 128). — In den Statuten von 1595 ist die Grenze 1000 l. (Pertile Bd. VI b S. 887 A. 56).

[5]) Vgl. von Liszt, Lehrbuch des deutschen Strafrechts 3. Aufl. 1888 S. 405.

Gläubiger eines Schuldners durch rechtswidrige Verfügung desselben über das eigene Vermögen.[1])

Weiter trug aber auch ein deutschrechtliches Institut wesentlich dazu bei, dem Gläubiger nachteilige Verfügungen über das eigene Vermögen des Schuldners als rechtswidrig und weiter als strafbar erscheinen zu lassen: die Pflicht des Schuldners, der seine Zahlungen einstellt, einen Offenbarungseid zu leisten. Schon die Lex Salica (c. 58) befiehlt einem solchen: „XII iuratores donare debet quod nec super terram nec subtus terram plus facultatem non habeat quam iam donavit.“ Von dem ähnlichen Eid in Luitpr. c. 57 war bereits die Rede. Dieser Manifestationseid nun fand Eingang in Wissenschaft und Gesetzgebung[2]), und mit ihm das Rechtsbewußtsein, daß der zahlungsunfähige Schuldner sich auch wegen gewisser Verfügungen über sein eigenes Vermögen zu verantworten habe.

Der Widerstreit dieser Gedanken mit dem alten Bankerottbegriff führte zunächst zu der eben geschilderten Entwickelung. Allein diese konnte nur ein Übergangsstadium bilden. Denn war einmal Bresche gelegt in die alte Anschauung, daß der strafbare Bankerott ein Verbrechen gegen fremdes Eigentum vorstelle, so schuf sich der Gedanke, der den Thatbeständen der actio Pauliana und des Manifestationseides zu grunde liegt, immer mehr Raum, und so hat die neuere Rechtsentwickelung endlich auch das Erfordernis abgestreift, daß der Schuldner, um straffällig zu werden, gerade durch eine Verfügung über ein bestimmtes wirtschaftlich fremdes Gut, über das geliehene Geld, über die geborgte Waare, seine Gläubiger in ihrer Befriedigung verletzen müsse. Vielmehr begeht jeder Schuldner einen (betrügerischen) Bankerott, der im Hinblick auf seine Zahlungseinstellung seine Gläubiger durch Beiseiteschaffung irgend eines Wertes aus seinem Vermögen in ihrem Recht auf Befriedigung aus seinem gesammten Vermögen verletzt.[3]) Mit den Thatbe-

---

[1]) „Licet proprie non sit furtum“, sagt Baldus (s. oben S. 33), und verweist auf l. ait praetor § si debitorem ff. quae in fraud. cred. (l. 10 § 16 D. 42, 8).

[2]) Pertile Bd. VI b S. 831 ff.; Wach, der Manifestationseid in Italien, in der Zeitschrift für Rechtsgeschichte Bd. VII S. 439 ff.

[3]) Vgl. z. B. Mathaeus Brunus aus Rimini, tractatus de cessione

ständen der Pauliana und des Manifestationseides war aber noch ein anderer Gedanke in das Bankerottrecht eingedrungen: beide schützen gegen eine Verletzung der Gläubiger**gesammtheit**; und gerade dieser Umstand ist nach der heutigen Rechtsauffassung das Kennzeichen des wahren Bankerotts.

Subjekt des Verbrechens ist in älterer Zeit nur ein Kaufmann, wie ja auch das Wort Bankerott aus Kaufmannskreisen stammt.[1]) Doch findet sich dasselbe später vielfach ausgedehnt auf alle Schuldner[2]), ohne daß die Rechtsentwickelung dabei zu einem abschließenden Ergebnis gelangte.

Nur die betrügliche Zahlungseinstellung gilt als Verbrechen. Die Vermutung, daß jede Zahlungseinstellung eine betrügerische sei, erspart jedoch vielfach den Nachweis der Betrügereien[3]); ja, es wird von manchen nicht einmal der Gegenbeweis gegen diese Präsumtion zugelassen.[4]) Insbesondere aber sind es gewisse Vorkommnisse, aus welchen die Unehrlichkeit geschlossen wird: Unregelmäßigkeiten bei der Buchführung und Flucht des Schuldners.

Eine **Buchführungspflicht** war gewohnheitsrechtlich begründet.[5]) Wenn der Schuldner behauptete, er habe keine Bücher

---

bonorum, in der Ausgabe „de mercatura" Köln 1622, quaest. VI § 5: „omnes debitores, qui studiose omnia **sua** bona in fraudem creditorem dilapidaverunt, ita ut aliqua non reperiantur, debent in carceres detrudi".

[1]) Vgl. z. B. „quando aliquis fugiet mercator" in dem oben erwähnten Vertrag zwischen Venedig und den Barbareskenstaaten von 1231; Pisa 1286: „mercator vel artifex" (Pertile Bd. VI b S. 891 A. 72); ebenso Florenz 1393 (s. oben S. 32); ähnlich Mailand 1541 (Pertile Bd. V S. 666 A. 130); Piacenza: „occasione mercadandie" (Pertile Bd. VI b S. 904 A. 135); ähnlich in Brescia 1313 (Pertile Bd. VI b S. 894 A. 85); ebendort: „negotiator sive campsor" (Pertile Bd. VI b S. 904 A. 133) u. s. w.; insbesondere auch Stracchа an vielen Stellen und Lattes S. 16 A. 21.

[2]) So besonders im venetianischen Recht (Lattes S. 16 ff.); späteres Florentiner Statut (Pertile Bd. VI b S. 887 A. 56); stat. civ. Genuae 1595 (ebenda); stat. della merc. di Siena (Pertile Bd. VI b S. 888 A. 61).

[3]) Milone S. 181 ff; Lattes S. 10, S. 18 A. 25. — In Florenz z. B. mußte der Schuldner im Gefängnis bleiben, bis er den Grund seines Falliments gerechtfertigt hatte (Pertile Bd. VI b S. 890). — Straccha III, 19 und IV, 7.

[4]) Baldus vol. V cons. 382 § 20.

[5]) „id enim propter consuetudinem mandatum censetur." Straccha, tractatus de mercatura II, 69. — Über die damalige Buchführung überhaupt vgl. die §§ 51—70 a. a. O.

geführt, so sollte ihm dies nicht geglaubt werden[1]). Der Schuldner aber, der bei einer Zahlungseinstellung seine Bücher nicht vorlegt, gilt als betrügerisch und verfällt den Bankerottgesetzen.[2]) Gleiches gilt, wenn die Bücher sich als betrügerisch geführt erweisen.[3]) Aus den Büchern läßt sich das ganze Gebahren des Schuldners übersehen; vereitelt der Schuldner diese Übersicht, so liegt es nahe, anzunehmen, daß er dies mit gutem Grunde gethan habe. Von einer Auffassung der Verheimlichung, bzw. Veränderung der Bücher als selbstständiges Verbrechen, als böswillige Schädigung der Gläubiger, um ihnen den Überblick über den Stand der Masse und damit eine ordentliche Verwertung derselben unmöglich zu machen, findet sich keine Spur. Selbst Straccha, der sonst nicht Schlechtes genug berichten kann von dem „pessimum genus decoctorum“, von diesen „infames et infamissimi“, erwähnt nichts von einer solchen boshaften Verletzung der Gläubiger.

Ein wichtiges Beweismittel für das Vorliegen eines betrügerischen Bankerottes ist **die Flucht des Schuldners**.

Freilich war das mittelalterliche Exekutionsrecht ein so hartes, daß der Schuldner, der seine Zahlungen einstellte, zur Flucht geradezu gedrängt wurde. Ob ehrlich oder unehrlich, erwartete ihn Schuldknechtschaft oder Schuldgefängnis, die beschimpfendsten Formen begleiteten die Erklärung seiner Zahlungsunfähigkeit, gerade der ehrliche Schuldner der wirklich keine Zahlungsmittel mehr aufzutreiben wußte, hatte das Bewußtsein, sich vielleicht zeitlebens aus der Schuldhaft nicht lösen zu können — „erat obstinatus ad fugam, quia nolebat mori in carcere“, sagt Baldus einmal von

---

[1]) „Si in reddenda ratione negarent librum confecisse, credendum non esset.“ Straccha a. a. O.

[2]) Venetianisches Gesetz von 1395 „. . si fugitivus non servaverit modum . . de consignatione suarum rationum et computorum . . infra tempus 5 dierum, tunc (quia clare potest videri ipsum fugitivum fraudolenter . . pro usurpando bona aliorum se de Venetiis absentasse) ordinetur u. s. w.“ (Pertile Bd. V S. 666 A. 128). Auch in Perugia sind nach Ausbruch des Falliments die Geschäftsbücher des Falliten bei schwerer Strafe auszuhändigen (Fuchs S. 20). — Toskanisches Gesetz von 1582 (Lattes S. 18 A. 25). stat. civ. Genuae von 1595 (Pertile Bd. VI b S. 889. A. 65).

[3]) Straccha, de decoct. III, 24: „solent decoctores rationes tam in codicibus quam in adversariis intricare in necem creditorum, **ex quo dolus malus praesumitur**. — Vgl. auch Lattes S. 42 A. 70.

einem Schuldner.[1]) So mochte denn jeder, der es ermöglichen konnte, sein Heil in der Flucht suchen. — Diese Flucht ist daher regelmäßig eine durchaus objektive Erscheinung. Ein subjektives Gepräge erhält sie erst durch die Handlungen, die den Schuldner zur Flucht veranlaßt haben. Mit Schärfe legt Baldus[2]) diese Unterscheidung klar: „videndum est, utrum fugere sit maleficium. aut fugiens est servus vel servili macula aspersus, et est malum . . aut est ingenuus, et tunc aut aufugit cum re, et est malum ratione rei, quia contrectando facit furtum, et idem si cum re, quae aliquando fuit aliena ut cum pecunia deposita ad numerum, licet proprie non sit furtum . . aut fugit absque rerum alienarum, vel quasi exportatione, et ista fuga non est maleficium, sed est quaedem latitatio . . fuga non imponitur alicui ut maleficium, sed ut suspectio." Wie nun aber nach der damaligen Rechtsanschauung die Flucht eines jeden Verdächtigen als Eingeständnis der jeweiligen Schuld erschien[3]), so wurde auch die Flucht eines verdächtigen Schuldners als Zugeständnis der von ihm verübten Betrügereien betrachtet.[4]) Daß die Flucht nicht erfolgt sei, um die Gläubiger zu verkürzen, mußte — soferne dieser Beweis überhaupt erlaubt war — vom Schuldner bewiesen werden.

Von Bedeutung ist die Flucht aber auch als Kennzeichen eines anderen Umstandes: der Flüchtige, der seine Gläubiger um ihre Habe betrügen will, wird ihnen kaum eigenes Vermögen als Ersatz zurücklassen. Und so ist „Flucht" regelmäßig gleichbedeutend mit „Zahlungseinstellung", „fugitivus" heißt an unzähligen Stellen schlechtweg der flüchtige Schuldner, der seine Zahlungen eingestellt hat. Aus alledem folgt nun, daß die Flucht die regelmäßige Begleiterscheinung, aber darum noch kein Thatbestandsmerkmal des älteren Bankerotts ist.

Indessen soll nicht in Abrede gestellt werden, daß die Flucht des Schuldners hie und da als das eigentliche Unrecht erscheint, wegen dessen dieser bestraft wird: entzieht doch der flüchtige

---

[1]) Vol. V cons. 382 pr.

[2]) Vol. V cons. 382 § 5.

[3]) Vgl. Allard, histoire de la justice criminelle au XVIème siècle 1868 S. 346.

[4]) Vgl. Straccha VII, 1, 11.

Schuldner dem Gläubiger ein wirksames Zwangsmittel: durch die Schuldhaft die Zahlung zu bewirken.[1]) Insbesondere findet dies Unrecht seinen Ausdruck auch in der Form, daß der flüchtige Schuldner seine Gläubiger durch die Mühe und Kosten, wie sie die Verfolgung eines Flüchtigen mit sich bringt, mürbe machen will, um sie zum Abschluß eines ihm vorteilhaften Vergleiches zu veranlassen. So sagt das öfter erwähnte venetianische Gesetz von 1395: „non tantum necessitate compulsi quam spe lucri fugam arripiunt, sperantes se per bona pacta cum suis, creditoribus concordare." — Straccha II, 3: „. . mercatores qui maximis pecuniarum summis a compluribus mutui receptis consulto atque de industria aufugiunt et se decoxisse fingunt, ut tandem creditores molestiis defatigatos et litibus atque expensis vexatos ad pactiones et iniquissimas conditiones trahant."[2]) Und es ist dabei hervorzuheben, daß ein derartiges Unrecht die sämmtlichen Gläubiger des Schuldners in gleicher Weise verletzt.

Der unehrliche Schuldner muß für seine Übelthat schwer büßen. Zunächst trifft ihn bei der Exekution eine Reihe von Nachteilen: er kann von der Obrigkeit keine Stundung[3]) und kein sicheres Geleite[4]) erlangen, er wird nicht zur cessio bonorum zugelassen[5]), oder er verliert ihre Vorteile.[6]) Insbesondere kann er gefoltert werden bis zur Angabe des versteckten Vermögens.[7])

Daneben findet eine strafrechtliche Verfolgung statt.[8]) Die Strafen der älteren Zeit sind verhältnismäßig milde; sie beschränken sich meist auf die strafweise Verhängung der Exe-

---

[1]) So die Mailänder Konstitution von 1541 (Pertile Bd. V. S. 666 A. 130): „Quilibet negotiator vel artifex per fugam a dominio a fide defecerit et creditoribus non satisfecerit . . furcis suspendatur vel ad triremes perpetuo mittatur."

[2]) Vgl. auch Lattes S. 33 A. 56.

[3]) Straccha VI, 20.

[4]) Lattes S. 31.

[5]) Straccha, III, 1: „quod est subsidium miserorum sed non praesidium dolosorum." Brunus quaest. VI § 5.

[6]) Wach, Manifestationseid S. 456. — Fuchs S. 11.

[7]) Straccha IV, 6; VII, 1, 2.

[8]) Florentiner Statut von 1393 rubr. I: „et hec causa intelligatur esse criminalis."

kutivmittel: Gefängnis und Bann. Oft lassen sie sich von der Exekution überhaupt nicht trennen.[1]) Anderwärts tritt dagegen der strafrechtliche Gesichtspunkt mit größerer Schärfe hervor. Nach dem Florentiner Traktat von 1393 wird der betrügerische Schuldner gebannt ex malefitio: er wird friedlos, jeder kann ihn verletzen — nur darf er ihn nicht töten — er findet nirgends Recht; dabei sollte ein Schandgemälde seine Unehrlichkeit allem Volke kund thun u. a. m.[2]) Trotz solcher Maßregeln wuchs die Zahl der Bankerotte in erschreckendem Umfang. Baldus wünscht das Recht der zwölf Tafeln wieder herbei, wo der Gläubiger seinen Schuldner in Stücke reißen durfte.[3]) Und so verhängen denn spätere Gesetze die Galeeren- oder Todesstrafe über den betrügerischen Schuldner.[4]) Eine eigentümliche Härte erstreckte manche Strafen auch auf die Familie des Schuldners. In Genua (1306) wurde der Schuldner mit Weib und Kind verbannt; in Piacenza konnte der Sohn nicht in die Zunft des Vaters aufgenommen werden; in Florenz sind Söhne und Enkel von allen Ehrenstellen ausgeschlossen, der Aufenthalt im Staate ist ihnen verboten, die Zunft des Schuldners selbst seinen Erben verschlossen.[5])

In mannigfaltigen Formen findet sich eine Berücksichtigung der verletzten Gläubiger bei der Bestrafung. Manchmal hängt die Aufnahme der Strafverfolgung ab von einem Antrag der Gläubiger; vorzüglich die Verfolgung der Teilnehmer

---

[1]) Gefängnis wird z. B. verhängt in Pisa 1286 (Pertile Bd. VI b S. 891 A. 72), in Brescia 1313 (Pertile Bd. VI b S. 893 A. 85); der Bann in Genua 1306, in Venedig 1395 für die Fremden (beide bei Pertile Bd. V S. 666 A. 128) und sonst. Und zwar wird der Bann regelmäßig verhängt, wenn man des Schuldners nicht habhaft werden konnte (Pertile Bd. VI b S. 890). — Oder es werden nur einzelne Folgen des Bannes verhängt, wie der Verlust der Ehrenämter in Venedig für die Venetianer, Ausstoßung aus der Zunft in Piacenza (Pertile Bd. VI b S. 904 A. 135) u. s. w. Vgl. auch Lattes S. 13 A. 16.

[2]) Siehe auch Straccha IV, 27; Statut von Brescia 1313 (Pertile Bd. VI b S. 904 A. 133). Weitere Anführungen bei Lattes S. 11 A. 13; bei Wach S. 451 A. 28.

[3]) Angeführt bei Straccha III, 1.

[4]) So in Siena (Pertile Bd. VI b S. 903 A. 126); in Mailand 1541 (Pertile Bd. V S. 666 A. 130), und sonst.

[5]) Stat. Flor. rubr. I. Pertile Bd. V, S. 666 A. 128; Bd. VI b S. 904 A. 135.

erfolgt vielfach erst auf Grund einer Bitte der Gläubiger um den Erlaß eines richterlichen Dekrets, in welchem dieselben zur Rückgabe des verheimlichten Vermögens aufgefordert werden.[1]) Der Gesetzgeber geht dabei wohl von dem Gedanken aus, daß er keine Veranlassung habe, eine Verletzung zu strafen, die der Beschädigte selbst nicht als solche empfindet und verfolgt. Freilich sind hier auch die nahen Beziehungen der Strafe zur Exekution von Einfluß, bei welch letzterer sich die Initiative der Gläubiger von selbst verstand. Ähnliche Gesichtspunkte sind maßgebend, wenn der Erlaß der Strafe in das Belieben der Gläubiger gestellt wird.[2]) Eine rühmliche Selbstständigkeit entwickeln in dieser Beziehung die Florentiner Statuten:[3]) die Verfolgung von Thäter und Teilnehmern findet von amtswegen statt; ein Einfluß auf den Verlauf der Bestrafung wird den Gläubigern ausdrücklich abgesprochen.

Weiter finden die Interessen der Gläubiger auch darin Berücksichtigung, daß die Beendigung der Strafe häufig davon abhängig gemacht wird, daß der Schuldner sie nachträglich befriedigt, eine Wirkung, die bisweilen schon mit dem bloßen Vergleich zwischen Schuldner und Gläubiger eintritt.[4]) Man möchte zunächst daran denken, daß es sich hier um eine nachträgliche Wiederaufhebung des Schadens handle, und somit der Grund der Bestrafung mit der Zahlung wegfalle. Allein, wenn man beispielsweise die Bestimmungen des Florentiner Statuts liest, das in genauer Abstufung manche Strafen mit einem nachträglichen Akkord, andere mit der nachträglichen Zahlung aufhören läßt, so folgt daraus wohl zweifellos, daß es Rücksichten exekutiver Natur sind, die

---

[1]) Straccha VII, 1, 15. — Fuchs, Konkursverfahren S. 15.

[2]) So die Statuten von Pisa (Pertile Bd. VI b S. 891 A. 72), von Brescia (ebenda S. 904 A. 132): „nulla pax vel remissio prosit tali fugitivo, nisi placuerit communitati creditorum."

[3]) Stat. Flor. rubr. I.

[4]) Vgl. z. B. die Venetianer Statuten von 1244 (Lattes S. 12), die Florentiner Statuten rubr. I: „dictam poenam non evitent, nisi .. vere et integre satisfactum." Der bloße Akkord genügt beispielsweise für einzelne Strafbestimmungen des Florentiner Rechts, in Piacenza 1346, in Mailand 1541 (Pertile Bd. VI b S. 907 A. 135; Bd. V S. 660 A. 130). — Manche Rechte knüpfen diese Vergünstigung an eine bestimmte Frist. So die Statuten von Brescia 1429, von Mailand 1473, von Bologna 1550 (Lattes S. 12 A. 14).

derartige Bestimmungen veranlaßten. Übrigens schließen auch hier manche Gesetzgebungen derartige Nebenrücksichten unbedingt aus.[1])

Teilnahme und Begünstigung erfahren in Gesetzgebung und Wissenschaft eine umfassende Regelung. Wie gegen den Schuldner die Vermutung des Bankerotts, so richtet sich gegen dessen Familie, ja gegen seine ganze Hausgenossenschaft die Vermutung der Teilnahme. Eltern und Kinder, die Ehefrau, unter Umständen auch die Brüder des flüchtigen Schuldners können ohne weiters in Haft genommen werden.[2]) Wer dem Schuldner zur Flucht verhilft oder ihn versteckt, nicht minder, wer dessen Bücher oder Vermögen verheimlicht, verfällt den gleichen Strafen, die den flüchtigen Schuldner selbst treffen, oder er muß (man beachte auch hier wieder die exekutive Tendenz der Strafe) die Schulden des Flüchtigen bezahlen.[3]) Wer den Flüchtigen beherbergt oder sonst unterstützt, verfällt einer hohen Geldstrafe.[4]) Ja, der Begriff der Teilnahme wird ausgedehnt auf den Drittschuldner, der seine Schuld nicht anmeldet[5]), auf den Inhaber von Vermögensstücken des Gemeinschuldners, der dieselben nicht herausgibt[6]), auf jeden Dritten, der den Versteck verborgenen Gutes kennt, ohne ihn an-

---

[1]) So der Vertrag zwischen der Trevisanischen Mark, der Lombardei u. s. w. von 1271, die Gesetze von Genua 1306, von Venedig 1395 (Pertile Bd. VI b S. 905 A. 139; Bd. V S. 666 A. 128).

[2]) Statuten von Brescia c. 96 (bei Fuchs, Florentiner Statuten S. 12 A.), von Florenz rubr. II. Dazu Straccha IV, 6.

[3]) Vgl. die Statuten von Venedig 1290 und aus dem 14. Jahrhundert, von Brescia 1429, von Bergamo 1490 (Lattes S. 24 Text und A. 39, S. 29 A. 47); von Florenz, Mailand, Genua (Pertile Bd. VI b S. 889 A. 65). Stracсha VII, 2, 11 und 12.

[4]) Statuten von Brescia (1313) c. 101 (Pertile Bd. VI b S. 904 A. 133): „aliquis de civitate et districtu vel aliunde non audeat, tales fugitivos, patres etc. eorum albergare cum persona vel rebus in domibus suis, nec dare eis consilium, auxilium vel favorem . . nec advocare pro eis . . pena 200 l. . — Florentiner Statuten rubr. I, rubr. XV. Weitere Anführungen bei Lattes S. 11 A. 13.

[5]) Über derartige Fälle in Venedig (1453 und 1584) berichtet Lattes S. 54 A. 126. — Fuchs, Konkursverfahren S. 16.

[6]) Über einen solchen Fall in Venedig (1584) Lattes S. 52. — Pertile Bd. VI b S. 889.

zugeben[1]), auf den Richter, der dem flüchtigen Schuldner gegenüber seine Pflicht nicht erfüllt![2])

Um schließlich noch die selbstständigen Verbrechen Dritter bei Gelegenheit einer Zahlungseinstellung zu erwähnen, so findet sich auch im mittelalterlich italienischen Recht ein Schutz gegen die Geltendmachung erdichteter Forderungen. Der angebliche Gläubiger fällt nach Straccha (VII, 2, 31) unter das crimen falsi; erhält er wirklich etwas aus der Masse, so ist er des furtum schuldig. Macht ein Konkursgläubiger übermäßige Ansprüche geltend, so soll er zur Strafe seine ganze Forderung verlieren.[3])

So war im mittelalterlichen Italien die Lehre vom betrügerischen Bankerott zu einer abgeschlossenen Entwickelung gelangt. Die Priorität dieser Entwickelung allein würde den Geschichtschreiber des Bankerotts verpflichten, dieser Rechtsbildung seine Aufmerksamkeit zu widmen. Doppelt wichtig muß sie für die Darstellung einer Entwickelung des deutschen Bankerottrechts erscheinen, das durch jene italienische Rechtsbildung stark beeinflußt worden ist. Es wäre ein müssiges Beginnen, die engen Handelsbeziehungen zu schildern, wie sie im späteren Mittelalter zwischen Italien und Deutschland herrschten, wie mit den welschen Waaren welsche Sitte und welsches Recht über die Berge drang. Privatrecht, Strafrecht, Prozeßrecht stehen unter dem Einfluß der mittelalterlich italienischen Jurisprudenz. Gerade die Geschichte des deutschen Konkursrechts weist in besonderem Maße auf diese italienische Rechtsentwickelung hin.[4]) So stand auch die Entwickelung des Bankerotts in Deutschland, kaum erweislich im einzelnen, unverkennbar in ihrer Gesammterscheinung, unter italienischem Einfluß.[5])

---

[1]) Pertile a. a. O.

[2]) Stat. Flor. rubr. I.

[3]) So in Piacenza 1346, Cremona 1388, Mailand 1396, Brescia 1429. Lattes S. 26 A. 41.

[4]) Vgl. z. B. Stobbe, Geschichte des Konkursprozesses S. 3, der es „für sehr wahrscheinlich" hält, „daß in dem kaufmännischen Verkehr der großen deutschen Handelsplätze mit Italien manche hier geltende Rechtssätze nach Deutschland Eingang gefunden haben." — Alauzet, commentaire Bd. VI S. 18.

[5]) Fuchs, Florentiner Statuten S. 7 A. 2, will sogar verschiedene dies-

Ich brauche nur an die Benennung unseres Deliktes als „Bankerott“ zu erinnern, um die engsten Beziehungen desselben zu dem italienischen Recht festzustellen.

Doch ist es kein fremdes Recht, das aus Italien herüberkam. Beiden Gebieten ist die Grundlage seiner Entwickelung gemeinsam: das diebliche Behalten des deutschen Rechts, beiden der mächtige Faktor, dem es — dort rascher, hier langsamer — seine Weiterbildung verdankt: das Kreditbedürfnis des gesteigerten Handelsverkehrs.[1]) Und gerade wegen dieser gleichheitlichen Entwickelung ist es im einzelnen Fall schwer zu entscheiden, ob eine Vorschrift das Ergebnis einheimischer Rechtsbildung oder fremder Einflüsse darstellt.

Auch in Deutschland erscheint der Bankerott ursprünglich als die Unterschlagung fremden Vermögens. Doch muß gleich bei Beginn der Darstellung des deutschen Rechts darauf hingewiesen werden, daß die Begriffe „rechtlich fremdes Gut“ und „nur wirtschaftlich fremdes Vermögen“ hier in viel höherem Maße in einander überfließen, als dies im italienischen Rechte der Fall ist, so daß eine strenge Scheidung der beiden Bankerottstadien für das deutsche Recht sich als unthunlich erweist.

Von den für die Beurteilung der Eigentumsfrage in Betracht kommenden Sätzen des deutschen Rechts sei insbesondere hingewiesen auf die Vorschrift, wonach die unbezahlte, wenn auch auf Kredit gekaufte Sache im Konkurs des Schuldners eines Aussonderungsrechtes genießt.[2]) Jedenfalls aber scheidet sich auch hier die ältere Entwickelung scharf von der jüngeren durch den Umstand, daß der Schuldner seinen Gläubiger beschädigt durch eine rechtswidrige Verfügung *über die anvertraute Sache selbst.* Damit ist aber auch gesagt, daß die schädigende Handlung des Schuldners nicht die Gesammtheit der Konkursgläubiger, sondern nur die Eigentümer (bzw. die vormaligen Eigentümer) der hinter-

bezügliche Bestimmungen der Nürnberger Reformation von 1564 unmittelbar zurückführen auf den Florentiner tractatus de cessantibus von 1393.

[1]) Man vergleiche für die Internationalität dieses Rechts den oben erwähnten Vertrag zwischen Venedig und den Sarazenen von 1231!

[2]) Swsp. art. 200. — Über noch weiter gehende Rechte des unbezahlten Verkäufers vgl. Löning S. 393 A. 22; über diese Eigentumsverhältnisse überhaupt Stobbe S. 64 ff.

zogenen Sachen trifft, den einen ihre Vindikationsmöglichkeit raubend, die andern in ihren Forderungsrechten verletzend — soweit nicht auch hier gilt, was schon oben erwähnt wurde: daß der Gesetzgeber bei der Abfassung seiner Bestimmungen sich die Verletzten als die einzigen Konkursgläubiger denkt.

Seit dem 13. Jahrhundert finden sich Rechtszeugnisse für unser Verbrechen.

So das Augsburger Stadtrecht von 1276 art. 149 Zusatz 8:[1]) „wann manich mensch bisher . . offt und dick betrogen und in schaden komen sint von den lueten die guot uos nement oder kauffent uoff frist und wars wizzen daz sis niht haben ze vergelten, oder die ainen kauf mit ainem tuond umb beraitz gelt und daz guot nemend und sprechent, si wellen in ietzo bezaln, und entwichent damit von der stat und aberêffent den lueten ir guot . . darumb ist ertailet, swer dem andern sin guot also fuerbaz aberêffet und hin fueret und damit von der stat entwichet und dinkfluehtig wirt . . erkennet der rat oder der merer tail uof den ayd, daz er daz gevârlich getan hat mit welhen sachen daz beschehen ist, so sol man hintz im rihten als hintz ainem rehten aehter."

Braunschweiger Stadtrecht (um 1349) § 27:[2]) „We van henne veret van scult weghene unde usen borgeren ere gud mit voresate unford, dene wel de rad sulven vorvesten in deme wicbelde dar dat inne gheschen is." [3]) Die Bestimmung hat sich in verschiedenen Braunschweiger Rechtsaufzeichnungen erhalten bis zum Jahre 1573.

Rigische Bursprake von 1376 c. 6:[4]) „weret dat ymant vorvluchtich worde van schult weghene heft he gued bi sik eder enwech geschicket, wert he begrepen, he hevet sin lif vorboret." Wiederholt in der Bursprake von 1405 c. 5[5]) und später.

---

[1]) Bei Löning S. 221.

[2]) Löning S. 220.

[3]) Man vergleiche dazu die Diebstahlsdefinition bei Grimm, Weistümer Bd. III S. 268: „We deme anderen dat syne . . entfoerde, were dat by . . nachtyden, were dat eyn düve."

[4]) Napiersky, Quellen des rigischen Stadtrechts 1876 S. 203.

[5]) Ebenda S. 213.

Stadtrecht von Luzern art. 42:[1]) der flüchtige Schuldner, der „den Burgern, den er gelten soll ihr gelt entträgt", geht seines Bürgerrechtes verlustig.

Auch im deutschen Recht ist es häufig aus der Angabe der causa debendi zu entnehmen, daß die hinterzogene Sache dem Thäter eine fremde ist.

So handelt z. B. von der Unterschlagung eines Kommissionsgutes das Augsburger Stadtrecht art. 134 § 1: „Umbe kaefel und umbe verkaufferine: Swaz man den enphilhet, daz suln si wider gaeben oder suln ez mit triwen verkauffen unde anders damit niht tun, wan als man si heizet. Ist auh daz si iemen iht enttreit, daz man ir enphilhet, wirt si daran begrieffen, daz sol man hinz ir rihten als hinz einer diuppine."

Oder es handelt sich um geliehenes Gut. Ein sehr altes, freilich auch in wenig charakteristischer Form abgefaßtes Rechtszeugnis haben wir in dem Passauer Rechtsbrief von 1225 § 33:[2]) „Quicumque rei alicuius debitor est alteri et debitum reddere contradicit, si super hoc citatus legitime comparare noluerit in iudicio. . si forsitan debitor ille res non habet, ei civitas interdicetur a iudice . . et si quis postea interdictum eundem offenderit in persona vel rebus, pacem civitatis per hoc violabit nullo modo." Wer sich also fremdes Geld zu nutze macht, indem er ein Darlehen[3]) vorsätzlich nicht heimzahlt, ohne dem Gläubiger die Möglichkeit zu lassen, sich überhaupt aus seinem Vermögen zu befriedigen, der wird friedlos gelegt.

Rigische Bursprake von 1412 c. 66:[4]) „so sunt de menen hensestede enes geworden, dat nemand yn yeneger stad gud lyen oft borgen sal myd vorsate vnde darmeede wechteen. Were dat dat yemand dede, dee schal syner borgerschap entwaret wesen vnde schal neen leyde hebben an nenen hensesteden." Die Verordnung beruht auf einem Hanserezeß von 1381; sie wird wiederholt in einer Bursprake

---

[1]) Löning S. 221.

[2]) Bei Gengler, deutsche Stadtrechte des Mittelalters 1852 S. 348.

[3]) Diese Bedeutung der „res debita" als Darlehen erhellt aus einer Vergleichung des § 33 mit § 2 des Briefes, in welchem die Rechtsfolgen bei fahrlässiger Nichterfüllung bestimmt werden; dabei wird die Schuld einmal als „mutuum" bezeichnet.

[4]) Napiersky S. 220.

aus dem Anfang des 16. Jahrhundert c. 73 [1]). Nach dem folgenden Abschnitt dieser Bursprake soll ein solcher Schuldner als Dieb betrachtet werden.

Hanserezeß von 1417: [2]) „Qui in una civitate Hansae aut etiam alibi pecuniam mutuo sumit et accipit . . et secum tamen aufert in alium concedendo locum habitandi, ille hoc facto amittet omne ius civitatis nec in ulla civitate salvum conductum habebit nec mercatoris ullius locum merebitur, multo minus ut debeat iure mercatoris defendi". Vgl. auch die Rezesse von 1418 und 1470.

Nürnberger Reformation von 1479 XXII, 7 (s. unten S. 59.)

Artikel 44 des Kölner Stadtrechts von 1437 (späterer Zusatz): [3]) „welcher dem anderen mit aufsatze oder arglist, sein gelt, Haab oder Gut ablehnt und borgt, und damit räumich wirdt, der soll achter dieser Zeit nicht mehr binnen Köllen kommen, noch Fürwarte, noch Geleite darbinnen haben noch kriegen. Uund käme er darüber in unsere Statt, den soll man auff den Kaick setzen, und dann leyten in den Stock, und schneiden ihm ein Ohr ab und trecken ihn aus und schlagen jhm mit Rutten aus der Statt, unnd käme er zu einiger Zeit wider in unsere Statt darnach, so soll man jn richten als vor einen Dieb."

Im Jahre 1496 wurde zu Namslau in Schlesien ein „böser Schuldner" enthauptet, „der die Kunst, zu borgen und nicht zu bezahlen gekonnt und diesen Handel zwei Jahre getrieben." [4])

Ein anderer hieher gehöriger Fall ist der, daß der Mieter vor der Zahlung des Mietzinses mit Hab und Gut auszieht, sofern der Mietzins als etwas aus dem Vermögen des Mieters Abgesondertes, dem Gläubiger Zustehendes betrachtet wird: Goslarer Statuten (um 1300) „untveret en dem anderen van der were mit sinem hustinse weder sinen willen, dene mach he dar umme vorvesten." [5])

---

[1]) Napiersky S. 232.

[2]) Zitiert nach der Fassung bei Werdenhagen, de rebus Hanseaticis Bd. IV S. 1080.

[3]) Hoiningen S. 62.

[4]) Kohler S. 41 A. 3.

[5]) Diese und zahlreiche andere Stellen bei Löning S. 227 A. 30. Lö-

Sehr häufig ist auch die Angabe, daß der Schuldner eine Waare gekauft, aber noch nicht bezahlt habe.

Eintrag im Stralsunder Stadtbuch von 1277: „Sibe emit bona hominum et furtive recessit cum eis et ideo proscriptus est in civitate“. Aehnlich ein Eintrag von 1301; ferner ein solcher im Berliner Stadtbuch.[2])

Lüneburger Eddachs-Artikel aus dem 14. Jahrhundert:[3]) „We deme anderen gud aff kofft, und nympt dat an sine were, vnd duffliken enwech tiid vnd des nicht enbetalet, dat trid an sines sulves hals.“

Nürnberger Reformation von 1479 XXII, 7 (unten S. 59). — Prager Willkür von 1328 (s. unten S. 50). — Siehe auch den oben angeführten Artikel 149 Zusatz 8 des Augsburger Stadtrechts.

Lag der Schwerpunkt der Anwendung des Delikts im italienischen Recht mehr in der Unredlichkeit des Kaufmanns, so findet dasselbe im deutschen Recht seine unterschiedslose Anwendung gegen Schuldner aller Art. Ich möchte diesen Unterschied mit einem Eindruck in Verbindung bringen, dem sich wohl niemand ganz zu entziehen vermag, der sich mit dem mittelalterlichen Bankerottrecht beider Länder eingehender befaßt: dort ist der Brennpunkt des Welthandels, die modernen Handelsgesellschaften, die modernen Wertpapiere haben dort ihre Entstehung gefunden, ein großer Zug geht durch alle Handlungen des Kaufmanns — groß im Guten wie im Bösen. Das älteste deutsche Bankerottrecht hat einen gewissen kleinlichen Anstrich. Der ehrsame Bürger soll nicht um seine sauer ersparten Pfennige gebracht werden, gleichviel, welcher Schelm sie ihm streitig macht; die fürsichtige Polizei soll über ihn wachen, daß ihm nicht zu wehe geschieht. Ein höherer

---

ning sucht das Unrecht dieser Verletzungen in dem Bruch des Pfändungsrechts des Vermieters, somit in einer rechtswidrigen Verfügung über das eigene Vermögen des Schuldners. Es ist dies aber ein Gedanke, der im 13. oder 14. Jahrhundert, aus welcher Zeit die angeführten Stellen meist stammen, kaum schon zur Reife und zu solcher Verbreitung gelangt war. Insbesondere dürfte die angeführte Stelle des Goslarer Rechts wohl ohne weiters für unsere Auffassung sprechen.

[2]) Sämmtlich bei Löning S. 223.

[3]) Löning a. a. O.

Geist weht allerdings durch das Recht der Hansa. Es gilt dies Recht aber auch vorzüglich für Großkaufleute. Uebrigens mochten manche dieser Bankerotthatbestände im ganzen Deutschland beim Handelsbetriebe ihre vorwiegende Verwirklichung finden, während andererseits die gesetzliche Regelung dieser Verhältnisse manchmal überhaupt nur für die Zunft der Kaufleute erfolgte. [1])

Die Bankerotthandlung besteht regelmäßig in einem Beiseiteschaffen fremder Vermögensstücke. Doch findet sich auch schon die Bestrafung fälschlicher Ableugnung der Zahlungsunfähigkeit: nach dem Wiener Stadtrecht (1340) soll dem Schuldner die Zunge ausgerissen werden. [2]) Vgl. auch die Nürnberger Reformation von 1522 V, 6 Absatz 3. [3])

Die Flucht des Schuldners spielt, wie in allen älteren Rechten, so auch im deutschen Recht eine wesentliche Rolle. Zunächst ist der Charakter der „Vorflucht" bedingt durch die Uebelthat, auf Grund deren der Schuldner flieht. [4]) Sehr häufig dient jedoch die Vorflucht schlechtweg zur Bezeichnung eines flüchtigen Schuldners; ja, der Schwabenspiegel (art. 314) sagt, ohne überhaupt der Flucht mehr Erwähnung zu thun: „Unde ist daz ein man gelten sol unde setzet sin gut in einz andren mannes hant, dem er niht gelten sol, daz heizzet fluht sal". [5])

Daß die Vorflucht des Schuldners tief eingreift in das Exekutionsrecht des Gläubigers, ist klar. Dementsprechend finden sich mancherlei Gesetze, diesen Schaden nach Möglichkeit zu verhüten: der fluchtverdächtige Schuldner kann festgenommen werden, [6]) das zurückgelassene Vermögen des Abwesenden wird zur Befriedigung der Gläubiger verwendet. [7]) Allein so hart diese Maßregeln den Schuldner auch treffen: sie sind nur Mittel zum Zweck, sie werden

[1]) So das Augsburger Statut wider die Falliten von 1527; Hoiningen S. 36.

[2]) Löning S. 201.

[3]) Stobbe S. 27 A. 37.

[4]) Rigische Bursprake von 1376 c. 4 (Napiersky S. 203): „so we vorvluchtich wert in de vryheit, dat nicht en tret an de hant noch an den hals, de schal en iar buten der staet blyuen".

[5]) Vgl. überhaupt über die Terminologie Stobbe S. 15 A. 17.

[6]) Aeltestes rigisches Stadtrecht aus dem 13. Jahrhundert c. 27 (Napiersky S. 9).

[7]) System. Schöffenr. III, 2 c. 68. Löning S. 217.

nur verhängt, um schließlich noch die Zahlung zu bewirken. Uns beschäftigt die Flucht hier nur, soweit die verhängten Uebel als Strafe des durch sie verwirklichten Unrechts erscheinen. Dies Unrecht aber paßt ungezwungen in den von uns aufgestellten Rahmen des Bankerotts als Hinterziehung eines dem Gläubiger zustehenden Vermögenswertes.

In Italien war zur Zeit der Stadtrechte das Schuldgefängnis zum herrschenden Exekutionsmittel geworden; immerhin verlor der Gläubiger durch die Flucht des Schuldners einen mittelbaren Vermögensvorteil. Unmittelbar wurde durch die Flucht dagegen der deutsche Gläubiger geschädigt: Im sächsischen Rechtsgebiet herrschte regelmäßig das Exekutionssystem der Zwangsarbeit des Schuldners beim Gläubiger.[1]) Nach süddeutschem Recht band den Schuldner meist ein Eid, das Ergebnis seiner freien Arbeit zur Tilgung der Schuld zu verwenden.[2]) Mit der zunehmenden Verbreitung der Schuldhaft als Exekutionsmittel tritt freilich auch hier die Vorstellung einer Verletzung des Gläubigers durch die Flucht als solche in den Hintergrund.

So lautet ein Eintrag im Kieler Stadtbuch von 1286[3]) „Johannes Rufus cerdo promisit his, quibus solvere tenebatur quando impeditus fuit, quod nunquam discedere deberet de Kylo, nisi prius solveret omnibus illis; si autem recederet, fur in debitis illis debeat esse“.

Lübecker Verordnung vor 1321:[4]) Der zahlungsunfähige Schuldner kann von dem Gläubiger in Schuldhaft genommen werden. „Vntweke hir vmbouen geman vnde worde vorfluchtich, word ehe grepen jof gheuangen in der vorflucht vnde in vnse stat ghebracht, he sclode beteren de misdat mit sines sulves halse. Vntqueme he oc, men scholde ene vredelos lechen“.

Züricher Ratserkenntnis von 1348:[5]) „swer der ist, der

---

[1]) Ssp. III, 39 § 1. Vgl. überhaupt Korn, de iure creditoris in personam debitoris, qui solvendo non est, secundum ius aevi medii germanicum 1869 S. 12 ff.

[2]) Swsp. art. 304.

[3]) Löning S. 221.

[4]) Lübeckisches Urkundenbuch 1858 Bd. II, 1, S. 352 Nr. 402.

[5]) Wyß, Geschichte des Konkursprozesses in Zürich 1845.

von unser statt dingflüchtig wird, daz ouch der niemermer in unser statt ze Zürich komen sol".

Uebrigens gilt die Erwähnung der Flucht des Schuldners auch im deutschen Recht sehr häufig als gleichbedeutend mit der Angabe, er habe seine Zahlungen eingestellt, da der Flüchtling, der entweicht, um sich fremdes Gut anzueignen, dabei doch nicht sein eigenes zurücklassen wird. Vielfach wird daher das Wort „vorflüchtig" in dem gleichen Sinne gebraucht, als hieße es „Gemeinschuldner". Für die Annahme aber, daß der Schuldner auf die Flucht geht unter Mitnahme seines eigenen Vermögens, bietet einen trefflichen Beleg die Prager Willkür von 1328: [1]) „quia quidam nobiscum manentes apud plures ex nobis pannos et alias merces excrediderunt sive in credentia receperunt, promittentes bona fide creditoribus suis persolvere debita honorifice in praefixis terminis, quae tenerent; accidit tamen iam pluries, quod tales sui promissi, fidei et honoris immemores se mendaces et fidefragos publice ostenderunt; nam die et termino veniente, in quo solvere debent debita suis creditoribus, c o l l e c t i s e t r e c e p t i s b o n i s e t r e b u s s u i s aufugiunt et reddunt se profugos, ut debita non persolvant. Nos igitur volentes huic fraudi et malitiae occurere, ne talia nobis vel alicui nostrum dampna contingant, de cetero decrevimus unanimiter .. quod quicunque civium vel hospitum pannos vel merces alias apud nos vel aliquem ex nobis excrediderit et debitis ipsis non persolutis aufugerit, hic vel talis proscriptus et bannitus apud nos Pragae et alias ubique in regno Bohemiae debet esse, ita quod ubicunque talis medio tempore fuerit detentus, debet in persona sicut fur et falsidicus condempnari." Das Unrecht, das bestraft wird, ist die Unterschlagung unbezahlter Waren; in der breiten Darstellung des Thatbestandes findet auch die Mitnahme des eigenen Vermögens ihre gelegentliche Berührung.

Die Bestrafung der T e i l n a h m e wird in den Gesetzen oft erwähnt: und zwar erscheint der Begriff der Teilnahme auch hier als ein sehr dehnbarer. Nach einem weitverbreiteten Prinzip, daß der Teilnehmer sich die Schuld des Thäters aufladt, [2]) muß, wer

---

[1]) Löning S. 222.

[2]) Vgl. Kohler S. 247.

dem Vollzug der Exekution hindernd entgegentritt, für die Schuld selbst einstehen. So der Passauer Rechtsbrief von 1225 § 33: „quicunque . . interdictum illum colligere seu servare presumpserit, debitum solvere pro ipso tenetur“. Siehe auch den Rechtsbrief von 1300 § 18.[1]) Vgl. ferner die Bestimmung des Landshuter Rechts, wonach der Hauswirt, der den „ausgebotenen“ Schuldner in seiner Wohnung duldet, die Schuld für ihn bezahlen muß.[2]) — Doch findet sich auch eine Bestrafung nach freiem richterlichen Ermessen. Züricher Ratserkenntnis von 1348.[3]) Beschlüsse des schlesischen Schneidertages zu Schweidnitz 1361 art. 6.[4])

Der Bankerott unterliegt einem härteren Exekutionsrecht, und er wird strafrechtlich verfolgt. Gegen den Schuldner, der thatsächlich zahlungsunfähig ist, hilft auch das stärkste Exekutionsmittel nichts; anders verhält es sich mit dem böswilligen Schuldner, der nicht zahlt. Vielfach wird daher nur ein solcher in Schuldhaft genommen,[5]) insbesondere kann ein solcher Schuldner kein freies Geleite erhalten, die Möglichkeit, einen Akkord zu erlangen, ist ihm benommen, allerwärts ist er der Exekution seitens der Gläubiger ausgesetzt.[6]) Die strafrechtliche Verfolgung des Bankerotts[7]) knüpft regelmäßig an an den Gesichtspunkt der Kontumaz des Schuldners. Der flüchtige Schuldner wird, wie jeder flüchtige Verbrecher, zunächst mit dem prozessualen Zwangsmittel der Verfestung (Aechtung) belegt.[8]) Manche Gesetze lassen es dabei bewenden, d. h. die Verfestung verwandelt sich in die

---

[1]) Gengler, S. 350.

[2]) Stobbe S. 101.

[3]) Wyß S. 25.

[4]) Löning S. 230 A. 34.

[5]) Swsp. art. 304 b. Purgoldt VII, 23.

[6]) Rigische Bursprake von 1412 c. 66 (oben S. 45); Hanserezeß von 1417 (oben S. 46); Lübecker Ratschluß von 1463 (Hoiningen S. 84 A. 1): „Weret dat na deneme dage yement van eren borgeren copluden edder inwonren van scult wegen ut erer vorscreven stad toghe edder van der weke, so dane borgere coplude edde inwonre scholen in nenen tokommenen tyden mer bynnen erer vorscreven stad lubeke unde erer gebede geleydet werden edder geleydes dar inne geneten“.

[7]) Hoiningen S. 18: „Eigentliche Strafen für den schuldhafter Weise seine Verbindlichkeiten nicht erfüllenden Schuldner gab es (im deutschen Mittelalter) noch nicht“. (!)

[8]) Vgl. Löning S. 219.

Strafe der Verbannung; wird der Verfestete ergriffen, so verfällt er schwerer Strafe.[1]) Anderwärts bildet die Aechtung nur einen Durchgangspunkt für die Bestrafung. Gelangt der Verfestete zu Handen des Gerichts, so verfällt er erst der eigentlichen Strafe, und diese ist, entsprechend der Verwandtschaft beider Verbrechen, meist die Strafe des (schweren) Diebstahls: der Verbrecher wird hingerichtet.[2]) Doch knüpft sich des öfteren die Todesstrafe unmittelbar an das Verbrechen, ohne daß einer vorherigen Verfestung Erwähnung geschieht.[3])

Der Verlust des Bürgerrechts,[4]) der Zunft,[5]) der Kaufmannsprivilegien,[6]) den der Schuldner nach einzelnen Rechten erleidet, führt hinüber auf das Gebiet der Ehrenstrafen, denen der unredliche Schuldner in reichlichem Maße unterworfen ist. Die Nürnberger Reformation von 1479 IV, 6 spricht von dem „ruff, schmehe und leumunt" des unehrlichen Schuldners, ähnlich eine Augsburger Stadtchronik aus dem 15. Jahrhundert.[7]) Nach Hanserecht soll ein solcher an den Pranger gestellt, und die Schandglocke über ihn geläutet werden.[8])

---

[1]) Passauer Rechtsbrief von 1225 § 33 (oben S. 45); Augsburger Stadtrecht von 1276 art. 149 Zusatz 8 (oben S. 44); Braunschweiger Stadtrecht um 1349 § 27 (oben S. 44.); lübischer Gesetzentwurf bei Stobbe S. 107 A. 211; Kölner Statuten von 1437 S. 45 (Stobbe a. a. O.); dazu Ssp. I, 66; III, 63, § 3. — Nur die Verbannung wird ausgesprochen in dem Züricher Ratserkenntnis von 1348 (oben S. 49.)

[2]) Prager Willkür von 1328 (oben S. 50); Kölner Stadtrecht art. 44 (oben S. 46.)

[3]) „. . sol man hinz ir rihten als hinz einer diuppine" Augsburger Stadtrecht art. 134 § 1 (siehe oben S. 45); Rigische Bursprake von 1376 c. 6 (oben S. 44); Lüneburger Eddachs-Artikel (oben S. 47); Hanserezeß von 1545 (Werdenhagen Bd. IV, S. 1081): „Ubi indicia ad probationem doli sufficientia erunt, talis defraudator non aliter ac iuxta leges civitatis Lubeccensis quam fur suspendi debet."

[4]) Rigische Bursprake von 1412 c. 66 (oben S. 45); Stadtrecht von Luzern art. 42 (oben S. 45); Hanserezeß von 1417 (oben S. 46).

[5]) Braunschweiger Stadtrecht § 27 (Löning S. 220.)

[6]) Hanserezeß von 1417.

[7]) Stobbe S. 35 A. 55.

[8]) Hanserezeß von 1491 (Werdenhagen S. 1081): „Petulans decoctor aut defraudator, quem Banckrottirer dicunt, si fugam arripiat, et campanae signum ipsum ignominia affecerit, ac uspiam deprehendatur, per aliquot horas in loco delinquentium publico vinculis aeneis sistetur

Er ist zeugnisunfähig,[1] schimpfliche Kleidung macht seine Schande kund.[2] Doch ist darauf hinzuweisen, daß nach manchen Rechten derartige Folgen jeden treffen, der seine Zahlungen einstellt, ohne Rücksicht auf eine Verschuldung (vgl. unten S. 92 ff.)

Auch wird die Strafe bisweilen durch Rücksichten auf die Exekution beeinflußt: Manchmal erlischt sie mit der Zahlung der Schuld;[3] vereinzelt wird auch dem Gläubiger Einfluß gewährt auf die Erhebung der Klage und den Verlauf der Bestrafung.[4]

Mit dem Ausgang des 15. Jahrhunderts bemächtigt sich auch die Landesgesetzgebung des Bankerotts, zuerst wohl die Tiroler Malefizordnung von 1499: „Wir werden bericht das manig betrügerey gepraucht wirdet. Das vil von den kaufleuten und andern in Steten und gerichten . . gut und gelt gevärlichen entnemen und darnach sölichs nicht zu bezalen haben . .“ Wenn ein solcher nicht gepfändet werden kann, so soll er in Schuldhaft genommen, und, sofern er keinen Bürgen zu stellen vermag, „in monatfrist uff den pranger gestelt und jm darnach das lant verpoten werden und alzdann der schuld darumb er angenommen ist loss und ledig sein. Wo aber die schuld unnder fünffundzwaintzig pfund perner wäre. und die nicht zu bezalen hette, söll der Richter demselben gelter ain gelbes Scheybel an sein rock verordnen anzuheften. öffentlichen zu tragen. als lang hyntz er sölich geltschuld bezalt“. Nimmt er dieses Scheybel ab, so unterliegt er den obigen Strafen. „Darinn söllen die zwen Ständ von Prelaten und Adl ausgeschlossen werden. ausgenommen ainer verdürb on sein schuld oder durch unfal“.[5] Exekution und Strafe sind dabei bunt durcheinander gemischt.

---

spectaculo.“ — Pranger auch nach der Tiroler Malefizordnung von 1499 (siehe unten).

[1] Züricher Verordnung von 1398 (Wyß S. 174): „die selben dingflüchtigen sulent niemans gezüg sin und ire wort keinem menschen schaden bringen“.

[2] Ein gelbes Scheybel auf dem Rock nach der Tiroler Malefizordnung.

[3] Spätere Fassung des Braunschweiger Stadtrechts von 1349; Stadtrecht von Memmingen (1396) art. 11; Zunftrolle der Gewandschneider zu Lübeck von 1410 § 6 und andere Rechte; sämmtlich zitiert von Löning S. 231 A. 36. So insbesondere auch die Tiroler Malefizordnung.

[4] Züricher Ratserkenntnis von 1348 (Wyß S. 25); Nürnberger Reformation von 1479 XXII, 7; Tiroler Malefizordnung.

[5] Abgedruckt bei Hoiningen S. 29 A. 2.

Eine allgemeinere, aber auch rein strafrechtliche Regelung solcher Veruntreuungen enthält der Artikel 14 derselben Malefizordnung (Ratolphzeller Halsgerichtsordnung Art. 11): „ob ain person vertrawts guet weg füret.. die söllen ertrenckt werden.“[1])

Die Bambergische Halsgerichtsordnung von 1507 Art. 196[2]) verordnet in ähnlicher Allgemeinheit: „Item welcher mit eines andern gueter die jme in guten glauben zubehalten, vnd verwaren gegeben sein, williger vnd geuerdlicher weyss den glaubiger zu schaden handelt, Sölliche misstat sol einem diebstal gleych gestrafft werden“. Fast wörtlich gleichlautend ist der Art. 170 der peinlichen Gerichtsordnung von 1532.

Daneben handelt Art. 112 der peinlichen Gerichtsordnung (und entsprechend Art. 137 der Bambergensis) von der „Straff der jhenen, so falsch siegel, brieff, vrbar, renth oder zinssbücher oder register machen“. Unter die Strafdrohung ist zweifellos auch die betrügliche Veränderung eines Handelsbuches zu rechnen. Daß die Buchführung zu jener Zeit allgemeiner Handelsgebrauch war, bedarf kaum eines Beweises. Beispielsweise sei erwähnt, daß schon in den Jahren 1514 von Grammateus in Wien, 1531 von Gotlieb in Nürnberg Lehrbücher der doppelten Buchhaltung geschrieben wurden.[3])

So stellt sich der mittelalterliche Bankerott dar als eine Hinterziehung fremden Gutes in Verbindung mit einer Beiseiteschaffung des schuldnerischen Vermögens bei einer Zahlungseinstellung des Schuldners. Der Schwerpunkt des Verbrechens liegt in der Hinterziehung der fremden Sache. Allein mit stets wachsender Kraft brach sich, insbesondere in der Rezeptionszeit, und zwar zuerst auf dem Gebiete des Privatrechts, die Ueberzeugung Bahn, daß schon in der Beiseiteschaffung des eigenen Vermögens bei der Zahlungseinstellung ein Unrecht zu erblicken sei. In klassischer Formulierung spricht schon der Schwabenspiegel (art. 314) diesen Gedanken aus: „Unde ist daz ein man gelten sol unde setzet sin gut in einz andren mannes hant, dem er niht gelten sol, daz

---

[1]) Löning S. 603.

[2]) Kaiser Karls V. peinliche Halsgerichtsordnung nebst der Bamberger Halsgerichtsordnung, herausgegeben von Schmid 1835 S. 185.

[3]) Vgl. Jäger, Beiträge zur Geschichte der Doppelbuchhaltung 1874 S. 234 ff. 242 ff.

heizzet fluht sal unde ist nuit reht". Das Unrecht wird wirksam bei der Exekution. In begreiflicher Weise findet es beim Exekutionsverfahren seine erste Berücksichtigung. So kann der Gläubiger gegen den Schuldner, der sein Gut den Gläubigern zum Schaden bei Seite schafft, eine Vermögensbeschlagnahme erwirken. Nürnberger Reformation von 1479 IV, 6:[1]) „Welche der oder die weren. die nw fuerter von hynnen zügen oder ziehen wolten. vnd Ire glaubiger nit vergnügt hetten. so dann derselben glawbiger einer oder mer . . für einen Burgermaister komen. vnd melden wurde. das sein schuldiger oder schuldigerin sy weren . . auf trunnigem fuss. oder Im oder andern glaubigern zugeverde vnd schaden Ir habe vnd gutt durch sich selbs oder yemandt andern verstossen verändern verschicken oder in ander wege abhenndig machen wolt. oder gethon het. so sol alssdann ein Burgermaister gewalt haben derselben clagenden person . . auf seins gelters person oder habe vnd gut eins verpotts zeuergönnen vnd zegestatten".

Wiederholt wird über den Schuldner, der seine Zahlungen einstellt, die Schuldhaft verhängt, ihn zur Herausgabe seines versteckten Vermögens zu veranlassen. Swsp. art. 304 b.: „Man sol nieman lenger umbe gülte behalten wan aht tage; ez si daz er gut habe, und des von übelem willen niht geben welle."[2])

Den gleichen Zwecken dient der Offenbarungseid, den nach manchen Rechten der Schuldner zu leisten hat. Nach dem Dortmunder Recht c. 2[3]) muß der Schuldner schwören, „dat hy geenreley guet en hebbe baven der erde noch onder der erden, in torve noch in twyge off norgent, dair hy dat mede betalen konne."[4])

Ja, noch mehr! Wenn der Schuldner sich vor der Zah-

---

[1]) Benutzte Ausgabe auf der kgl. Staatsbibliothek München ohne Jahrzahl.

[2]) Ebenso Purgoldt VII, 23; Stadtrecht von Cleve (nach 1350) tit. 112 § 27 (Stobbe S. 55 A. 87); Nürnberger Reformation von 1479 XI, 7. — Man nannte dies manchmal: den Schuldner zur cessio bonorum zwingen; vgl. Stobbe S. 57.

[3]) Stobbe S. 54.

[4]) Verm. Ssp. III, 9, d. 7 (Löning S. 201); Ratsverordnung von Dießenhofen art. 88 § 1 (Löning S. 210); Bamberger Stadtrecht (Mitte des 14. Jh.) § 256 a; Freiburger Reformation von 1520 fol. 31 b (Stobbe a. a. O.)

lungseinstellung seines Vermögens in betrügerischer Absicht durch Rechtsgeschäft entäußert, so wird diesen Geschäften die Giltigkeit versagt. Swsp. art. 314: „. . und sprechent in die gelten an, er habe ez ze fluhtsal enphangen, dez sol er swern, daz det nut en si. Mag aber er in uberkomen mit driu geziugen, daz ez anders sī, dez sol er geniezzen.“[1])

Unvermerkt war so an die Stelle des alten ein ganz anders geartetes Unrecht getreten. Dem Schuldner wird eine, seine sämmtlichen Gläubiger beschädigende Verfügung über sein eigenes Vermögen zum Vorwurf gemacht. Diesem Vorwurf aber muß auf der andern Seite eine Pflicht des Schuldners entsprechen. Der Schuldner hat nicht bloß die Pflicht zu zahlen, mit dem Schuldversprechen verspricht er stillschweigend ein Zweites: falls er nicht unmittelbar durch die Hingabe der versprochenen Leistung erfülle, werde er sein gesammtes Vermögen zur Ermöglichung der Leistung bereitstellen. „Les biens du débiteur sont le gage commun de ses créanciers“, wie der code civil (art. 2093) den Gedanken markig ausdrückt.[2]) Wie nun aber der Schuldner dafür haftet, daß die versprochene

[1]) Augsburger Stadtrecht von 1276 art. 149 Zusatz 1; Kölnische Statuten von 1437 S. 74; Nürnberger Reformation von 1479 XXII, 8; Lübisches Stadtrecht II, 23 u. a. m. Vgl. Stobbe S. 60 ff. — Um den Beweis der betrügerischen Absicht zu ersparen, gilt vielfach jedes derartige Geschäft als anfechtbar, wenn es eine gewisse Zeit vor der Zahlungseinstellung abgeschlossen wurde (Stobbe S. 61). — Im Gegensatz zum römischen Recht ist auch die Begünstigung eines Gläubigers vor den andern verboten. Lübisches Recht III, 86: „Is eyn mensche kranck unde ligget up dem bedde unde is den luden schuldich, he en schal des nene macht hebben, dat he jemende deme enen vor den anderen jenich vordel do in der betalinge. weret dat he storve unde hedde heymeliken weme wot gedan, dat scholdeme weder bringhen to deme anderen gude.“ Lübische Statuten III, 1, 93. Vgl. Stobbe S. 59.

[2]) Löning (S. 218 A. 7) beansprucht diesen Gedanken als Eigentümlichkeit des deutschen Rechts. Aber man denke nur an die Worte der lex Poetelia, der ersten Worte, in denen des Prinzips der Vermögensexekution überhaupt Erwähnung geschieht: „pecuniae creditae bona debitoris obnoxia esse.“

Überhaupt wäre ein Institut, wie die römische cessio bonorum, die den schuldhaft insolvent Gewordenen zurücksetzt hinter dem zufällig Verarmten, geradezu widersinnig, wenn ihr nicht der Gedanke zu grunde läge, daß den schuldhaft Insolventen ein Vorwurf treffen müsse, und zwar eben der

Leistung nicht durch seine Schuld unmöglich werde, so erlegt ihm auch sein zweites Versprechen, mit dem gesammten Vermögen für die Leistung einzustehen, eine Verpflichtung auf: sein Vermögen leistungsfähig zu erhalten. Eine zwiefache ist die Möglichkeit, diese Pflicht zu verletzen: durch die schuldhafte Herbeiführung der Zahlungsunfähigkeit, oder aber durch die schuldhafte Vergrößerung einer solchen, die an sich vorhanden ist; durch den einfachen und durch den betrügerischen Bankerott.

Die römische cessio bonorum unterschied die schuldhaft herbeigeführte Zahlungsunfähigkeit von einem zufälligen Vermögensverfall und machte davon eine verschiedene Behandlung des Insolventen bei der Exekution abhängig. Das mittelalterlich italienische Recht hat dieses Institut in seinen Grundzügen teilweise übernommen.[1] Allerdings wurde die Cession vielfach von der Genehmigung der Gläubiger abhängig gemacht und, unter vollständiger Verwischung ihres ursprünglichen Charakters, mit beschimpfenden Formen umgeben[2]), jedenfalls aber unterliegt auch im mittelalterlich italienischen Recht der durch eigene Schuld Verarmte einer härteren Exekution. So ist nach manchen Rechten nur der durch seine Schuld zahlungsunfähig Gewordene der Schuldhaft unterworfen[3]), ein solcher kann von der Obrigkeit keine Stundung erlangen.[4]) Es sind das Vorgänge auf dem Boden der privatrechtlichen Exekution. Allein diese Nachteile werden nicht verhängt, weil man gerade bei einem schuldhaft Insolventen durch ihre Anwendung etwa die Zahlung zu beschleunigen hoffen durfte im Vergleich zu einem schuldlos Verarmten, sondern sie treffen den

---

Vorwurf, daß er seine Gläubiger schuldhafter Weise in einem ihnen zustehenden Rechte verletzt habe; dieses Recht ist aber ein Recht der Gläubiger auf das gesammte Vermögen des Schuldners, solange es auch noch in dessen unbeschränkter Gewalt ist. — Vgl. insbesondere Birkmeyer, Vermögen S. 42: „So ist denn das Recht des Gläubigers, an sich ein Recht auf eine persönliche Leistung, hingesehen auf eine eventuell erforderliche Zwangs-Vollstreckung und deren Objekt, schon von Anfang an ein Recht an der Vermögensgesammtheit des Schuldners."

[1]) Straccha III, 1. Vgl. auch Wach S. 447.

[2]) Vgl. z. B. Lattes S. 10 A. 11.

[3]) So in Turin. Pertile Bd. VI b S. 856 A. 176.

[4]) So in Venedig 1488. Lattes S. 19.

Zahlungsunfähigen wegen eines der Vergangenheit angehörigen Unrechts, sie werden also immerhin strafweise verhängt.

Zu einer reinen Kriminalisierung konnte der Thatbestand erst gelangen, als die Verminderung des eigenen Vermögens auch beim betrügerischen Bankerott mehr in den Vordergrund der Behandlung trat. Rechtszeugnisse für die Bestrafung des einfachen Bankerotts sind mir erst für eine Zeit bekannt geworden, welche den Rahmen, innerhalb dessen wir das italienische Recht bisher betrachtet haben, eigentlich schon überschreitet. So eine Bulle des Papstes Pius V. von 1570[1]), die bestimmt, daß diejenigen, „qui omnem eorum substantiam non de casibus fortuitis, sed incuria prodigalitate luxu dilapidaverint . . ultimi supplicii ut fures . . puniri debeant."

Brunus quaest. XXVIII § 1: „quaero numquid debitor, qui in ludo perditionis bona sua consumpsit vel in meretricibus quae perditorum animam et corpus devorant . . beneficium cessionis habeat? Respondeo, quod non . . addit Aretinus quod talis debitor carcerari potest et etiam extra ordinem puniri."

Der Gedanke, daß der Schuldner die Pflicht habe, sein Vermögen leistungsfähig zu erhalten, äußerte sich auch im deutschen Recht durch eine Auszeichnung des durch eigene Schuld zahlungsunfähig Gewordenen. Und zwar erhält dieser Gedanke ähnlich, wie bei der böswilligen Hinterziehung eigenen Vermögens, wieder zuerst seinen Ausdruck im Exekutionsrecht."

Wiener Stadtrecht von 1340 § 59:[2]) „Ist aber daz ein gelter einem menygerm manne sol gelten 20 phunt oder mer, und ist daz wizzenleich daz . . . er sein gut vnnutzleich hat vertzert, der sol der stat recht nicht laisten; der rat sol in legen in Cherner Tuern und sullen in auz nicht lazzen an der leut urlaub, den er sol gelten."

Nach den Kölner Statuten von 1437 S. 43[3]) soll der Rat für einen durch Unglück in Vermögensverfall geratenen Schuldner sich bei dessern Gläubigern verwenden, um sie zu einem Akkord zu veranlassen.

---

[1]) Pertile Bd. V S. 666 A. 130.

[2]) Löning S. 200.

[3]) Stobbe S. 75.

Nürnberger Reformation von 1479 XXII, 7: der Gläubiger kann einen solchen Schuldner bei Wasser und Brot in den Turm setzen lassen.

Nürnberger Reformation von 1522, XXII, 7:[1]) an der Vorschrift, daß bei verschuldetem Bankerott den Schuldner Haft oder Landesverweisung trifft, soll „einich Cession oder abtrettung kein verhinderung . . thun, noch den Gelter in eynich weiss fürtragen oder verhelffen."

Mit der Rezeption des römischen Rechts in Deutschland war auch die Lehre von der cessio bonorum übernommen worden. Während es in der Wissenschaft bestritten war, ob ihre Vorteile nur dem schuldlos Verarmten zu gute kommen sollten[2]), entschied sich die Gesetzgebung in Übereinstimmung mit der einheimisch deutschen Rechtsbildung[3]) für eine mildere oder härtere Behandlung des Insolventen nach dem Maße seiner Schuld. Ein Fingerzeig, ob eine Rechtsquelle das rezipierte römische Recht oder aber die selbständige neuere Rechtsbildung behandelt, darf wohl darin gefunden werden, daß die auf römischem Recht fußenden Gesetze nach dem Vorbilde der l. 1 C. Th. 4,20 den durch Unglücksfälle verarmten Schuldner von dem härteren Schuldrecht ausnahmen, die auf dem einheimischen Recht beruhenden Gesetze aber den durch seine Schuld zahlungsunfähig Gewordenen einem strengeren Schuldrecht unterwarfen.

Es wurde diese strengere Exekution, wie schon bei Gelegenheit des italienischen Rechts erwähnt, strafweise verhängt. Die erste Spur einer rein strafrechtlichen Behandlung des Thatbestandes finde ich in einer weiteren Bestimmung des Kölner Stadtrechts:[4]) ist der Schuldner durch unordentliche Wirtschaft insolvent geworden, und hat er die Stadt geräumt, so darf er nicht einmal, wenn er sich mit seinen Gläubigern auseinandergesetzt hat, nach der Stadt zurückkehren.

Eine scharf ausgeprägte Form hat das Verbrechen in der Nürnberger Reformation von 1479 XXII, 7 erhalten: „So yemant durch keüffe, lehen oder in ander weis seinen glawbiger mit

---

[1]) Stobbe S. 209 A. 215.

[2]) Stobbe S. 108.

[3]) Stobbe a. a. O.

[4]) Stobbe S. 75.

geuerde zu schulden brechte . . oder so der gelter durch vnkost vnd vnwesen ausserhalb rechter Eehaft darüber sein bezalung verzüge . . mag ine ein Rate . . nach gestalt seiner verhandlung straffen, als ein Rate zu rat wird."

Nicht minder deutlich bestimmen die Freiburger Statuten von 1520 fol. 32:[1]) „Wann ouch der schuldner durch üppig unwesen und scheltpar sachen, die kuntlich weren, das sin verthan hett, also das man an im verlieren müsst, so sol er darzu an die schupffen gestelt oder sunst offentlich nach gelegenheit der sach gestrafft werden."

Indessen dürfen diese Fälle einfachen Bankerotts nicht zu scharf von dem übrigen Bankerott geschieden werden. Zweifellos tragen sie ihr durchaus charakteristisches Gepräge, allein die öfter wiederkehrende Erwähnung des Schuldgrundes oder der Höhe der Schuldenlast weist auch hier wieder auf den Gedanken hin, daß das verbrauchte Gut dem Schuldner wirtschaftlich fremd war, und wir nähern uns damit wieder dem Gebiete des älteren strafbaren Bankerotts.

Der prinzipielle Unterschied der beiden Verbrechen ist offensichtlich: die durch Verschwendung herbeigeführte Zahlungsunfähigkeit des Schuldners — als Begehungsweise des einfachen Bankerotts — schädigt zunächst den Schuldner selbst, mittelbar aber auch dessen Gläubiger durch die Minderung des Vermögens, das zu ihrer eventuellen Befriedigung dienen sollte. Ganz anders, wenn der Schuldner zur Ermöglichung seiner Verschwendung Schulden macht: eigenes Vermögen wird er kaum besitzen, da er sonst keine Schulden machen müßte, und so entzieht er durch einen unwirtschaftlichen Verbrauch des geliehenen Geldes seinen Gläubigern unmittelbar den Gegenstand ihrer künftigen Befriedigung — ein Vorgang, der für den älteren (betrügerischen) Bankerott charakteristisch ist. Vor allem aber verletzt die Verschwendung eines Darlehens nur den Geber dieses Darlehens, der einfache Bankerott dagegen die Gesammtheit der Gläubiger. Freilich, im einzelnen Falle stößt die Beurteilung der Grenzfrage auf erhebliche Schwierigkeiten, insbesondere, da auch der einfache Bankerott voraussetzt, daß der Thäter Schulden hat. Und in der That lassen sich sehr

---

[1]) Stobbe S. 109 A. 215.

wohl Fälle denken, die sich unter beide Verbrechensgruppen einreihen lassen, für deren Beurteilung einzig der Standpunkt des Gesetzgebers maßgebend ist, der bald die enge wirtschaftliche Beziehung der Gläubiger zu dem verschwendeten Darlehen, bald das Eigentumsrecht des Schuldners an dem verschwendeten Gut, die Hinterziehung der fremden Sache zum Schaden ihres (wirtschaftschaftlichen) Herrn, oder die Herbeiführung der eigenen Zahlungsunfähigkeit zum Schaden aller Gläubiger, in den Vordergrund rückt. Die Frage wird uns im weiteren Verlauf der geschichtlichen Darstellung noch öfter begegnen.

Die Reichsgesetzgebung.

Die Augsburger Reichspolizeiordnung von 1548 wurde von einschneidender Bedeutung für die Entwickelung des Bankerotts in Deutschland. Nicht als ob sie mit ihren Bestimmungen in Titel XXII etwas gänzlich Neues geschaffen oder einen im Fluß befindlichen älteren Rechtsbegriff endgiltig fixiert hätte: ihre Bedeutung liegt in der Anerkennung des Bankerotts für das gemeine Recht, und mehr noch in dem Gebote einer gegenseitigen Rechtshilfe gegen den Schuldigen durch das ganze deutsche Reich. Manche Rechte hatten zu jener Zeit bereits Strafbestimmungen bezüglich des Bankerotts getroffen. Allein derartige Einzelbestimmungen waren ziemlich illusorisch gegen einen Verbrecher, dessen Flucht als selbstverständlich vorausgesetzt wurde. Eine Verfolgung des Thäters über die Grenzen des eigenen Staates hinaus — und diese waren ja meist sehr schnell erreicht — war ganz unzulässig oder mit den größten Schwierigkeiten verknüpft. Jenseits der Grenzpfähle konnte der Flüchtling seine Betrügereien von neuem beginnen, und daher stammen zum Teil wohl auch die endlosen Klagen über die Zunahme der bösartigen Bankerotte. Deshalb hatten schon die italienischen Städte, deshalb die Glieder der Hanse des öfteren Verträge geschlossen, daß ein flüchtiger Schuldner in Aller Gebiet verfolgt werden solle, und es war das große Verdienst Kaiser Karls, diesen Gedanken für ganz Deutschland verwirklicht zu haben.

Der Titel XXII § 1 der Reichspolizeiordnung von 1548 lautet: „Als auch vielmals durch die Handthierer und Gewerbsleut, gefährlicher und betrieglicher Weiß im Schein Trauens und Glaubens Geld und Waar bey andern Leuten aufgebracht, entlehnt und genommen worden, fürter ihr Gewerb und Handlung damit zu üben, welche zu Zeiten mit ihrem übermässigen Pracht, unordentlichen Wesen, Leben, und sonst in andere Wege, ohn daß ihnen an ihren Leiben und Gütern einige Ungefäll, Schäden, Gefängnuß oder Satzung zustehen, in Abnehmen und Verderben kommen: darnach auffstehen, außtretten, sich in andere Herrschafft begeben, und von denselben wider ihre Obrigkeit und der Klägere, so ihnen Geld oder Waar geliehen, und zugestellt haben, Willen, auffgenommen, vergleitet, geherberget und fürgeschoben werden. Dieweil solche betrügliche und schädliche Handlungen, die sich einem Diebstahl wohl vergleichen, dem gemeinen Nutz zu Nachtheil reichen: So setzen, ordnen und wollen Wir, daß solche Handthierer und Gewerbsleut, so sie fürsetzlicher oder betrieglicher Weiß und nicht auß kündlichem zugestandenem Unfall auffstehen, Bancrot machen, und außtrünnig werden, hieführo von keiner Herrschafft oder Obrigkeit auffgenommen, noch ohn Willen der Glaubiger vergleitet und geduldet, sondern wo die betretten, zu Hafften angenommen, den Klägern zu Recht gehalten, und nach Gestalt der Sachen gestrafft, auch so sie wieder zu häußlichen Wohnungen kommen, alsdann zu keinen Ämptern oder Dignitäten gezogen werden sollen: Wären sie aber auß kündlichen und unversehnlichen zugestandenen Ungefällen oder Schäden in Verderben und Auffstand kommen, alsdann mögen sie auffgenommen und vergleitet, Mitleyden mit ihnen gehabt, und dem gemeinen Rechten nach gegen ihnen gehandelt werden."

Es ist ein eigentümlicher Thatbestand, der uns hier entgegentritt. Um dem Gedankengang des Gesetzgebers gerecht zu werden, müssen wir uns vor allem hüten, das Gesetz nach Art eines modernen Erzeugnisses der Gesetzgebung auslegen, jedes einzelne Wort abwägen zu wollen. Der Gesetzgeber jener Zeiten liebte es, der eigentlichen Gesetzesbestimmung eine breite Motivierung voranzuschicken, in welcher die Unthat des Verbrechers in den schwärzesten Farben geschildert wird, ohne daß es zur Bestrafung im einzelnen Fall des Eintreffens aller dieser Merkmale bedurft hätte. So bringt auch der Titel XXII ein eigentümliches Gemisch von betrügerischem und einfachem Bankerott, deren jeder ganz gewiß auch einzeln auf Grund dieser Bestimmungen seine Ahndung fand [1]).

Das Gesetz verlangt das betrügerische Entleihen fremden Gutes, Verschwendung, Zahlungsunfähigkeit, Flucht.

Zunächst nun erfordert die Frage Beantwortung, ob der Schuldner wegen der Verschwendung des geliehenen oder eigenen Vermögens gestraft werden soll: Der Schuldner entlehnt „betrieglicher Weiß“ Geld, schließlich aber kommt er „in Abnehmen und Verderben“; offenbar muß er dies geliehene Geld vergeudet haben. Andererseits aber will der Vorwurf einer durch „unordentliches Wesen“ herbeigeführten Zahlungsunfähigkeit gar nicht zu dem betrüglichen Entleihen passen — denn wer ein Delikt mit Vorsatz, unter Vorstellung seines Erfolgs, beginnt, dem kann in dessen weiterem Verlaufe nicht mehr der Vorwurf einer fahrlässigen Herbeiführung dieses Erfolges gemacht werden — und überhaupt sollen solche Schuldner gestraft werden, wenn die Zahlungseinstellung erfolgte, ohne daß sie „an ihren Gütern“ ein Unfall traf. Kurz, der Schuldner des Titel XXII verschwendet fremdes und eigenes Vermögen ohne Unterschied. Damit haben wir die notwendigen Bestandteile gewonnen für die Konstruktion sowohl des betrügerischen als des einfachen Bankerotts der Reichspolizeiordnung.

Wir haben den betrügerischen Bankerott des deutschen Mittelalters kennen gelernt als eine rechtswidrige Verfügung des Schuldners über eine (wirtschaftlich) fremde Sache, im Zusammenhange mit seiner Zahlungseinstellung. Eine solche Beziehung nun von der Thätigkeit des Schuldners zu seiner Zahlungseinstellung hebt

---

[1]) Tit. 6 § 13 der Straßburger Polizeiordnung von 1628 (Hoiningen S. 49 A. 17) scheint sogar darauf hinzuweisen, daß die Bestimmungen der Reichspolizeiordnung überhaupt nur exemplifikativ zu verstehen seien: „Wie nun billich nach außweissung der R. P. O. v. J. 1577 (einer Wiederholung der R. P. O. von 1548) ein nothwendiger Unterschied gemacht würd, under denjenigen, die gefährlicher und betrüglicher weiß, etwan mit übermäßigem Pracht, und andern unordentlichen Wesen in Verderben kommen und bankerott machen; und under denen, welchen . . verderbliche unfäll zugestanden u. s. w.“ Ebenso verweist auch die Nürnberger Fallitenordnung von 1717 (Hellfeld, repertorium S. 448) bei der Behandlung von „dergleichen“ Personen auf die Reichspolizeiordnungen, während im Vorausgehenden unter zahlreichen genau beschriebenen Bankerotthandlungen gerade die Verschwendung entliehenen Geldes nur eine sehr dürftige Behandlung erfährt.

auch die Reichspolizeiordnung deutlich hervor mit den Worten „gefährlicher und betrieglicher Weiß.“ [1]) Weiter erfordert unsere Begriffsbestimmung einen Angriff auf fremdes Vermögen. Aufgenommenes Gut aber, wie es Titel XXII voraussetzt, ist mindestens ein ökonomisch fremder Bestandteil des schuldnerischen Vermögens. Als Ausführungshandlung des Verbrechens haben wir früher kennen gelernt Verheimlichung, Verkauf der fremden Sache und ähnliches, als gleichwertige Begehungsweise erscheint in der Reichspolizeiordnung ihr rechtswidriger Verbrauch. Dabei trifft den Schuldner der Vorwurf, daß er gerade durch Verfügung über die kreditierte Sache, gerade durch die Verschwendung des geliehenen Guts, seine Gläubiger beschädigt hat, und so erscheint der betrügerische Bankerott des Titel XXII in jeder Beziehung als Ausfluß des älteren Bankerottbegriffs.

Unser Titel umfaßt aber auch den Vorwurf, daß der Schuldner sein Vermögen nicht so sorgfältig zusammengehalten habe, als es seine Gläubiger verlangen können, daß er durch zwecklose Ausgaben, durch übergroße Nachlässigkeit seinen Vermögensverfall verursacht und die Befriedigung seiner Gläubiger damit vereitelt habe. Es führt uns dies zu dem jungen Delikte des einfachen Bankerotts der schuldhaften Verursachung der Zahlungsunfähigkeit. [2])

So stellt denn die Reichspolizeiordnung in Ti-

[1]) Das Gesetz spricht von einem dolus beim Vertragsabschluß, d. h. der Thäter stellt sich schon bei Eingehung des Vertrages vor, daß er die entliehenen Werte den Gläubigern entziehen und sie bei einer Zahlungseinstellung nicht befriedigen werde. Damit ist natürlich auch eine Beziehung gegeben zwischen der vorgestellten Zahlungseinstellung und der Entziehungshandlung selbst. — Doch spielt hier, wie auch sonst öfter, noch ein anderer Verbrechensbegriff herein: der Kreditbetrug, d. h. die Verleitung des Gläubigers zur Kreditgewährung durch dessen Täuschung über die Vermögensverhältnisse des Schuldners. Das Unrecht des Kreditbetrugs bezieht sich auf die Begründung der Forderung, das Unrecht des Bankerotts auf ihre Erfüllung. Beide werden häufig zusammen vorkommen. Wenn aber die Gesetze bei der Bestrafung des betrüglichen Schuldenmachens neben der durch Arglist herbeigeführten Kreditgewährung noch eine weitere Thätigkeit des Schuldners verlangen, ein Veräußern oder Verstecken oder Verbrauchen der kreditierten Sache, so ist dies eben der ältere (betrügerische) Bankerott.

[2]) Seeger (in Goltdammers Archiv Bd. XX S. 142) verlegt den Schwerpunkt des Bankerotts der Reichspolizeiordnung — zu einseitig — in die schuldhafte Herbeiführung der Zahlungsunfähigkeit.

tel XXII zwei getrennte Thatbestände auf, freilich äußerlich kaum von einander unterschieden — wie es einmal das Erbübel unseres Gegenstandes ist.[1])

Des weiteren bringt das Gesetz den Bankerott in Verbindung mit der Flucht des Schuldners. Berner,[2]) Liszt,[3]) Hälschner[4]) fordern die Flucht als Voraussetzung einer jeden Bestrafung wegen Bankerotts. Wir möchten sie als von dem Wesen des Bankerotts unabhängig auffassen.[5]) Wiederholt schon haben wir nachzuweisen versucht, daß die Flucht die natürliche Begleiterscheinung, nicht aber ein Thatbestandsmerkmal des Bankerotts bilde. Selbstständige Bedeutung kommt ihr nur zu, sofern sie als Hinterziehung des Geldwertes erscheint, den die Personalexekution für den Gläubiger gehabt hätte. Nun findet sich in der Reichspolizeiordnung von 1548 nicht die geringste Andeutung dieses Gesichtspunktes, wohl aber bestimmt der Reichsschluß von 1670/71[6]) gerade zu ihrer Ergänzung: „Und ist billig, daß nach Anleitung solcher Constitutionen (d. h. der Reichspolizeiordnungen von 1548 und 1577), mit denjenigen, so aus kündlichen und unversehentlich-zugestandenen Zufällen, oder Schaden, in Verderben oder Ausstand

[1]) Nach der herrschenden Meinung regelt sie nur den betrügerischen Bankerott; vgl. z. B. allgemeine Jenaische Litteraturzeitung 1837 Nr. 23; Berner S. 589. — Die im Text vertretene Auffassung bringt auch Hoiningen S. 24 A. 3. Nun vergleiche man einmal beispielsweise die — offenbar absichtliche — Nachbildung der Polizeiordnung in den Hamburger Statuten v. 1605 I, 43, 1 (Hellfeld S. 450) mit ihren scheinbar gleichgiltigen Abweichungen von dem Wortlaute jener: „Nachdem eine Zeithero sich, leider, vielmals begeben, das etliche unter den Kauff- und Handelsleuten geferlicher und betrüglicher weiß, im schein trawen und glaubens, Geldt und Wahren bey andern, weit über ihr Vermögen wissentlich auffgeborget, entlehnet und gekaufft, auch durch ihren übermäßigen Pracht, übel und fahrleßig haußhalten, unordentlich verschwenden, und grosse unnötige Gebew, in merckliche Schuldlast gerathen.. hernacher auffgestanden, außgetreten u. s. w." Der doppelte Thatbestand der Stelle dürfte kaum zweifelhaft erscheinen.

[2]) S. 589 A. 1.

[3]) S. 440.

[4]) Das gemeine deutsche Strafrecht 1884 Bd. II S. 399.

[5]) Uebereinstimmend Roßhirt Bd. III S. 63; Köstlin in G. A. Bd. V. S. 725; Meyer, Lehrbuch des deutschen Strafrechts 4. Aufl. 1886/88 S. 734; Hoiningen S. 24.

[6]) Teutsche Reichsabschiede Bd. IV S. 78.

kommen, zwar ein Mitleiden zu haben, und gegen dieselbe dem gemeinen Rechten nach zu handeln seye: Gleichwie aber bey solcher Beschaffenheit sie zu entweichen nicht Ursach haben, auch samt ihrem übrigen Vermögen den Glaubigern in alle Wege verhafftet und der Excussion unterworffen bleiben, worzu, wann der Schulner nicht bey der Hand ist, schwerlich zu gelangen, noch auch sonsten darinnen mit Bestand zu verfahren; Also wollen und verordnen Wir, daß alle diejenige, welche Banqueroute machen, und austrünnig werden, ohne Unterschied ob sie aus eigenem Verschulden, oder aus anderen Zufällen in's Unvermögen gerathen .. wo sie betreten werden .. sammt allem deme, was sie mit sich dahin gebracht[1]) unweigerlich verabgefolget .. und alsdann mit denselben .. den gemeinen Rechten nach verfahren werden".

Trotzdem bildet die Flucht einen unentbehrlichen Bestandteil des Bankerottgesetzes der Reichspolizeiodnung von 1548: ist sie doch die Voraussetzung für den Kernpunkt der ganzen Bestimmung, für das Gebot einer wechselseitigen Rechtshülfe im ganzen deutschen Reich. Auch außerhalb des heimischen Gerichtssprengels soll der Flüchtling festgenommen[2]) und privatrechtlich und strafrechtlich abgeurteilt werden.

Die Strafe ist dem richterlichen Ermessen anheimgestellt[3]), und es ist damit zugleich für die Aufrechterhaltung der verschiedenartigen Behandlung des Bankerotts nach verschiedenen Rechten eine Hinterthür geöffnet. Die Ehrenfolgen des Bankerotts, die wohl schon bisher gemeinsames deutsches Recht gebildet, werden als gemeines Recht festgehalten. Auch hier steht die Bestrafung

---

[1]) Ein neuer Beleg für den früher besprochenen Satz, daß die Erwähnung der Flucht manchmal als Kennzeichen dafür aufzufassen ist, daß der Schuldner mit der Flucht auch seine eigenen Habseligkeiten den Gläubigern entzogen hat.

[2]) Daß der Verhaftete dem heimischen Gerichte ausgeliefert wurde, ist aus dem Wortlaut des Gesetzes nicht zu entnehmen. Auch in der Tiroler Malefizordnung gilt beispielsweise das forum deprehensionis (Hoiningen S. 30). So auch Hellfeld S. 439. — Anders Hoiningen S. 22.

[3]) Das Gesetz bestimmt ausdrücklich: Der Schuldner „wird nach Gestalt der Sachen gestrafft". Daß der Bankerott mit einem Diebstahl verglichen wird, ist bei der ganzen Entwickelung des Verbrechens wohl begreiflich und findet in vielen Rechten sein Vorbild; mit der Bestrafung hat diese systematisierende Bemerkung nichts zu thun. Vgl. auch Quistorp, Beyträge S. 195.

unter dem Einflusse der Gläubiger; wenn diese nicht auf die Eröffnung des Konkurses antragen, gelangt auch die Strafe nicht zur Anwendung.

Als Subjekte des Verbrechens nennt die Reichspolizeiordnung ausdrücklich „Handthierer und Gewerbsleut". Daß eine stillschweigende Ausdehnung dieser Bestimmungen auf Nichtkaufleute (wie Hoiningen will) dem Gesetze selbst fremd ist, beweist der Reichsschluß von 1670/71, der auch hier wieder dem Titel XXII die ergänzende Bestimmung beifügt: „andere, so keine Gewerb- und Handelsleute seyn, und übermässig aufborgen, betreffend .. wollen und verordnen Wir, daß gegen diejenigen, welche erst-gedachter massen wissentlich, und ohngeachtet einer darzu keineswegs erklecklichen Nahrung, zu Vernachteiligung der Creditoren, Geld und Waaren aufnehmen, nach obigen Constitutionen, und nach Gestalt der Sachen und Verbrechens auf gleiche Weise, wie vorhin wegen der verdorbenen Kaufleute statuirt ist, verfahren werden solle". Indessen mag die Praxis im Widerspruch mit den Bestimmungen der Reichspolizeiordnung immerhin eine analoge Ausdehnung derselben auf Schuldner aller Art gutgeheißen haben.[1])

Der Versuch des Verbrechens wird in der Reichspolizeiordnung nicht ausdrücklich behandelt; doch sei hier die lateinische Uebersetzung derselben durch Justinus Gobler[2]) erwähnt, der die „schädlichen Handlungen", durch die das Verbrechen verwirklicht wird, mit „noxiae actiones conatusque" wiedergibt.

Diese Bestimmungen der Reichspolizeiordnung von 1548 Titel XXII kehren fast wörtlich wieder in der Frankfurter Reichspolizeiordnung von 1577 Titel XXIII[3]), und sie bilden die Grundlage für die entsprechende Stelle des Reichsschlusses von 1670/71:[4]) „Drittens soll niemand ad Cessionem Bonorum gelassen werden,

[1]) Vgl. Köstlin a. a. O. und die dort citierten.

[2]) Frankfurt 1566 S. 24.

[3]) Teutsche Reichsabschiede Bd. III S. 392.

[4]) Teutsche Reichsabschiede Bd. IV S. 78 ff. — Liszt S. 440 und andere Schriftsteller erwähnen neben diesem noch einen Reichsschluß von 1668. In der eben erwähnten Sammlung der Reichsabschiede ist ein solcher nicht zu finden. Bauer, Lehrbuch des Strafrechts 2. Aufl. 1833 S. 452, gibt ein genaueres Datum: 1. August 1668, unter Hinweis auf Bd. IV S. 78 dieser Sammlung — gerade die Stelle, in welcher der Reichsschluß von 1670/71 den Bankerott behandelt.

es seye dann kundbar, oder der Notdurfft nach dargethan, daß er ohne sein, oder der Seinigen Verschulden zu solchem Unvermögen gekommen, daß er seine Gläubiger nicht zu bezahlen habe, und da er durch Erkänntniß des Richters hierzu gelassen würde, dessen Mittel und Güter mit Fleiß executirt, und hierunter durch den Cedenten bey Vermeidung schwerer Straffe, gefährlicher Weise nichts davon verwendet, noch verhalten werden. — Da sich aber e contrario befindet, daß der Schuldner durch sein, oder der Seinigen geübten Pracht, Spielen, Trincken, sondern Unfleiß und Nachlässigkeit, und dergleichen unordentlich Wesen in Abfall kommen, derselbe nicht allein des Beneficii Cessionis nicht zu geniessen haben, sondern . . wo er nicht zu bezahlen hat, alsdann dieselbe, und bevorab diejenige, welche jeweilen nur etliche wenige Zeit vor ihrem boshafften Austreten zu mehr als 100 oder 1000 fl. an Geld, oder Waaren, betrüglich aufnehmen, um darmit in die Freyungen oder anderwärtige Botmäßigkeiten durchgehen, nach Umständen und Beschaffenheit des Verbrechens, und der Personen, an Ehr, Leib und Leben, vermittelst Entsetzung aller habenden Ehrenämter, öffentlicher Anschlagung der Nahmen an eine hierzu jedes Orts anordnende schwartze Tafel, Steckung in den Schulden-Thurn, oder Anthuung öffentlichen Spotts, der Relegation, Stellung auf den Pranger, jawohl gar zum Exempel, mit der Fustigation oder würklichen Lebens-Straffe, den berüchtigten Dieben gleich, angesehen und beleget werden“.

Genau umschriebene Strafen treten an Stelle der richterlichen Willkür. Ist die Strafdrohung auch für beide Verbrechen eine gemeinsame, so heben sich einfacher und betrügerischer Bankerott hier doch schärfer von einander ab, der letztere erscheint als das schwerere Verbrechen („und bevor ab diejenige“ u. s. w.)

Dabei stellt sich der betrügerische Bankerott immer noch in seiner älteren Form dar. Der Schuldner entflieht mit dem entliehenen Geld. Daneben aber findet sich — an anderem Orte, nur beiläufig erwähnt — die Bestimmung, daß derjenige, der bonis cediert, von seinem Vermögen bei Strafe nichts verheimlichen dürfe: es ist der moderne Bankerottbegriff, der in voller Reinheit zu Tage tritt.

Auch sonst enthält der Reichsschluß verschiedene Neuerungen: Die Ausdehnung des Bankerottrechts auf Nichtkaufleute, die Bestrafung der Flucht als Vermögensbeschädigung haben wir bereits besprochen. Andere Vorschriften leiten auf das Gebiet der Exekution über, so, daß die Obrigkeit, die gegen den Flüchtigen Konnivenz übt oder ihm gar Vorschub leistet, selbst zur Zahlung der Schulden angehalten werden soll; ferner die Bestimmnng, daß die Ehefrauen ihrer Vorrechte verlustig gehen sollen, „die durch ihre Verthunlichkeit, übermachte Kostbarkeit an Kleidungen, Geschmuck, Hausrath und anderem an des Mannes Ruin ebener massen schuldig, und also mit in dolo vel culpa seyen". Weiter wird nur der schuldlos Insolvente zur cessio bonorum zugelassen.

Daß Moratorien nur an würdige Personen erteilt werden sollen, bestimmte schon der Titel XXII § 2 der Reichspolizeiordnung von 1548 (Reichspolizeiordnung von 1577 Titel XXIII § 4), ebenso der jüngste Reichsabschied von 1654 § 175.

In prozessualer Hinsicht kommen zwei kaiserliche Kommissionsdekrete von 1668 und 1669 in Betracht,[1]) die bestimmen, daß in Rechtssachen der verdorbenen Kaufleute die Reichsgerichte erst urteilen sollen nach Einvernehmung der Obrigkeit und des Gerichts desjenigen Orts, an welchem der Bankerott begangen worden.

Der Reichsschluß von 1670/71 hat nie Rechtskraft erlangt, und so bleibt die Reichspolizeiordnung von 1548 der einzige bedeutsamere Akt der Reichsgesetzgebung auf dem Gebiete des Bankerottrechts. Sie hat aber auch einen nicht zu unterschätzenden Einfluß ausgeübt auf die gesammte Gestaltung des deutschen Bankerottrechts in den folgenden Jahrhunderten. War es doch nicht blos das gute Beispiel, das hier zur Nacheiferung reizte: die Polizeiordnung war rechtsverbindlich für das ganze deutsche Reich. Augsburger Reichsabschied von 1548 § 92:[2]) „Demnach setzen, ordnen und wollen Wir, daß ein jeder, dem Heiligen Reich unterworffen, wes Standes oder Wesens der sey, solche Reformation und Ordnung . . soviel einen jeden die berührt, stracks geleben und nachkommen, darwider nicht handeln oder zu handeln gestatten solle, alles bey Vermeydung unnachläßlicher Straf und Pön, in solcher Ordnung und Reformation lauter ausgedruckt und vermeldt."

---

[1]) Teutsche Reichsabschiede Bd. IV S. 59 ff.; S. 64 ff.

[2]) Teutsche Reichsabschiede Bd. II S. 543.

1548—1807.

(Partikulargesetzgebung.)

Die Reichspolizeiordnung von 1548 bildet nicht blos äußerlich einen Abschnitt in der Entwickelung des deutschen Bankerottrechts. Um die Zeit ihres Erscheinens beginnt die älteste Form des strafbaren Bankerotts abzusterben: der Bankerott als körperperliche Beiseiteschaffung fremden Guts. Nur mehr vereinzelte Nachzügler lassen sich dafür anführen. So eine Züricher Verordnung von 1549,[1]) die diejenigen nach Gestalt der Sache an Leib oder Leben, Ehre oder Gut straft, welche „fürsetz- und betrüglicher wys mit geld ufbrechen“. — Insbesondere die Statuta des Lundischen Conthors (der Hansa) von 1554[2]) V. Teil, Titel „Von Straff der Drögen und Panckerotten“. „Dieweil . . sich ie zu Zeiten zuträgt, daß etliche Treulose und Ehrvergessene Leute sich in ihrer Handlung vergreiffen, und bißweilen fürsetzlich und betrüglicher Weise über ihr Vermögen Geld auffborgen, und folgends darmit verlauffen, und Panckerotten werden . ., so ordnen und setzen Wir . . so iemand obgemelter massen fürsetzlich flüchtig würde, der soll nicht allein als ein ehrloser Drög in keiner Ansee-Stadt gelitten, sondern nach Gelegenheit der Ueberfahrung (als da er gar mit fürbedachten betrüglichem Muth und Meinung flüchtig worden) am Leib als ein öffentlicher Dieb gestrafft werden“. — Weiter ist auch noch an den Reichsschluß von 1671 zu erinnern (vgl. oben S. 68), der einen ähnlichen Thatbestand unter Strafe stellt.

Die Reichspolizeiordnung verlegt den Schwerpunkt des Bankerotts, statt in die unmittelbare Hinterziehung fremder Sachen, in den verschwenderischen Verbrauch entliehenen Gutes. Das Erfordernis, daß die Art des Verbrauchs an sich schon eine tadelnswerte sein müsse, macht die Bestimmungen des Gesetzes einseitig; daß aber die Verwendung an die Stelle der Hinterziehung getreten ist, daß es sich nicht mehr um ein Unrecht an fremdem Gut im allgemeinen, sondern speziell um betrüge-

[1]) Wyß S. 175.

[2]) Marquard II. Teil, lit. D, 5.

risches Schuldenmachen handelt, drückt dem betrügerischen Bankerott der folgenden Jahrhunderte sein charakteristisches Gepräge auf.

Es ist eine auf den ersten Blick befremdende Erscheinung, daß die Gesetzgebungen des 16. und 17. Jahrhunderts sich mit der Bestrafung des speziellen Thatbestands, wie ihn die Reichspolizeiordnung aufstellt, kaum befassen, während bei Schriftstellern, wie Marquard,[1]) gerade die Vergeudung geliehenen Geldes im Mittelpunkt aller Deklamationen steht; im 18. Jahrhundert wird der Thatbestand auf einmal wieder in verschiedenen Gesetzen behandelt. Der Grund dieser Erscheinung dürfte wohl darin zu suchen sein, daß die Reichspolizeiordnung eben unmittelbar rechtsverbindlich war, daß sich die Landesgesetze darauf beschränkten, die dort aufgestellten Normen zu erweitern, ein Grund, der bei einer wissenschaftlichen Behandlung des Stoffes wegfiel. Im 18. Jahrhundert aber, als das Band, das die einzelnen Staaten an das Reich knüpfte, immer lockerer wurde, waren es gerade die größeren Territorien, die — im Gefühle ihrer Unabhängigkeit von der Reichsgewalt — den Thatbestand selbstständig in ihren Gesetzen verarbeiten.

Zahlreiche landesgesetzliche Bestimmungen des 16., 17., 18. Jahrhunderts nehmen denn auch auf die Vorschriften der Reichspolizeiordnung Bezug, teils ausdrücklich auf sie verweisend[2]), teils ihren Wortlaut wiederholend[3]); meist ohne eine selbstständige Strafe zu verhängen,

[1]) Besonders IV, 9. — Auch bei Kress, commentatio succincta in C. C. C. 1721 ad art. 112.

[2]) So z. B. die Frankfurter Reformation von 1587 II, 21, 8; Ratsbeschluß von 1613; Augsburger Ratsverordnung von 1580 (ob die Polizeiordnung, auf die hier verwiesen ist, die Augsburger Polizeiordnung von 1553 oder die Reichspolizeiordnung von 1577 bedeutet, dürfte schwer zu sagen sein; jedenfalls aber ist die Verordnung durch die letztere thatsächlich hervorgerufen); Polizeiordnung für Schwedisch-Pommern von 1681 c. 7; Ulmer Stadtrecht von 1683 Titel V; Churtrierisches Landrecht 17, 5 Zusatz von 1713; Untergerichtsordnung von Zweibrücken von 1722 art. 109 (Hoiningen S. 59, 60, 39, 79, 51, 63, 64.)

[3]) So die Hamburger Statuten von 1605 I, 43, 1; Gothaer Landesordnung von 1667 II, 4, 24; Altenburgische Landesordnung (Hellfeld S. 450, 447). — Des öfteren wird aber auch unter offenbar absichtlicher Anlehnung an die Redewendungen der Reichspolizeiordnung ein anderer Thatbestand unter Strafe gestellt: vgl. z. B. die Statuten des Lundischen Conthors von 1554 Marquard II, D, 5; bayerisches Landrecht von 1616 XIII, 4 (unten S. 74.)

sind sie vorzüglich bestimmt, als Ausführungsgesetze der Reichspolizeiordnung zu dienen.

Als eines der wichtigsten dieser Ausführungsgesetze — jedoch selbstständigeren Charakters — sei hier das „Mandat der vereinigten teutschen Hänse-Städte, wieder die muhtwillige Falliten und Banquerottirer" von 1620 [1]) erwähnt: „Wir Burgermeister und Rähte der vereinigten Teutschen Hänse-Städte, geben hiemit Männiglichen zu vernehmen, nach dem die Erfahrung bezeuget, daß offters Kauff- und Handels-Leute von anderen Geld und Wahren betrieglich auffnehmen, alles durchbringen und folgig Bancquerot machen und außtreten, wodurch Ehr und Glaube unter Kauffleuten geschwecht, und unschuldige in Schaden geführt werden und hiewieder in Kayserlichen beschriebenen Rechten, Reichs-Constitutionen, auch Hänsische Recessen heilsame Ordnungen auffgerichtet, welche aber nicht jeder Zeit und an allen Orten gleichmessig gehalten worden seyn. Hierumb so haben Wir, nach zeitigem vorgehabtem Raht Uns einhellig vereinigt, setzen ordnen und wollen" u. s. w.

Eine durchaus selbstständige Gesetzgebung, die jedoch noch auf die Reichspolizeiordnung verweist, ist das Nürnberger Fallitenmandat von 1717, [2]) das unter zahlreichen anderen Bestimmungen auch Schuldenmachen und Verschwendung zusammenbringt. Von den Gesetzgebungen des 18. Jahrhunderts, die — gänzlich unabhängig vom Reichsrecht — die Verschwendung geliehenen Geldes unter Strafe stellten, sei zunächst erwähnt das „Edikt wider die Banqueroutirer", das Georg von England 1726 für Braunschweig-Lüneburg erließ. [3]) § 1 stellt diejenigen unter Strafe, welche „sich understehen sollten, die aufgeliehenen Gelder durch übermässigen Pracht, oder üppiges und wollüstiges Leben oder Spielen oder kostbare Gewänder oder andere unnötige und verschwenderische Ausgaben und geführten üblen Haushalt herdurch zu bringen." Solche sollen nach „Größe des doli und Bankerutts . . am Leib gestraft oder mit ewiger Leibesstrafe, entweder zu ewiger Gefängnis oder condemnation zum Karrenschieben oder in das Zucht- und Werkhaus oder ewiger

---

[1]) Marquard II. lit. Z, 1.

[2]) Hellfeld S. 447 ff.

[3]) Hoiningen S. 81.

Landesverweisung" bestraft werden. Auch die Augsburger „Ratsordnung die Falliten betreffend" von 1749[1]) straft diejenigen, die „mit fremdem Gute prassen". Und so bestimmt noch das allgemeine Landrecht für die preußischen Staaten von 1794 § 1464: „Wer zu einer Zeit, da er keine wahrscheinliche Aussicht hat, seine Gläubiger jemals befriedigen zu können, dennoch zur Unterstützung seiner Verschwendung Schulden macht, ist als ein mutwilliger Bankeruttierer anzusehen."

Wir haben bisher eine Gruppe von Rechten behandelt, denen böswilliges Schuldenmachen in Verbindung mit einem verschwenderischen Verbrauch des geliehenen Geldes eigentümlich war. Weit häufiger jedoch sind die Fälle, in denen betrügliches Schuldenmachen schlechtweg bei eintretender Zahlungseinstellung des Schuldners bestraft wird. Das entliehene Geld ist am Schluß nicht mehr vorhanden, nach dem wie? des Verbrauches wird nicht gefragt, mag der Schuldner das Geld nun verschwendet oder beiseitegeschafft oder sonst verwendet haben. Daß dies betrügliche Schuldenmachen sich grundsätzlich von dem Thatbestande der Reichspolizeiordnung nicht unterscheidet, dürfte kaum einem Zweifel begegnen: beide lassen sich dem älteren Bankerottbegriff angliedern. Wir haben nun schon bei jener Verschwendung betrüglich aufgenommenen Gutes, wie sie die Reichspolizeiordnung zu ihrem Thatbestand verlangt, an die Beziehungen dieses Thatbestandes zu dem Kreditbetrug erinnert. Noch mehr treten diese hier hervor, wo die Entstehung der Schuld in so einseitiger Weise betont wird. Dadurch wird auch mit aller Schärfe hervorgehoben, daß es sich bei dem Verbrechen nicht um eine Verletzung der Gesammtheit der Gläubiger handelt, sondern nur um die Beschädigung des Darleihers — und man wäre versucht, diese Verbrechensform, wie für das heutige Recht, so auch für die geschichtliche Betrachtung aus dem Bereiche des Bankerotts auszuscheiden, wenn nicht die Rechtsquellen sehr häufig gerade hierin den Bankerott erblicken würden.

Auch hier entstammt die Mehrzahl der diesbezüglichen Rechte dem 18. Jahrhundert, und es dürfte dies in gleicher Weise darauf zurückzuführen sein, daß bis dahin das Reichsrecht in Geltung war, welches man wohl auch auf mehr oder weniger verwandte Fälle,

[1]) Hoiningen S. 46.

wie den vorliegenden, bezog, wenngleich sie dort nicht in dieser Form vorgesehen waren.

Unter dem unmittelbaren Einflusse der Reichspolizeiordnung von 1548 steht wohl die Augsburger Anweisung an die „Strafherrn" (Mitte des 16. Jahrhunderts),[1] „gutte Kundtschaft zu haben ob sy jemandt erfüeren, der was erachtens geferlicher weys Schulden gemacht . . unnd dieselben ainem Ehrbaren Rath anbringen, damit Sy gepürliche Straff empfahen." — Ebensowenig verleugnet diesen Einfluß das bayerische Landrecht von 1616 Titel 13 Art. 4:[2] „Kompt jemandt nit auß kundtlichem zugestandenen Unfall, sonder fürsetzlicher betrieglicher weiß in solchen Schuldenlast, den er nit zu bezahlen hat, stehet deßhalben auf, und wirdet flüchtig; der soll . . nach Gestalt der Sachen ernstlich gestrafft werden; auch wenn er wieder zu häuslicher Wohnung kompt, alsdann zu keinen Aemptern und Dignitäten gezogen werden". — Hierher gehört ferner der vierte Abschnitt des Hanserezesses von 1620:[3] „Und im Fall . . befunden würde, daß der Schuldner vorsätzlich und muhtwillig, unterm Schein Glaubens, Geld und Wahren auffgenommen und vom ersten anfange der Meynung gewesen, daß er nicht bezahlen, sondern Ehrliche Leute in Schaden führen wollen, auff solchen Fall, soll nach vorhergehender deklaration nicht allein . . die Schandglocke über ihn geleutet, sondern Er auch mit öffentlicher aufffstellung an dem Pranger, ewiger Verweisung, auch nach vermerkten umbständen, als ein Dieb oder Falsarius an Leib und Leben gestraffet werden". — Lüneburger Statuten von 1679.[4] — Weiter sind unter den Gesetzgebungen, die den strafbaren Bankerott identifizieren mit betrügerischem Schuldenmachen, vorzüglich die zwei großen Nachzügler auf der Heerstraße des gemeinen Strafrechts zu nennen, der bayerische Strafkodex von 1751 und die Theresiana von 1768. Das bayerische Gesetzbuch I, 9 § 2 besagt: „Die Verfälschung, zu Latein Falsum, wodurch die Wahrheit der Sach teils mit Worten teils mit Werken und Schriften auf eine gefährlich- und andern zu Schaden gereichende Art verdreht wird, kann zwar gar unterschiedlicher Weis verübt werden. Am meisten aber pflegen folgende

[1]) Hoiningen S. 38 A. 9.

[2]) Hoiningen S. 34.

[3]) Marquard II, lit. Z, 1.

[4]) Hoiningen S. 77.

Gattungen vorzukommen. Z. E. da man . . boshafter Weis Schulden macht und falliret . . welches alles zwar nur mit willkührlicher, jedoch nach Eigenschaft der gespielten Gefährde und Größe des hierunter verursachten Schadens, gar an Leib und Leben gestraft werden solle."[1] — Aehnlich ist es nach Art. 72 § 6 der constitutio criminalis Theresiana eine Art des crimen falsi, „wenn . . einer . . boshaffter Weise Schulden machet und andurch einen gefährlichen Bankerutt spielet".[2] — Auch das Bambergische Landrecht (Ausgabe von 1796) I, 2, 5, 4 § 15[3]) enthält Bestimmungen über den „muthwilligen Schuldenmacher", der in Konkurs geraten. — Eine Verordnung von Hessen-Darmstadt von 1785[4]) bestraft den „Mißbrauch des Kredits", was nicht minder in diesen Zusammenhang zu stellen ist. Außerdem noch viele andere Rechte. — Vgl. auch Marquard IV, 10 § 49; Soden[5]) § 35.

Als eine Unterart innerhalb des betrüglichen Schuldenmachens bildete sich das Borgen seitens eines schon Zahlungsunfähigen heraus. Schon ein Augsburger Ratsstatut von 1574[6]) bestimmt: „Ein Ehrsam Rath hat mit zeitig vorbetrachtung erkhandt, wofern sich befinden würde, das ainigt burger oder Innwohner diser Statt, von ehrlich Leuth wenig oder vil gelt ufnimbt, zur der Zeit, da er waist . . daß er zu bezallen nit vermögens ist, daß der oder dieselben, die also mit wissen Ires Unvermögens nichtsdestoweniger frembd gelt zuo sich bringen und dordurch die Leuth gefehrlich ansetzen, von solchs unerbaren Betrugs wegen ernstlich auch nach gestalt der Uberfahrnus unnachleslich gestrafft, und soll solchen betriegern mit Fleiß nachgetrachtet, damit sie andern zum Exempel zuo bilicher wolverdienter straff gebracht werden". — Breslauische Willkür von 1676 Art. 17.[7]) — Nürnberger Fallitenmandat von 1717.[8]) — Neues preußisches Banqueroutir-Edikt

---

[1]) Vgl. auch die Anmerkungen (2. Aufl. 1774) S. 52 dd.
[2]) Hoiningen S. 31.
[3]) Hoiningen S. 62.
[4]) Hoiningen S. 64.
[5]) Geist der peinlichen Gesetzgebung, Frankfurt 1792.
[6]) Hoiningen S. 39.
[7]) Hellfeld S. 453.
[8]) Hellfeld S. 448.

von 1723:[1]) „5) Weil auch vielfältig verspühret worden, daß solcher Banqueroutirer Bosheit und diebische Gemüther so weit gehen, daß wann sie ihren ohnvermeidlichen Banquerout breits vor Augen sehen, sie noch andern Leuten das Ihrige mit Verschweigung ihres schlechten Zustandes, betrüglich abborgen u. s. w. . . soll solches diebische Unternehmen . . mit dem Strange künftighin gestrafet werden". — Braunschweigisches Edikt von 1726 § 2. — Augsburger Ratsverordnung von 1749.[2]) — Dortmunder Ratsordnung von 1751 § 116.[3]) — Vgl. auch Marquard IV, 9 § 33.

Wir haben im Vorausgehenden für unsere Verbrechen stets eine vorsätzliche Begehung vorausgesetzt; allein es kann dies Delikt auch fahrlässiger Weise begangen werden.[4])

So wird in einer Gruppe von Rechten das leichtsinnige Schuldenmachen bestraft. Das bereits angeführte Augsburger Ratsstatut von 1574 verhängt „solchs unerbaren Betrugs wegen" Strafe, „wofern sich befinden würde das ainigt burger gelt ufnimbt, zuo der Zeit da er waist oder doch bilig wissen sol, daß er zu bezallen nit vermögens ist." — Ein Züricher Mandat von 1669[5]) bestimmt, „daß die Kauf- und Handelsleute die zum Auffall kommen, auch wenn sie keinen vorsätzlichen und gestudirten Betrug gebraucht, dabei aber viel mehr entlehnt und aufgebrochen, als sie zu bezahlen gewußt . . ohne alle gnad ehr- und wehrlos sein oder je nach beschaffenheit der fehlern in Stadt und Land bis nach Bezalung der Creditoren und ausgewirkter Begnadigung des Rats verwiesen werden sollen". — Siehe ferner Marquard IV, 9 § 42. — Auch das preußische Landrecht § 1466 bestraft den Schuldner wegen „fahrlässigen Bankerotts", der „zu einer Zeit, da er weiß, daß sein Vermögen zur Bezahlung seiner Schulden nicht mehr hinreiche, aber noch Hoffnung hat, daß selbiges sich in Kurzem verbessern werde, mit Verheimlichung seiner Vermögensumstände neue Schulden macht."

---

[1]) Corp. const. March. II, 2 Nr. 40.

[2]) Beide bei Hoiningen S. 82 und 45.

[3]) Hellfeld S. 442.

[4]) Ueber den scheinbaren Widerspruch einer „fahrlässigen" Begehung des „betrügerischen" Bankerotts vgl. unten S. 90 ff.

[5]) Wyß S. 176.

In ähnlicher Weise ist es eine fahrlässige Begehung des älteren Bankerotts, wenn der Schuldner mit geliehenem Gelde gewagte Geschäfte macht und bei deren Mißlingen seine Zahlungen einstellt. Schon Marquard (IV, 9 § 27) führt aus: „. . in eo peccatur, si ubi . . lucri nulla est certitudo interdum nec professioni conveniens, aliena pecunia in periculum temere conjiciatur.“ — Das preußische Edikt wider die Banqueroutirer von 1715[1]) bestraft den Kaufmann, der „das Aufgeborgete liederlich hazardiret“; ebenso die Nürnberger Fallitenordnung von 1717[2]) den Falliten, der „mit anderer Leuth Geld .. in Tag hineingehandelt.. und anderer Leuthe ihme gutherzig vorgeliehene Mittel frevelhaft risichiret“. — Churhessisches Edikt von 1747.[3]) — Chursächsisches Mandat von 1766 § 1.[4]) — Preußisches Landrecht § 1473: „Wer mit fremdem Gelde, ohne Genehmigung des Gläubigers, verwegene und unsichere Unternehmungen wagt, durch deren Fehlschlagung seine Gläubiger in Schaden und Verlust gesetzt werden, wird als unbesonnener Bankeruttierer bestraft“. Vgl. auch Püttmann S. 183.

Diese letzte Reihe von Gesetzesbestimmungen steht hart an der Grenze des einfachen Bankerotts. Und doch kann von einer schuldhaften Herbeiführung der Zahlungsunfähigkeit nicht wohl gesprochen werden, wo der Schuldner mit fremdem Gelde leichtsinnig handelt. Zwar setzt der Schuldner formell sein Eigentum aufs Spiel; allein wenn er Schulden macht, um damit das gewagte Geschäft erst zu ermöglichen, so hat das fehlgeschlagene Wagnis ganz gewiß nicht die überwiegende Bedingung zu seiner Zahlungsunfähigkeit gesetzt. Vor allem aber trennt auch hier wieder ein Umstand die beiden Verbrechen: wer mit fremdem Gelde gewagte Geschäfte treibt oder es sonst verbraucht, verletzt dadurch nur den früheren Eigentümer des Geldes, seine übrigen Gläubiger haben keinen Anspruch darauf, daß er durch die Aufnahme von Darlehen die künftige Masse zu ihren Gunsten vergrößere, und sie werden durch die Entziehung der geliehenen Summe daher auch

---

1) Corp. const. March. II, 2 Nr. 31 XIII.
2) Hellfeld S. 448.
3) Köstlin G. A. Bd. V S. 727.
4) Püttmann, opuscula S. 184.

nicht verletzt; der Thäter des einfachen Bankerotts dagegen verletzt durch seine Handlungsweise die Gesammtheit seiner Gläubiger.

Abseits von den bisher behandelten Fällen steht eine Gruppe von Rechten, die den flüchtigen Schuldner strafen — schon dadurch von jenen geschieden, daß sie eine Verletzung der Gesammtheit der Gläubiger ahnden. Während das betrügerische Schuldenmachen seinen Ursprung als Hinterziehung einer fremden Sache bei einer Zahlungseinstellung immer mehr verleugnet und sich allmählig dem Betrugsbegriffe nähert, ist es gerade die Flucht des Schuldners, die zwischen dem älteren und dem modernen Begriff des betrügerischen Bankerotts — zum Teil wenigstens — vermittelt. Der Schuldner entzieht seinen Gläubigern durch die Flucht den Vermögenswert einer Personalexekution. Als festumgrenztes Objekt des Gläubigerrechts, das ihnen von Anfang an als ein Wert ihres Vermögens zusteht, stellt die Person des Schuldners ein Gut dar, dessen Entziehung wohl geeignet ist, den Begriff des älteren Bankerotts zu erfüllen. Andererseits aber läßt sich kaum ein Recht denken, das dem Schuldner mehr zu eigen wäre, als die Verfügung über seine Person — so daß der Flüchtling in der Vereitelung der Personalexekution seine Gläubiger nicht anders verletzt, als wenn er sein eigenes Vermögen vor ihnen in Sicherheit bringt. Gerade diese Seite der Flucht ist nun manchen Gesetzen eigentümlich, bisweilen noch besonders hervorgehoben durch die ausdrückliche Gleichsetzung der Flucht mit der Hinterziehung eigenen Vermögens.

Zunächst sind hier ein paar Rechte zu erwähnen, die schon die Flucht als solche ohne Rücksicht auf eine weitere Verschuldung des Flüchtigen zum Gegenstand eigener Strafdrohungen machen. Vorbildlich hiefür war der Reichsschluß vou 1671 (s. oben S. 65). Seinem Beispiel folgt das preußische Edikt von 1715 XI, ebenso die Augsburger Verordnungen von 1734 Titel X und 1749 § 1.[1]) Andererseits tritt dieser Gesichtspunkt aber auch in solchen Gesetzen hervor, welche nur der Flucht eines unredlichen Schuldners Erwähnung thun. So bestimmt das 9. Gesetz des XII. Titels der Nürnberger Reformation von 1564:[2]) „Alle diejenigen, so sich zu

[1]) Hoiningen S. 43 und 44.

[2]) Hellfeld S. 446.

Betug jrer gläubiger auß der Stadt thun, und über kurz oder lang zur Hand gebracht werden, die sollen alspald in Verhaft genommen .. werden. Es möchten sich die Sachen auch so geverlich erfinden, das ain Rath, solche des Flüchtigen Mißhandlung, für ain diebstal zu halten und zu strafen, verursachet würde." Dabei gelten nach Gesetz 1 als „trünnig" unter anderen auch die Flüchtlinge, die „durch sich selbst, oder jemand von jrent-wegen, den Gläubigern zu geverd, ihre hab und Güter verstossen oder verendern." (Vgl. auch unten S. 80.) — In bezeichnendster Weise stellt die Straßburger Polizeiordnung von 1628 Titel VI § 11,[1]) in Wiederholung einer älteren Bestimmung, den Schuldner unter Strafe, „welcher fürder mit sinem Libe oder mit sinem Gute diese Statt rumet, oder in eine Frihit entwichet, schulde halb, und den Leuten jr gut empfüret". Es ist der betrügerische Bankerott in seiner heutigen Gestaltung, der hier zum Ausdruck gelangt, gleichgesetzt der Verkürzung der Gläubiger durch die Flucht.

Wir haben früher gezeigt wie das Unrecht einer Beiseiteschaffung eigenen Vermögens bei einer Zahlungseinstellung zum Schaden der Gesammtheit der beteiligten Gläubiger zunächst auf dem Boden des Privatrechts Berücksichtigung fand. Die Kriminalisierung dieses Unrechts erfolgte nur zögernd.

Vorgebaut wurde der Entwickelung des Verbrechens durch die öfter wiederkehrende Bestrafung eines betrügerischen Akkords. Der Schuldner kann einen solchen nur herbeiführen unter Verschweigung seiner wahren Vermögenslage, durch Beiseiteschaffen von Vermögensstücken, durch Verheimlichung von Forderungen u. s. w. Von dem betrügerischen Bankerott aber unterscheiden sich diese Fälle dadurch, daß nicht die angeführten Handlungen als solche strafbar sind, sondern erst ihr Erfolg: die Verleitung der Gläubiger zu einem ungerechtfertigten Schulderlaß. So ist nach der Augsburger Polizeiordnung von 1553 fol. 19[2]) der flüchtige Schuldner zu strafen, der sich mit seinen Gläubigern in Sicherheit „vertragen" hat, wenn „im selben Vertrage .. sein oder der Seinigen ainiche gefärdte erfunden wurde". In der Frankfurter

[1]) Hoiningen S. 48.
[2]) Hoiningen S. 38.

Reformation von 1587 II, 27, 8[1]) werden die Schuldner unter Strafe gestellt, die „wol vorsetzlicher, betrüglicher Weiß sich mit anderer Leuth Geld und Gut, welches mehr als vor einen Diebstahl zu achten und in alle Weg strafwürdig ist, zu bereichern understehen und so nach geschehenem Akkord oft mehr vermögen, als jemals vorher." Aehnlich ein Frankfurter Ratsschluß von 1613 und ein solcher von Bremen 1730.[2])

Den Thatbestand des heutigen betrügerischen Bankerotts, die Hinterziehung eigenen Vermögens bei einer Zahlungseinstellung, mochte der Richter zunächst in besonders hervorstechenden Fällen berücksichtigen auf Grund der clausula generalis, die zahlreiche ältere Bankerottgesetze enthielten.[3]) Charakteristisch dafür ist die oben erwähnte Nürnberger Reformation von 1564, die das Beiseiteschaffen des eigenen Vermögens wohl in die Begriffsbestimmung des „trünnigen" aufgenommen, in ihrem Strafabschnitte aber dieses Umstands nicht Erwähnung thut.

Es war zunächst wohl der Gedanke des Mißbrauchs einer Wohlthat, der einer Bestrafung des Verbrechens endlich Bahn gebrochen: der Schuldner wird bestraft, der bei der cessio bonorum Vermögensstücke verheimlicht. Schon nach dem würtembergischen Landrecht (Ausgabe von 1585)[4]) hat der Richter zu untersuchen, ob bei der Cession nichts derartiges vorgefallen sei. Der Reichsschluß von 1671 verhängt wegen einer Vermögenshinterziehung bei der Cession bereits Strafe (s. oben S. 68), doch erscheint das Verbrechen dabei noch als etwas Nebensächliches im Vergleich zu dem betrügerischen Schuldenmachen u. s. w. Eine ähnliche Stellung nimmt das Verbrechen ein in einem Bremer Edikt von 1707,[5]) wie auch in der Augsburger Strafordnung von 1734.[6]) Auch das preußische Edikt wider die Banqueroutirer von 1715 Abschnitt XII[7]) bringt unsern Thatbestand: „Wann . .

---

[1]) Hoiningen S. 59.

[2]) Hoiningen S. 60 und 79.

[3]) Insofern war auch bei dem „betrügerischen Schuldenmachen" Raum für die Bestrafung des Verbrechens.

[4]) Hoiningen S. 36.

[5]) Hoiningen S. 78.

[6]) Hoiningen S. 43.

[7]) Corp. const. March. II, 2 Nr. 31.

ein Schuldner, welcher zum Abtrag seiner Schulden sich nicht vermögend befindet, seine Zuflucht zu obengedachten Rechtswohlthaten nimmet, dabey aber in Specification seiner Güter und Effecten .. durch Verschweigung oder sonst betrüglich handelt, so soll derselbe .. deshalb als ein Falsarius bestraffet .. werden". Und ebenso zählt auch das mehrfach erwähnte braunschweigische Edikt von 1726 § 2[1]) eine Anzahl derartiger Handlungen auf, die sich mit der cessio bonorum verknüpfen.

Zu Anfang des 18. Jahrhunderts hat sich der betrügerische Bankerott unabhängig von allen Beschränkungen in seiner heutigen Gestalt herausgebildet. Moller[2]) führt eine Reihe solcher Fälle aus: Veräußerung und Verschenkung von Gütern zum Schaden und Nachteil der Gläubiger bei bevorstehendem Konkurs, Beiseiteschaffung des beweglichen Vermögens während desselben, Aufstellung erdichteter Forderungen und Verschweigung der Ausstände. So stellt die Frankfurter Ratsordnung von 1708[3]) den Schuldner unter Strafe, der sich „mittelst Dissimulation und der Verschweigung der Sachen wahrer Beschaffenheit und vorhandener Effekten" bereichern wollte. Ebenso bestrafen die Statuten des grauen Bundes von 1713 VIII § 1[4]) den Schuldner gleich einem Diebe, der etwas von dem Seinigen verheimlicht. — Hamburgische Gerichtsordnung von 1711 54, 30[5]) und Zusatz zur Fallitenordnung von 1772 Art. 6.[6]) — Nürnberger Mandat von 1717.[7]) — Nach dem „Renovirten und geschärfften preußischen Banqueroutier-Edict" von 1723 Z. 4[8]) sollen die Schuldner, „die zwar des Vermögens nicht seyn ihre Schulden zu tilgen, aber dennoch von ihren Geldern oder Effekten, was an die Seite bringen, boßhafftig verheelen und dadurch ihre Creditores verkürzen und einen sündlichen Profit zu machen suchen", mit dem Strang vom Leben zum Tode gebracht

---

[1]) Köstlin G. A. Bd. VI S. 4.
[2]) S. 11, 79, 80.
[3]) Hoiningen S. 60.
[4]) Stobbe S. 54.
[5]) Hoiningen S. 76.
[6]) Walther, Entwickelung des Manifestationseides 1859 S. 197 ff.
[7]) Hellfeld S. 449.
[8]) Corp. const. March. II, 2 Nr. XL.

werden. — Gothaisches Bankeruttirmandat von 1740.[1]) — Churhessisches Edikt von 1747.[2]) — Nach der Lindauischen Konkursordnung III, 12 sollen „die vorsetzlichen Falliten, die durch gefährliche Hinterhalte und Versteckung ein und anderer Effetti, ehrliche Creditores noch mehrers zu beschädigen gesucht haben, mit allem Ernst angegriffen werden." [3]) — Hessen-Darmstädtische Verordnung von 1785.[4]) — Nach dem österreichischen Strafgesetzbuch von 1787 Kap. 6[5]) liegt strafbarer Bankerott vor, wenn „jemand seinen rechtmäßigen Gläubigern einen Teil seines Vermögens, von dem sie ihre Bezahlung erhalten sollten, verschweigt, vorenthält, und auf was immer für eine Art entzieht". — Oesterreichisches Strafgesetzbuch von 1803 § 178 f. — Preußisches Landrecht § 1452: „Ein betrüglicher Bankeruttierer ist derjenige, welcher sein Vermögen verheimlicht, um seine Gläubiger zu hintergehen."

Dabei behandeln einige Rechte den Fall getrennt, daß die Zahlungseinstellung nicht erfolgt ist auf Grund einer thatsächlichen Insolvenz, sondern die Zahlungsunfähigkeit nur vorgeschützt wurde. Das Braunschweiger Bankerottedikt von 1726[6]) stellt in § 3 die Schuldner unter Strafe, die „boßhafter und betrüglicher Weise einen Abfall des Vermögens simuliren, bonis cediren, ihre übrigen Baarschaften, ausstehenden Schulden und Effekten verbergen . . und also schändlichen Gewinnst zu machen suchen." — Preußisches Edikt von 1723 Z. 3:[7]) „Diejenigen, so des Vermögens seyn, ihre Gläubigere zu befriedigen, einen Abfall ihres Vermögens simulieren und zu solchem Ende ihre Baarschaften, ausstehende Schulden oder Effekten verbergen, oder ausser Landes, zum Betrug der Gläubiger, schaffen, wollen Wir ohne einige Gnade mit dem Strang vom Leben zum Tode gebracht wissen." — Preußisches Landrecht § 1453: „Wer in der Absicht, sich mit dem Schaden seiner Gläubiger zu bereichern, ein Unvermögen zu zahlen fälschlich vorgibt,

---

[1]) Hellfeld S. 442.
[2]) Köstlin a. a. O.
[3]) Hellfeld a. a. O.
[4]) Hoiningen S. 64.
[5]) Hoiningen S. 32.
[6]) Hoiningen S. 82.
[7]) Corp. const. March. a. a. O.

soll öffentlich ausgestellt, für ehrlos erklärt und mit lebenswieriger Festungsarbeit bestraft werden".

Als das Unrecht einer Hinterziehung von Vermögen bei einer Zahlungseinstellung sich mehr in das allgemeine Rechtsbewußtsein eingelebt hatte, fand der Gedanke auch Anwendung für den Fall, daß der Schuldner durch Aufstellung erdichteter Gläubiger einen Teil der Masse bei Seite schaffen wollte. Braunschweiger Edikt von 1726 § 3. — Preußisches Landrecht § 1454. — Oesterreichisches Strafgesetzbuch von 1803 § 178 f.

Als Mittel, solche erdichtete Forderungen aufzustellen, oder auch, um Ausstände betrügerisch zu verschweigen, liegt es für den Schuldner nahe, entsprechende Einträge in seine Handelsbücher zu machen. Die Verfälschung der Handelsbücher steht daher in engem Zusammenhang mit dem betrügerischen Bankerott. Schon Moller (S. 79) erwähnt neben andern Bankerotthandlungen den Fall, daß der Gemeinschuldner „aus seinen Schuldbüchern die vornehmsten Schuldner ausstreichet, und vor bezahlet abschreibet, daß er nach gemachten Banckrott solches Geld heimlich . . einstreichen möge". So bestraft die Lindauische Konkursordnung III, 12[1]) die Falliten, die „durch gefährliche Hinterhalte und Versteckung ein und anderer Effetti, oder Producirung falscher Bilanzen ehrliche Creditores noch mehrers zu beschädigen gesucht haben". Ebenso stellt die Hessen-Darmstädtische Verordnung von 1785[2]) die Fälschung von Büchern unter Strafe.

Doch wird die Veränderung der Handelsbücher häufig nur dazu dienen, die Spuren einer schon begangenen Bankerotthandlung zu verwischen — ein Zweck, dem auch die Verheimlichung der Bücher meist dienen wird. Vgl. unten S. 102.

Indes bietet sich noch eine weitere Seite für die Beurteilung der Rechtswidrigkeit einer Handlung an solchen Büchern: zuverlässige Handelsbücher gewährleisten den Gläubigern eine möglichst vorteilhafte Abwickelung des Konkurses; ihr Nichtvorhandensein bedeutet für dieselben daher eine unmittelbare Vermögensentziehung. Doch trägt diese Auffassung entschieden etwas gekünsteltes an sich. Wir sind ihr im älteren Recht nirgends begegnet, und

[1]) Hellfeld S. 442.

[2]) Hoiningen S. 64.

auch im neueren dürfte sie wohl nur da anzunehmen sein, wo dies aus dem Wortlaut unzweideutig hervorgeht. Dies dürfte zutreffen, wenn Carpzov (III, 119 § 42) unter „Banckerotspielern“ Leute versteht, „qui dolose callide et fraudulenter in necem et damnum creditorum pecunias, chirographa et rationes supprimunt“. Der gleiche Fall ist wohl auch gegeben in dem Braunschweiger Bankerott-Edikt von 1726 § 2,[1]) welches diejenigen Schuldner bestraft, die, um ihre Creditoren zu benachtheiligen, von ihren Baarschaften, Effekten, Waaren, Büchern, Bilanzen, Dokumenten und dergleichen Etwas bei Seite schaffen.

So hat sich im Verlauf des 18. Jahrhunderts die Verschleppung des schuldnerischen Vermögens bei einer Zahlungseinstellung zu einem festen Verbrechensthatbestand herausgebildet. Motiv des Verbrechens ist regelmäßig die Gewinnsucht des Schuldners, die Thäter handeln, „um sündlichen Profit zu machen“,[2]) „damit sie und die Ihrige sich davon unterhalten, müssig gehen und zehren können“.[3]) Bisweilen findet sich als Motiv auch die Absicht, die Gläubiger zu benachteiligen. So im Braunschweiger Edikt von 1726 § 2, bei Moller S. 11. Als ein weiteres Motiv kann hier auch in Betracht kommen die Absicht, einen Gläubiger rechtswidrig zu begünstigen. Die Rechtswidrigkeit einer solchen Begünstigung war jedoch nach gemeinem Recht bekanntlich eine äußerst beschränkte; erst die sogenannte Gratifikationstheorie, wie sie im vorigen Jahrhundert herrschend wurde,[4]) schuf Raum für eine strafrechtliche Behandlung der Begünstigung. So im preußischen Landrecht § 1478.

Das Verbrechen erfolgt bei Gelegenheit einer Zahlungseinstellung. Eine Zahlungsunfähigkeit wird häufig nicht gegeben sein: denn wenn der Schuldner seinen Gläubigern größere Wertbeträge verheimlicht, so beweist er damit gerade, daß er thatsächlich nicht unfähig ist, seinen Verpflichtungen gerecht zu werden.

Ein Ursachenzusammenhang zwischen Bankerotthandlung und Zahlungseinstellung ist durchaus unwesentlich für den Begriff des

[1]) Hoiningen S. 82.

[2]) Preußen 1723. — Aehnlich Braunschweig 1726 § 3.

[3]) Churhessisches Edikt von 1747. — Aehnlich preußisches Landrecht § 1453.

[4]) Vgl. Francke, über die Zulässigkeit der actio Pauliana, im Archiv für civilistische Praxis Bd. XVI S. 135 A. 20.

Verbrechens. Der moderne betrügerische Bankerott hat gerade seinen Ausgangspunkt genommen von einer Beiseiteschaffung gelegentlich der cessio bonorum. Diese aber wird nur solchen Schuldnern gewährt, welche kein Verschulden trifft in Bezug auf die Herbeiführung der Zahlungseinstellung.

Die Verbrechenshandlung erfolgt, um „ehrliche Creditores noch mehreres zu beschädigen", wie die Lindauische Konkursordnung sich ausdrückt. Daß durch die verbrecherische Handlung die Zahlungseinstellung herbeigeführt werden kann, bedarf kaum der Erwähnung. Eine interessante Gegenüberstellung der beiden Möglichkeiten bietet das preußische Edikt von 1723 Z. 3 und 4 (vgl. oben S. 82 und 81).

In schärfstem Gegensatz hiezu stehen andere Gesetzesbestimmungen, deren Angelpunkt in der That in der schuldhaften Verursachung der Zahlungsunfähigkeit zu suchen ist, in welchen dem Schuldner einzig und allein der Vorwurf gemacht werden kann, daß er durch sein leichtfertiges Thun und Treiben sein Vermögen in Verfall gebracht und so seine Gläubiger mitverletzt habe. Die Darleguug der Natur des ersteren Verbrechens dürfte kaum grundsätzlichen Bedenken begegnen, und doch ließe sich aus der zerfahrenen Entwicklung desselben allenfalls der Einwand herleiten, daß es willkürlich sei, gerade einzelnen Zügen in dem großen Bilde eine derartige grundsätzliche Bedeutung zuzuschreiben. Die zweite unserer Verbrechensformen dagegen bietet in ihrer geschichtlichen Entwickelung eine geschlossene Einheit. Überall handelt es sich um das Ergebnis einer strafwürdigen Selbstverletzung in Gestalt der Zahlungsunfähigkeit eines Schuldners; bei der Abwägung solcher Schuld ist die Willkür des Gesetzgebers mit eherner Fessel gebunden, mit der Kette der Kausalität zwischen der verletzenden Handlung und der eingetretenen Zahlungsunfähigkeit. Eine erdrückende Fülle von Gesetzen behandelt den Thatbestand in diesem Sinne.

Es ist eine leichtsinnige Lebensführung jeder Art, die den Thatbestand erfüllt. So bestimmen die Statuten von Rotenburg a. T. von 1576[1]): „Wann .. ein Bürger .. überwiesen würde .. daß er von wegen liederlichen Haußhaltens, überflüssiger Zehrung, Müssiggangs und Unfleiß halber in das

[1]) Hellfeld S. 452.

Verderben gerahten . . dieselben sollen . . nach gestalt und grösse der gemachten Schulden ernstlichen gestrafft und gebüst werden, und . . aller Ihren Ehren und Ämpter entsetzt, und hiefüro zu keinen ehrlichen Sachen mehr zugezogen und gebraucht werden." [1]) — Das württembergische Landrecht (Ausgabe von 1585) [2]) verordnet, „wo solche Gesellen . . die das ir durch den müssiggang, auch mit übermäßigem zehren, spielen und anderem unheußlichen Wesen uppiglich verschwendt, und jre Glaubiger also mutwilliglich angesetzt und umb das jr zu bringen understünden, daß . . sie . . nach Verdienst jres mutwilligen verschwendens und gefehrlichen Betriegens der Glaubiger, anderen zu einem Exempel und Warnung zu besserer Haußhaltung . . gestrafft werden." — Auch die Frankfurter Reformation von 1587 II, 27,8 [3]) bestraft die „Schuldleute, die durch übermäßigen Pracht unordentlich Wesen und Leben in Abnemen und Verderben kommen." — Basler Mandat von 1609. [4]) — Bayerisches Landrecht von 1616 XIII, 8. [5]) — Hanserezeß von 1620: „Wann erkundig wird, daß ermelter Schuldner nicht durch einigen Unfall und Unglück, sondern durch Unfleiß, Pracht, Prassen und sonsten unordentlich Wesen und Leben in Verderb gerahten, und andere unschuldige neben sich in schaden geführet. So wollen Wir solchen Schuldner, als Unehrlich declariren, über ihnen die Schand-Glocke offentlich leuten lassen, und soll solcher nach der Zeit pro infami geachtet . . werden." — Chursächsische resolutio ad gravamina von 1661. [6]) — Moller (1714) weiß — S. 18 bis 66 — ein Dutzend Ursachen für den Bankerott anzuführen.

Der gleiche Ton geht denn auch durch die zahlreichen Gesetzgebungen des 18. Jahrhunderts. So das Bremer Ratsedikt von 1707 [7]);

---

[1]) Die Anlehnung an die Straffolgen der Reichspolizeiordnung dürfte ein neuer Beweis sein für unsere frühere Behauptung, daß dieselbe auch den einfachen Bankerott behandelte. — Die gleiche Anlehnung findet sich z. B. auch in dem Basler Mandat von 1609 (Kohler, Nachwort zu Shakespeare S. 12); in dem Hanserezeß von 1620 (Marquard II lit. Z, 1).

[2]) Hoiningen S. 36 A. 3.

[3]) Hoiningen S. 59.

[4]) Kohler, Nachwort zu Shakespeare S. 12.

[5]) Siehe unten S. 87.

[6]) Hoiningen S. 73.

[7]) Hoiningen S. 78.

die Frankfurter Ratsordnung von 1708;[1]) das Nürnberger Fallitenmandat von 1717;[2]) ein württembergisches Reskript von 1730;[3]) die Lindauer Konkursordnung III, 12;[4]) Mainzisches Landrecht Titel XXI;[5]) churhessisches Edikt von 1747;[6]) Augsburger Ratsordnung von 1749 § 2;[7]) Dortmunder Ratsordnung von 1751 § 116;[8]) Bambergisches Landrecht (Ausgabe von 1769) I, 2, 5, 4 § 15;[9]) Hessen-Darmstädtische Verordnung von 1785;[10]) preußisches Landrecht §§ 1458—1463; österreichisches Strafgesetzbuch von 1803 § 178 f.[11])

Doch ist es nicht nur die leichtsinnige Lebensführung, die eine Zahlungsunfähigkeit verschulden kann: ist der Schuldner Kaufmann, so tritt dem gleichberechtigt die *leichtsinnige Geschäftsführung* zur Seite. So verordnet das bayerische Landrecht von 1616 XIII, 8:[12]) „Welche Schuldner . . *durch* ihr unordentlich wesen, unfleiß und nachlässigkeit, daß sie dem Spiel, Trinken und anderen leichtfertigkeiten obgelegen und ihrem Haushaben, Handthierung, Gewerben und Arbeit wie sich gebürt nit außgewart, oder sonsten zu prächtig, verthuenlich, oder one noth zu freygebig gewesen, in Verderben kommen," gegen die soll mit „Fegnuß oder Versagung des Landes und in ander weg nach gelegenheit der Sach und anrueffen der glaubiger . . vorgegangen werden." — Bremer Ratsedikt von 1707.[13]) — Preußisches Edikt von 1715 Z. 1:[14]) „. . Da sich befünde, daß . . jemand . . durch Uppigkeit, überflüssiges Thun, unnötige Depenses, übel geführte Menages, oder andere einem ehrliebenden verständigen und fleißigen Kauffmann

[1]) Hoiningen S. 60.
[2]) Siehe unten S. 88.
[3]) Köstlin G. A. Bd. V S. 427.
[4]) Hellfeld S. 442.
[5]) Hoiningen S. 64.
[6]) Köstlin G. A. Bd. V S. 727.
[7]) Hoiningen S. 44.
[8]) Hellfeld S. 442.
[9]) Hoiningen S. 62.
[10]) Hoiningen S. 64.
[11]) Hoiningen S. 32.
[12]) Hoiningen S. 34 A. 3.
[13]) Hoiningen S. 78.
[14]) Corp. const. March. II, 2 Nr. 31.

nicht anständige Dinge, also durch sein Verschulden sich in Abgang seines Vermögens, mithin dadurch creditores angesetzet und in Schaden gebracht ..", so soll „ein solcher mutwilliger Schuldner nach befundenem Betrug als ein Dieb und Falsarius angesehen .. seyn." — Ein großes Sündenregister hält die Nürnberger Fallitenordnung von 1717[1]) einem solchen Schuldner vor. Er soll bestraft werden, wenn „sich befinden sollte, daß das Falliment aus einem müßiggängig, verschwender und wollüstigem Leben, vielen Spatzierenfahren und Reiten und anderen .. Versehen hergerühret: der Fallit um nur grose Handlung zu treiben .. auf bloßen Credit, so lange er selben gefunden, in Tag hinein gehandelt .. die Handwercks-Leuthe, um nur mehrern Pracht und Übermuth treiben zu können, sich der Handelschaft mit Hindansetzung ihrer erlernten Nahrungs-Gewerbe, aus Unverstandt unterzogen .. oder daß der Fallit, die von Gott ihm bescherte gute Mittel, oder eine überkommene, vorhero wohl eingerichtete Handlung aus Faulheit negligiret oder zu Grund gehen läßt" u. s. w. — Braunschweiger Edikt von 1726 § 9.[2]) — Augsburger Verordnung von 1749 § 2.[3])

Ein verzweigter Handelsbetrieb ist undenkbar, wenn der Handeltreibende nicht die volle Übersicht über die jeweilige Lage seiner Unternehmungen und Vermögensverhältnisse besitzt. Als natürliches Mittel aber, sich diese Übersicht zu wahren, erscheint eine geordnete Buchführung. Wer es unterläßt, die einzelnen Posten ordentlich zu buchen oder die Summe dieser Posten in Gestalt einer Bilanz von Zeit zu Zeit zusammenzufassen, der setzt sich der Gefahr aus, dem Zusammentreffen der planlos betriebenen Unternehmungen zu erliegen; er vermag es nicht, drohenden Schwierigkeiten bei Zeiten vorzubeugen, und so erscheint als überwiegende Bedingung einer etwa eintretenden Zahlungsunfähigkeit die fehlende Übersicht über die geschäftlichen Angelegenheiten, verkörpert in der mangelhaften Buchführung seitens des Schuldners.

Bisweilen wird eine derartige Versäumnis schon an sich mit Strafe belegt, wie beispielsweise die unterlassene Bilanzziehung in

---

[1]) Hellfeld S. 447 ff.

[2]) Hoiningen S. 82.

[3]) Hoiningen S. 44.

der Hamburger Banco-Ordnung von 1639 Art. 35[1]), regelmäßiger — und vernünftiger — Weise jedoch wird eine mangelhafte Buchführung nur gestraft als Ursache einer Insolvenz. Doch konnte ich diesbezügliche Nachrichten erst für den Anfang des 18. Jahrhunderts finden. So bedroht das mehrfach erwähnte Braunschweiger Edikt von 1726 § 9[2]) den Schuldner mit Strafe, der fahrlässiger Weise durch Unkenntnis „der von ihm übernommenen Handlungen, Kaufmannschaften und dergleichen negatiationes," durch gewagte Spekulationen, „durch Versäumung der Bilanzziehung in Jahresfrist oder sonst in der gehörigen Zeit" insolvent geworden ist. Doch wird der Kausalzusammenhang öfters als gegeben betrachtet, wenn sich beim Eintritte des Konkurses herausstellt, daß der Schuldner die Bilanz nicht vorschriftsmäßig gezogen hat. So bestimmt insbesondere die Augsburger Strafordnung von 1734 Titel 10[3]), daß Kaufleute wenigstens einmal im Jahre die Bilanz ziehen und eine sich dabei ergebende Überschuldung anzeigen sollten; der Zuwiderhandelnde solle in jedem Falle als ein durch eigene Schuld zahlungsunfähig Gewordener behandelt werden. — Als „vorsätzlichen Betrüger" bezeichnet denn auch die Augsburger Fallitenordnung von 1749[4]) diejenigen, welche „keine ordentlichen Bücher führen, noch jährlich eine richtige Bilanz ziehen." — Ähnlich das sächsische Mandat von 1767.[5]) — Auf dem gleichen Standpunkte steht schon das preußische Edikt von 1715 Z. 13,[6]) welches denjenigen Kauf- und Handelsmann von der Behandlung „verunglückter Debitoren" ausschließt, der „das Seinige ungebührlich verthan, das Seinige . . liederlich harzardiret, oder in Jahresfrist vor dem Verfall keine Balance gezogen." — Preußisches Landrecht § 1468: „Ein Kaufmann, welcher entweder gar keine ordentlichen Bücher führt, oder die Balance seines Vermögens, wenigstens alljährlich einmal, zu ziehen unterläßt, und sich dadurch in Unwissenheit über die Lage seiner Umstände

[1]) Marquard II lit. Q.

[2]) Hoiningen S. 82.

[3]) Hoiningen S. 43.

[4]) Hoiningen S. 46.

[5]) Köstlin, Abhandlungen aus dem Strafrechte, herausgegeben von Geßler 1858 S. 370 A. 2.

[6]) Corp. const. March. II, 2 Nr. 31.

erhält, wird bei ausbrechendem Zahlungsunvermögen als ein fahrlässiger Bankeruttierer bestraft."

Der einfache Bankerott ist einer vorsätzlichen und fahrlässigen Begehung fähig. Es ist denkbar, daß der Schuldner weiß, daß er durch die Fortsetzung seines verschwenderischen Lebens seine Verhältnisse zerrütten und seine Gläubiger verkürzen werde, und er praßt weiter. Es ist denkbar, daß sich der Spieler, der hunderttausend auf eine Karte setzt, den Verlauf der Dinge genau vorstellt: daß er verlieren könne und sich und seine Gläubiger damit verletze — und er spielt mit seinem dolus eventualis weiter. Allein die Zahl dieser Fälle verschwindet gegenüber jenen, wo der Schuldner in grobem Leichtsinn in den Tag hinein lebt und nicht an das Ende denkt, oder wo er auf den Eintritt der unwahrscheinlichsten Ereignisse baut, die ihn vor dem drohenden Ruin schützen sollen. Es ist nun eine merkwürdige Eigentümlichkeit der vergangenen Jahrhunderte, daß sie den einfachen Bankerott fast durchweg als einen vorsätzlichen bezeichnen — eine Eigentümlichkeit, die eine scharfe Unterscheidung des einfachen Bankerotts vom betrügerischen bedeutend erschwert. So wird z. B. „Spielen, Huren, Fressen, Sauffen, Hoffart in Kleidern und unnötigen Gebäuden," [1]) „unnötige Depenses, übel geführte Menages oder andere einem ehrliebenden, verständigen und fleißigen Kauffmann nicht anständige Wege" [2]) als „Betrug" bezeichnet. Vielleicht hat eine mißbräuchliche Verwendung der culpa lata dolo proxima hereingespielt, das Gebiet des dolus auf Kosten der culpa zu erweitern. [3]) Denn eine Scheidung zwischen Vorsatz und Fahrlässigkeit findet dabei immer noch statt. Quistorp [4]) äußert sich einmal dahin, „daß, in Ermangelung besonderer Landesgesetze, derjenige, welcher nicht sowohl durch Ueppigkeit und verschwenderisches Leben, als vielmehr bloß durch Fahrlässigkeit in vermögenlose Umstände gerathen ist . . nicht als ein eigentlicher Bankeruttierer zu bestrafen."

---

[1]) Moller S. 8.

[2]) Preußisches Edikt von 1715, corp. const. March. II, 2 Nr. 31.

[3]) Marquard IV, 10 § 33 bemerkt über die Bestrafung des Bankerotts: „Mevius non tantum dolum, sed et latam culpam ad poenam ordinariam imponendam sufficere demonstrat." — Vgl. auch Köstlin G. A. Bd. V S. 726.

[4]) Beyträge S. 196.

Andererseits aber läßt sich vielfach beobachten, daß die Rechtssprache jener Zeit die Begriffe „Vorsatz“ und „Fahrlässigkeit“ zusammenwirft, ohne die Art der Schuld scharf zu unterscheiden. So bestraft die Frankfurter Ratsordnung von 1708 [1]) den Thäter des betrügerischen Bankerotts wegen „der verübten Leichtfertigkeit“; so ist es umgekehrt für die Straßburger Polizeiordnung von 1628 [2]) ein „vorsätzlicher Betrug“, wenn der Schuldner falliert, ohne daß er durch „verderbliche unfäll in schulden gerathen“; die Reichspolizeiordnungen sprechen stets von dem „Betrug“ des Schuldners, während der Reichsschluß von 1671 einen Zusatz bringt über die Bestrafung der Ehefrau, die „mit in dolo vel culpa“ ist.

Es darf bei einer Besprechung der schuldhaft herbeigeführten Zahlungsunfähigkeit nicht übersehen werden, daß sich vielfach die Neigung findet, jeden Konkurs ohne Rücksicht auf ein Verschulden des Gemeinschuldners unter Strafe zu stellen. So gehen z. B. nach einem preußischen Edikt von 1747 [3]) die Schutzjuden, die ihre Zahlungen einstellen, ohne weiters ihres Schutzprivilegs verlustig.

Von besonderer Bedeutung ist in dieser Hinsicht der Umstand, daß man die Exekution als eine Strafe der ausbleibenden Zahlung betrachtete, wie denn die Schuldhaft auch manchmal eine „Strafe“ genannt wird. [4]) Der Schuldgefangene wird nicht mehr nach Vorschrift der alten Rechte behandelt, wo er gleich dem Gesinde des Gläubigers gehalten wurde, ob er seine Schuld thatsächlich abarbeitete oder statt dessen in Schuldhaft war, [5]) sondern wie ein Strafgefangener wird er bei Wasser und Brot eingesperrt. [6]) Dieser Gedanke liegt auch der Bestimmung zu grunde, daß man

---

[1]) Hoiningen S. 60.

[2]) Hoiningen S. 49 A. 17.

[3]) Hellfeld S. 440.

[4]) Chursächsische Konstitution von 1572 II, 22; Ulmer Stadtrecht von 1683 Tit. 5 (beide bei Hoiningen S. 70 und 51 A. 20); Marquard IV, 10 § 46.

[5]) Vgl. insbesondere Korn, de iure creditoris S. 12 ff.

[6]) So schon mittelalterliche Rechte wie das Miltenberger Stadtrecht (Grimm, Rechtsaltertümer S. 614), das Prager Stadtrecht, das kleine Kaiserrecht c. 25 (Korn S. 23). Vgl. auch Hoiningen S. 44 und 54 A. 2. — Nach der sächsischen Gerichtsordnung von 1622 Titel 52 (Kohler, Shakespeare S. 40 A. 4) sind die Schuldgefangenen für ihren Unterhalt gar auf die Almosen mitleidiger Passanten angewiesen.

die Schuld „absitzen" könne: die Dauer der Haft bemißt sich nach der Größe eines der Vergangenheit angehörigen Schadens, nicht nach ihrer Zweckmäßigkeit für die künftige Zahlung.[1]) Aehnlich wird auch die Dauer eines anderen Exekutionsmittels, der Stadtverweisung, bisweilen nach der Höhe der Schulden bemessen.[2]) Eine interessante Bestimmung enthält in dieser Beziehung das Landbuch von Appenzell-Außerroden von 1737 c. 86,[3]) wonach der Schuldner, der den Kirchenruf und „allen Schimpf erlitten" d. h. der die ursprünglich Exekutionszwecken dienenden Ehrenkränkungen durchgemacht hat, seiner Schulden ledig sein soll.

Gerade auf dem Gebiete der Ehrenfolgen einer Zahlungseinstellung zeigt es sich, daß sich schon an den bloßen Konkurs vielfach Strafen knüpfen. Das Schuldrecht des früheren Mittelalters, das bei einer Zahlungseinstellung noch nicht unterschied nach dem Vorhandensein einer Verschuldung, war genötigt, eine harte Exekution gegen alle zu verhängen. Freiheit und Vermögen, Gesundheit und Ehre wurde ihren Zwecken dienstbar gemacht, und gerade in Bezug auf die Ehrenfolgen entfaltete das Mittelalter einen so raffinierten Erfindungsgeist, daß der Gemeinschuldner für immer entehrt, als ein Auswurf der bürgerlichen Gesellschaft dastand. War dies auch in außerdeutschen Ländern schlimmer als bei uns,[4]) so waren doch auch die deutschen Bestimmungen

---

[1]) So kann der Schuldner nach der Nürnberger Reformation von 1564 XI, 6 § 2 eine Schuld von 100 fl. in 5, eine höhere Schuld in 10 Jahren absitzen. Nach den Hamburger Statuten von 1605 I, 41, 11 und 12 tilgt er je 1000 Lüb. Mark seiner Schulden mit einem Jahre Schuldhaft (Stobbe S. 103). Danziger Willkür von 1761 II, 5, 6 (Hoiningen S. 81). — Neuhaus, ad legem Petilliam de obaeratis debitoribus 1739 S. 47, führt die Möglichkeit eines solchen Absitzens der Schuld darauf zurück, daß der Gläubiger, der nach mittelalterlichem Schuldrecht die Wahl hatte, seinen Schuldner einzusperren, oder ihn die Schuld abverdienen zu lassen, und das Erste wählte, genöthigt war, jeden Tag der Schuldhaft als eine Minderung der geschuldeten Summe um so viel gelten zu lassen, als der Schuldner mit seiner täglichen Arbeit verdient hätte. Für die spätere Zeit dürfte dieser Grund jedoch kaum zutreffen. Vgl. auch Hoiningen S. 54 A. 2.

[2]) Stobbe S. 105 A. 203.

[3]) Stobbe S. 74.

[4]) Vgl. insbesondere Pertile Bd. VI b S. 880 ff; Alauzet, commentaire Bd. VI S. 11 ff; Kohler S. 44 ff.

für den Schuldner gerade schlimm genug.[1]) Was Wunder, wenn das Volk sich daran gewöhnte, einem dermaßen Verhöhnten und Verspotteten die Achtung zu versagen? Später erfolgte die Bestrafung einer Verschuldung in Bezug auf den Konkurs, der notwendig eine Milderung der Exekution für den unschuldig Verarmten entsprechen mußte. Dazu kam die Rezeption des römischen Rechts, die den bonis cedens ausdrücklich von der Infamie befreite — und der Gemeinschuldner blieb doch „unehrlich“,[2]) „nach böser Gewohnheit und Wahn des gemeinen Pöfels,“ wie Moller (S. 139) sich ausdrückt. Und diese Volksanschauung konnte es nur stärken, wenn der Gemeinschuldner meist auch von rechtswegen solange als ein Betrüger angesehen wurde, bis er den Nachweis seiner Schuldlosigkeit erbrachte (vgl. unten S. 100). Wenn eine derartige Ehrenminderung im neueren Recht manchmal solange dauert, bis der Schuldner seine Gläubiger vollständig befriedigt, so geschieht dies wohl um deswillen, weil derselbe mit der Zahlung zu beweisen scheint, daß er es nicht darauf angelegt habe, mit seinem Konkurse die Leute zu betrügen;[3]) daß er durch diese Begrenzung zu einer möglichst raschen Zahlung veranlaßt wird, kann nur als Nebenumstand erscheinen. So soll sich z. B. nach einer Augsburger Ratsordnung von 1580[4]) der Fallit bei Strafe der „Eisen“ des Waffentragens enthalten, solange er seine Gläubiger noch nicht völlig bezahlt hat. Nach einer Züricher Ratsverordnung des 16. Jahrhunderts hat der Konkurs die bleibende Unfähigkeit zur Folge, Ratsstellen und andere Ehrenämter zu bekleiden, und dies ist noch in einer Verordnung von 1772 rechtens.[5]) Nach der revitirten hamburgischen Gerichtsordnung von 1711 54,32[6]) darf der Gemeinschuldner (der bei ausbrechendem Konkurs weniger als 75 Prozent zahlt) Ehrenämter nicht bekleiden, bevor er seine Gläubiger vollständig befriedigt hat. So bestimmt auch das chursächsische Mandat von 1766 § 5,[7]) daß die cessio bonorum eines durch

---

[1]) Vgl. Stobbe S. 72; Kohler S. 46.
[2]) Vgl. Grimm S. 612.
[3]) Vgl. Moller S. 140.
[4]) Hoiningen S. 40.
[5]) Wyß S. 173.
[6]) Hoiningen S. 76.
[7]) Püttmann, opuscula S. 179.

Unglück Verarmten „ihm an seinen Ehren zwar unschädlich seyn, er jedoch zu öffentlichen Bedienungen in Raths= und Gerichts=stühlen nicht gezogen, u. s. w., nicht minder, bis er seine Creditores wegen ihrer völligen Forderungen befriedigt zu haben beybringet, denjenigen so kein Falliment gemacht, bey öffentlichen Zusammenkünften jedesmal nachstehen soll." Püttmann (1789)[1]) widmet dieser „cessio bonorum contumeliosa" einen eigenen Aufsatz.

Der Ehrverlust hat sich allmählich abgeschwächt — „aliud sane est notare aliquem infamia, aliud prohibere, ne salva fama ad honores quosdam possit ascendere," wie der ebengenannte Schriftsteller einmal bemerkt — aber er ist geblieben bis auf den heutigen Tag. Der Gemeinschuldner darf — um nur reichsrechtliche Bestimmungen zu erwähnen — bei den Reichstagswahlen nicht stimmen und nicht in den Reichstag gewählt werden,[2]) er ist unfähig, das Amt eines Schöffen oder Geschworenen zu bekleiden,[3]) unfähig, zur Rechtsanwaltschaft zugelassen zu werden,[4]) er ist nicht wählbar zu gewissen Ehrenämtern der Arbeiterversicherung,[5]) Zutritt, Stimmrecht und Ehrenrechte einer Innung können oder müssen ihm versagt werden.[6])

---

[1]) S. 153 ff.

[2]) Reichstagswahlgesetz vom 31. V. 1869 § 3 Z. 2 und § 4.

[3]) Gerichtsverfassungsgesetz § 32 Z. 3 und § 85 Abs. 2 mit Konkursordnung § 5. — Ebenso das Amt eines Handelsrichters zu bekleiden: G. V. G. § 113 Abs. 2 — als Beisitzer eines Seeamts berufen zu werden: Gesetz über die Untersuchung von Seeunfällen vom 27. VII. 1877 § 10 — Mitglied eines Gewerbegerichts zu sein oder ein solches zu wählen: Gesetz betr. die Gewerbegerichte vom 29. VII. 1890 § 10 Abs. 2, § 19 Abs. 1, § 13 Abs. 1.

[4]) Rechtsanwaltsordnung § 5 Z. 3. — Ebenso ist er unfähig, dem Vorstande einer Anwaltskammer anzugehören. R. A. O. § 43 Abs. 3 Z. 1 und Abs. 4.

[5]) Unfallversicherungsgesetz vom 6. VII. 1884 § 24 Abs. 1, § 42, § 47 Abs. 3. — Landwirtschaftliches Unfallversicherungsgesetz vom 5. V. 1886 § 29 Abs. 1, § 49 Abs. 2, § 51 Abs. 3. — Bauunfallversicherungsgesetz vom 11. VII. 1887 § 12 Abs. 1, § 35 Abs. 3, § 36 Abs. 2 und 3. — Seeunfallversicherungsgesetz vom 13. VII. 1887 § 30 Abs. 1, § 50 Abs. 5. — Invaliditäts= und Altersversicherungsgesetz vom 22. VI. 1889 § 50 Abs. 1, § 51 Abs. 2, § 71 Abs. 3.

[6]) Ersteres bei bestehenden Innungen: Gewerbeordnung (Novelle vom 1. VII. 1883) § 83 Z. 2, § 86 — letzteres bei neuen Innungen: (Novelle vom 18. VII. 1881) § 100 Abs. 6, § 100a Abs. 2.

Dergestalt haben sich die verschiedenen Bankerottthatbestände im Verlaufe der Neuzeit entwickelt. Um aber zu einem Bilde von dem zu gelangen, was die Rechtsbildung dieses Zeitabschnittes in Bezug auf den Bankerott geschaffen hat, ist es nicht nur erforderlich, die einzelnen Thatbestände getrennt zu verfolgen, sondern auch ihre Stellung innerhalb des Bankerotts als eines Ganzen zu berühren.

Freilich beschränkt sich eine sehr große Zahl von Gesetzgebungen darauf, einen „betrüglichen" Bankerott oder ein ähnlich bezeichnetes Verbrechen unter Strafe zu stellen, unter Verweisung auf die Lage des Falles, ohne sich auf Einzelheiten einzulassen. Bei der Dehnbarkeit dieser Begriffe ist eine vergleichende Verwertung solcher Gesetze ausgeschlossen. Einen Fortschritt weisen dem gegenüber die Gesetzgebungen auf, welche den Thatbestand durch Anführung von Einzelfällen näher bestimmen; dabei werden nicht selten verschiedene Arten des Bankerotts neben einander aufgeführt, doch ohne grundsätzlich zwischen ihnen zu trennen. Auf diesem Standpunkt steht neben vielen anderen noch das österreichische Strafgesetzbuch von 1803. Eine derartige Kasuistik kennzeichnet auch die zeitgenössischen Schriftsteller. Eine grundsätzliche Unterscheidung finde ich zuerst in der Frankfurter Reformation von 1587 II, 27 § 8.[1]) Dieselbe trennt die „Schuldleute, die durch übermäßigen Pracht, unordentlich Wesen und Leben in Abnemen und Verderben kommen," von jenen, die „vorsetzlicher betrüglicher Weiß sich mit anderer Leuth Geld und Gut zu bereichern underſtehen." Das bayerische Landrecht von 1616 Titel XIII Art. 4 und 8[2]) unterscheidet den Schuldner, der betrügerischer Weise Schulden gemacht und dann seine Zahlungen eingestellt hat, und einen, der durch leichtfertigen Lebenswandel seinen Vermögensverfall verursacht hat; für beide ist hier bereits eine selbstständige Strafdrohung aufgestellt. Scharf hält diese beiden Thatbestände auch der Hanserezeß von 1620[3]) auseinander; er geht noch um einen für die Entwickelung der Verbrechen bedeutsamen Schritt weiter, indem er dieselben in ein bestimmtes Wertverhältnis zu einander setzt: der Ver-

---

[1]) Hoiningen S. 59.

[2]) Hoiningen S. 33 und 34.

[3]) Marquard II lit. Z 1.

schwender soll gewissen Ehrenstrafen unterliegen, der betrügliche Schuldenmacher dagegen an Leib oder Leben gestraft werden. In allen drei Fällen handelt es sich um eine Gegenüberstellung des älteren (betrügerischen) und des einfachen Bankerotts. Der moderne betrügerische Bankerott erscheint anfänglich im Vergleich zu den anderen Arten der Verbrechensgruppe als ein Delikt untergeordneter Natur. Es sei in dieser Hinsicht insbesondere erinnert an den Reichsschluß von 1671, den Bremer Ratsschluß von 1707,[1]) an das erste der preußischen Edikte von 1715.[2]) Doch bald gelangt er zu einer Gleichberechtigung mit den übrigen. Schon die Frankfurter Ratsordnung von 1708[3]) nennt den betrügerischen Bankerott in unserem Sinne in erster Reihe und stellt ihm eine durch schlechte Wirtschaft verursachte Zahlungsunfähigkeit gegenüber; sie unterwirft den Thäter des ersten Verbrechens sogar einer härteren Strafe als den des zweiten. Weiter darf hier wohl auch das Edikt von Braunschweig-Lüneburg aus dem Jahre 1726[4]) genannt werden, das den betrügerischen Bankerott einer übermäßigen Verschwendung und mangelhaften Geschäftsführung gegenüberstellt; nur wird die Verschwendung dabei aus dem Gesichtspunkt des älteren Bankerotts betrachtet. Eine scharfe Trennung der beiden Thatbestände weist dagegen wieder das Hessen-Darmstädtische Edikt von 1785[5]) auf: auf der einen Seite steht die Unterschlagung von Baarschaften und Waaren, die Fälschung von Büchern und andere bösliche Handlungen, die mit harter Strafe bedroht sind, auf der andern eine durch Verschwendung, gewagte Spekulationen und sonstige leichtsinnige Handlungen verursachte Zahlungseinstellung mit einer bedeutend gemilderten Strafdrohung. Die Augsburger Ratsordnung von 1749[6]) kennt eine noch umfangreichere Einteilung des Bankerotts. Sie unterscheidet vier Klassen von Falliten, die ungefähr folgenden Gruppen entsprechen: schuldlose Verarmung — fahrlässig herbeigeführte Zahlungsunfähigkeit — in grober Fahrlässigkeit verschuldete Insolvenz — älterer (und wohl auch moderner betrügerischer)

[1]) Hoiningen S. 78.
[2]) Corp. const. March. II, 2 Nr. 31.
[3]) Hoiningen S. 60.
[4]) Hoiningen S. 81 ff.
[5]) Hoiningen S. 64.
[6]) Hoiningen S. 43 ff.

Bankerott. Aehnlich unterscheidet auch das preußische Landrecht einen betrügerischen, mutwilligen, fahrlässigen und unbesonnenen Bankerott — der erste dem gleichen Begriff im technischen Sinne entsprechend, der mutwillige und fahrlässige Bankerott ungefähr den Thatbestand unseres einfachen umfassend (darunter aber auch die Bestimmung, daß derjenige einen fahrlässigen Bankerott begehe, der bei Unzulänglichkeit seines Vermögens den Rest desselben zu seinen oder der Seinigen Bedürfnissen, obschon ohne Verschwendung, aufzehrt!), der unbesonnene als eine kulpose Begehung des älteren Bankerotts (vgl. oben S. 77). Die letzten beiden Gesetzgebungen unterscheiden teilweise nicht nach der Art des Verbrechens, sondern nach der Größe der Schuld. Dieser Unterscheidungsgrund ist insbesondere auch der zeitgenössischen Doktrin eigen, so Quistorp in seinen Grundsätzen des deutschen peinlichen Rechts (1770)[1]) und in seinen Beyträgen.[2])

Wir haben im Vorausgehenden versucht, die Entwickelung der Thatbestände des einfachen und des betrügerischen Bankerotts darzulegen, und es bleibt uns nun im Folgenden noch eine Reihe von Einzelfragen zu erörtern.

Zunächst die Frage nach dem durch den strafbaren Bankerott verletzten Rechtsgut.

Wir haben oben die Entstehung des Delikts aus dem Verbrechen des Diebstahls hergeleitet. Damit ist auch die Beantwortung der Frage für die Zeit seiner Entstehung gegeben: der strafbare Bankerott erscheint als eine Verletzung des Vermögens der Gläubiger. Wir haben weiter gesehen, daß ihn zahlreiche Gesetze des Mittelalters als einen dem Diebstahl verwandten Begriff charakterisieren, und auch in den Rechtsquellen der Neuzeit finden wir ihn nach dem Vorbilde der Reichspolizeiordnung nicht selten als Diebstahl bezeichnet.[3]) Den gleichen Gesichtspunkt bringen

---

[1]) In der benutzten 6. Aufl. S. 187.

[2]) In der benutzten 2. Aufl. von 1787 S. 196.

[3]) Vgl. z. B. die Nürnberger Reformation von 1564 XII, 9 und die Nürnberger Fallitenordnung von 1717, den Hanserezeß von 1620, das Ulmer Stadtrecht von 1683, das preußische Edikt von 1715, und noch das österreichische Strafgesetzbuch von 1787, ferner Soden, Geist des peinlichen Rechts § 35 (Hoiningen S. 56, 58, 85, 51 A. 20, 86, 32, 97 A. 8). — Dabei haben

die Rechtsquellen zum Ausdruck, die den strafbaren Bankerott als „Betrug" bezeichnen. Zwar bedeutet das Wort häufig nichts anderes als dolus. Allein in zahlreichen Fällen enthält der Betrug den engeren Begriff einer böswilligen Vermögensbeschädigung. Beispiele anführen hieße die ganze Bankerottstrafgesetzgebung in Mittelalter und Neuzeit wiederholen. Es sei hier nur hingewiesen auf das preußische Landrecht und das österreichische Strafgesetzbuch von 1803, bei welchen der strafbare Bankerott zum Betrug im technischen Sinne gerechnet wird. Durchgehends werden denn auch die Bankerottgesetze erlassen, um einer Verletzung der Gläubiger vorzubeugen, ja es wird dieser Gesichtspunkt so sehr betont, daß das Verfahren gegen den Thäter bisweilen erst eingeleitet wird auf Antrag der verletzten Gläubiger, daß die nachträgliche Zahlung den Falliten häufig von aller Strafe und Schande befreit. Die Augsburger Strafordnung von 1734[1]) z. B. begründet die Strafe des Schuldners „mit dem so lange verursachten zuwarten seiner Gläubiger." Natürlich hat aber auch die ältere Zeit bei dieser Auffassung des strafbaren Bankerotts als Vermögensdelikt die Gefahren nicht verkannt, welche derartige Zahlungseinstellungen für Handel und Wandel mit sich bringen, die oft nicht nur die wirtschaftliche Existenz der beteiligten Gläubiger, sondern ganze Wirtschaftsgebiete untergraben. Schon die Tiroler Malefizordnung[2]) spricht von solchem Betrug, der „land und leuten zu abnemung jres gewerbs gedeihet." Die Augsburger Polizeiordnung von 1553[3]) verweist auf die dadurch verursachte Schädigung des Gemeinwohls. Die Rotenburger Konkursordnung von 1576[4]) klagt über die häufigen Fallimente, wodurch die „Gläubiger inn merklichen großen schaden geküret.. auch gemainer unser Statt in vil weg nit geringer nachtheil und schimpf ervolgt und entstanden ist." So beklagt auch das churhessische Edikt von 1747[5]) in längeren

die betreffenden Stellen bald den einfachen (Preußen 1715, Nürnberg 1717), bald den älteren (Nürnberg 1564, Hanserezeß 1620, Ulm 1683, Soden), bald den modernen betrügerischen Bankerott (Österreich 1787) im Auge.

[1]) Hoiningen S. 41.

[2]) Hoiningen S. 20 A. 2.

[3]) Hoiningen S. 37.

[4]) Hoiningen S. 47.

[5]) Köstlin G. A. Bd. V S. 727.

Ausführungen das „gemeingefährliche Unwesen" des Bankerotts, und so bestraft die Memminger Gerichtsordnung von 1751[1]) den unehrlichen Schuldner „um des darunter versirenden allgemeinen Credits und begangenen Betrugs willen." Man könnte etwa daran denken, eine besondere Betonung der Gemeingefährlichkeit des Delikts darin zu suchen, daß dasselbe häufig als „falsum" bezeichnet wird[2]): allein die Bedeutung des falsum als eines Angriffes gegen Treu und Glauben im rechtlichen Verkehr wird dabei nicht berücksichtigt. Die offiziellen Anmerkungen zum bayerischen Kodex[3]) — der gerade den Bankerott zuerst systematisch unter die Verbrechensgruppe des falsum einreiht — verlangen zum Thatbestand der Fälschung: „dolum, damnum, veritatis immutationem", so daß das Delikt nur als ein eigentümlich geartetes Verbrechen wider das Vermögen erscheint. Das preußische Edikt von 1715 aber bezeichnet treffend, daß es sich auch den Angriff des Fälschers gegen das Vermögen und nicht gegen die publica fides gerichtet denkt, wenn es den Schuldner „nach befundenem Betruge als einen Dieb und falsarius" ansieht.

Des weiteren ergibt sich die Frage nach dem Subjekte der Verbrechen.

Die Reichspolizeiordnungen von 1548 und 1577 hatten — im Gegensatz zu der deutschen Rechtsbildung des späteren Mittelalters — einen strafbaren Bankerott nur für die Kaufleute anerkannt. Mit der wachsenden Kreditwirtschaft der Neuzeit war eine solche Trennung der Nichtkaufleute von den Kaufleuten unverträglich. Ältere Rechte, wie die Hamburger Statuten von 1605 I, 43, 1[4]),

---

[1]) Hoiningen S. 53 A. 23.

[2]) So schon die Prager Willkür von 1328 (oben S. 50), von neueren Rechten z. B. der Hanserezeß von 1620, die Frankfurter Ratsordnung von 1708, das preußische Edikt von 1715, die Nürnberger Fallitenordnung von 1717, die Augsburger Strafordnung von 1734, und insbesondere der bayerische codex criminalis von 1751, die Theresiana von 1768 (Hoiningen S. 85, 60, 86 und 87, 57, 43, 34, 31), auch Quistorp, Beyträge S. 193. — Und zwar sind auch hier wieder alle Arten des strafbaren Bankerotts vertreten (einfacher Bankerott: Preußen 1715, Nürnberg 1717, Quistorp — älterer betrügerischer Bankerott: Hanserezeß von 1620, Bayern 1751, Österreich 1768 — moderner betrügerischer Bankerott: Frankfurt 1708, Preußen 1715, Augsburg 1734).

[3]) 2. Aufl. München 1774 S. 50 a.

[4]) Hellfeld S. 450.

das Hansemandat von 1620[1]) oder ein Züricher Mandat von 1669[2]) sprechen von dem Bankerott noch als einem Verbrechen der Kaufleute. Allein wie das Reichsrecht durch den Reichsschluß von 1671 auf Schuldner aller Art erweitert werden sollte, so verhängten auch die Partikularrechte mit seltener Einmütigkeit die Strafe des Bankerotts über jedweden Schuldner. Vgl. auch Carpzov III, 119 § 44; Marquard IV, 9 § 26. Zwar nimmt das preußische Edikt von 1715 Z. 1 einmal Bezug auf die Kaufleute, allein auch hier bestimmt die Konkursordnung von 1726 § 16[3]) ausdrücklich, daß das Edikt ohne Unterschied angewendet werden solle, ob der Schuldner ein Kaufmann sei oder nicht. Anders verhält es sich natürlich, wenn die Rechtsquelle nur für Kaufleute bestimmt ist, wie z. B. die Leipziger Handelsgerichtsordnung von 1682 Titel 22[4]).

Andere Unterscheidungen nach Stand, Geschlecht, Glauben werden uns bei der Bestrafung des Bankerotts begegnen.

Was den Beweis der Verbrechen anlangt, so finden sich auch in dieser Zeit mancherlei Präsumtionen der Verschuldung. Zunächst gilt der Fallit — wie schon erwähnt — in der Regel so lange als ein schuldhafter, bis er den Beweis erbringt, daß das Falliment die Folge unglücklicher Zufälle ist. Vielfach wird dies zwar nur für den bonis cedens bestimmt, der seinen Anspruch auf Ausnahme von dem ius commune der Schuldhaft begründen muß[5]), allein das Schuldgefängnis pflegte gerade als Strafe aufgefaßt zu werden, und manche andere Rechte verknüpfen denn auch die Vermutung unmittelbar mit der Bestrafung[6]). Nach der Eisenacher Prozeßordnung von 1702 29,1[7]) müssen jedoch die Gläubiger die

---

[1]) Marquard II lit. Z, 1.

[2]) Wyß S. 176.

[3]) Hellfeld S. 441.

[4]) Hellfeld S. 449.

[5]) So z. B. die Lüneburger Statuten von 1679, das Mainzer Landrecht, die sächsische Praxis (Hoiningen S. 77, 63, 74), sächsisches Bankerottmandat von 1766 § 4 (Püttmann S. 192); Moller S. 129, Leyser, meditationes ad pandectas 1744 Bd. VII spec. 474,8.

[6]) So z. B. das bayerische Landrecht von 1616 XIII, 8 (Hoiningen S. 34); das Nürnberger Fallitenmandat von 1717 (Hellfeld S. 447); die Augsburger Ratsverordnung von 1749 § 1 (Hoiningen S. 44).

[7]) Hoiningen S. 74.

Schuld des Falliten beweisen. Das Mainzer Landrecht 21, 3[1]) präsumiert eine Verschuldung nur bei Kaufleuten und Juden.

Welcher Art die vermutete Verschuldung ist, läßt sich meist schwer entscheiden. Die meisten Gesetzgebungen unterscheiden überhaupt nicht scharf zwischen den verschiedenen Arten des Bankerotts; wird ein solcher Schuldner aber wirklich einmal im Zweifel als ein „betrüglicher" angesehen, so kann dies ebensowohl die Vermutung eines dolosen als eines kulposen, des betrügerischen wie des einfachen Bankerotts bedeuten. Eine genauere Bezeichnung finde ich in dem preußischen Edikt von 1736 § 1[2]), das die Verhaftung eines jeden Gemeinschuldners gestattet, „weil die Präsumtion gegen ihn ist, daß er unerlaubter Weise mehr aufgenommen und schuldig geworden, als er bezahlen kann, und also einen vorsätzlichen Banquerout zum Betrug seiner Creditoren mache." Die Augsburger Ratsordnung von 1749 setzt einen solchen dem Thäter des einfachen Bankerotts gleich.

Dazu kommt eine Reihe von Vermutungen auf Grund bestimmter Thatumstände. So wird manchmal aus der Flucht des Schuldners auf seine Schuld geschlossen, wie in der ebenerwähnten Augsburger Ratsverordnung oder in dem preußischen Edikt von 1736 § 6 und im preußischen Landrecht § 1483. Oder man folgert sie aus der Unterlassung gewisser im Gesetz vorgeschriebener Handlungen: so der Anzeige der Überschuldung oder Zahlungsunfähigkeit bei der zuständigen Behörde. Wer die erkannte Überschuldung nicht anmeldet, verletzt dadurch an sich niemand. Sofern durch die Verheimlichung derselben Dritte verleitet werden, mit dem Überschuldeten zu kontrahieren, kann dies unter die Strafbestimmungen wegen betrügerischen Schuldenmachens fallen, allein dann ist eben das strafbare Unrecht nicht die Unterlassung der Anzeige. Vielmehr ist der gesetzgeberische Gedanke wohl der, daß der Überschuldete selbst das größte Interesse daran habe, seinen Vermögenszustand zu offenbaren und — eventuell unter dem Nachweis seiner Schuldlosigkeit an dem Vermögensverfall — um die Gewährung der Cession anzuhalten; kommt er nicht, so ist anzunehmen, daß er eine Untersuchung scheue, und er wird ohne weiters als schuldhafter

[1]) Hoiningen S. 63.
[2]) Corp. const. March. II, 2 Nr. LV.

Fallit betrachtet. Derartige Bestimmungen enthalten das Bremer Ratsedikt von 1707[1]), die Frankfurter Ratsordnung von 1708[2]), die Nürnberger Fallitenordnung von 1717[3]), die Augsburger Ratsordnung von 1749 § 1[4]), die Memminger Gerichtsordnung von 1751 28, 41[5]), das sächsische Bankerottmandat von 1766 § 4[6]), ein Nachtrag zum Rheingräflichen Landrecht von 1785[7]).

Eine andere derartige Bestimmung, deren Übertretung die Annahme eines strafbaren Bankerotts nahe legt, ist die Vorschrift für den Kaufmann, ordentliche Handelsbücher zu führen. Wir haben die mangelhafte Buchführung schon als Ursache der Zahlungsunfähigkeit kennen gelernt, die Verfälschung der Bücher ist uns als Ausführungshandlung für gewisse Arten des betrügerischen Bankerotts begegnet,, ihre Zerstörung als unmittelbare Vermögensbeschädigung der Gläubiger — am natürlichsten erklärt sich eine solche Zerstörung oder Beiseiteschaffung der Bücher seitens des Schuldners aus seiner Absicht, betrügerische Verschleppungen oder verschwiegene Ausstände oder die bisherige mangelhafte Buchführung oder den Verbrauch übermäßiger Summen zu verbergen. Nach der Nürnberger Fallitenordnung von 1717[8]) muß der Überschuldete durch Vorlage seiner Bücher seine Unschuld an der Zahlungseinstellung erweisen, ergibt sich dagegen Verschwendung u. s. w., so soll er als vorsätzlicher Fallit bestraft werden. Während hier das Fehlen ordentlich gehaltener Bücher den Richter nicht einmal des Beweises der Schuld enthebt, spricht das preußische Landrecht § 1784 die unwiderlegliche Vermutung des betrüglichen Bankerutts aus, „wenn ein ausgetretener Kaufmann seine Bücher bei Seite gebracht, oder dieselben in solcher Unvollständigkeit und Verwirrung zurückgelassen hat, daß daraus die Lage seines Vermögens und seiner Geschäfte nicht übersehen werden kann." Außerdem soll nach § 1455 die Strafe des betrüglichen Bankerutts „nach Beschaffen-

[1]) Hoiningen S. 78.
[2]) Hoiningen S. 60.
[3]) Hellfeld S. 448.
[4]) Hoiningen S. 44.
[5]) Hoiningen S. 52.
[6]) Püttmann S. 192.
[7]) Hoiningen S. 64.
[8]) Hellfeld S. 447.

heit der zur Verhehlung des Betrugs, durch Verfälschung der Handelsbücher und anderer Urkunden, oder sonst angewendeten Mittel . . geschärft werden."

Erkennendes Gericht ist bei dem engen Zusammenhange von Konkurs und strafbarem Bankerott in älterer Zeit regelmäßig das Konkursgericht; da die diesbezüglichen Bestimmungen im Mittelalter fast durchgängig, und auch in der Neuzeit vielfach dem Stadtrecht entstammen, ist es häufig der Rat, dem die Aburteilung des Bankerotts obliegt [1]). Erst im Verlaufe des 18. Jahrhunderts dürfte die Behandlung des strafbaren Bankerotts an die Strafgerichte übergegangen sein. So verbietet das preußische Edikt von 1736 [2]) ausdrücklich die Vereinigung der Strafverhandlung mit dem Civilverfahren. Vgl. auch das Bambergische Landrecht von 1769 I, 2, 5, 4 § 15 [3]). Ausschlaggebend für die endgiltige Überweisung der Verbrechen an die Strafgerichte war jedenfalls die Aufnahme des strafbaren Bankerotts in die Strafgesetzbücher, wie dies insbesondere seit dem bayerischen Kodex von 1751 üblich ist.

In Bezug auf das Verfahren ist hervorzuheben, daß der unehrliche Schuldner gefoltert werden durfte [4]).

Über die reichsrechtliche Behandlung des Bankerotts in prozessualer Hinsicht vgl. oben S. 69.

Die Bestrafung des Bankerotts war eine äußerst mannigfaltige. Daß Wohlthaten des bürgerlichen Rechts, wie Moratorien und insbesondere die cessio bonorum, regelmäßig nur dem schuldlos Verarmten zu statten kommen, bedarf kaum der Erwähnung [5]). Den Schuldigen dagegen trifft das Schuldgefängnis. Wir haben schon früher gezeigt, daß die Schuldhaft immer mehr zur Strafe wurde. Zwar traf sie manchmal den Schuldigen wie den Unschuldigen in gleicher Härte, allein das gemeine Recht bildete sich

---

[1]) So in der Nürnberger Reformation von 1564 XII, 9 (Hellfeld S. 446), in der Straßburger Polizeiordnung von 1628 Tit. 6, Breslauer Willkür von 1676 Art. 17, Ulmer Stadtrecht von 1683 Tit. 5, Bremer Ratsedikt von 1730, Augsburger Strafordnung von 1734 Tit. 10 (Hoiningen S. 50, 77, 50, 79, 42).

[2]) Corp. const. March. II, 2 Nr. LV.

[3]) Hoiningen S. 63.

[4]) Carpzov III, 119 § 38; Dietherr, continuatio u. s. w. S. 111; Leipziger Schöffenspruch von 1625 bei Carpzov a. a. O. § 45.

[5]) Vgl. z. B. Speidel S. 102.

in der Weise fort, daß nur ein schuldhafter Fallit in das Gefängnis geworfen werden sollte[1]). In der That erscheint der Schuldturm bisweilen als die einzige Strafe des Bankerotts[2]). Vielfach ist er neben andern Strafen angedroht, wobei sich freilich der Unterschied zwischen Schuldhaft und den immer häufiger zur Anwendung gelangenden Freiheitsstrafen mehr und mehr verwischt.

Eine andere Folge der verweigerten Cession ist nach gemeinem Recht die Infamie. So unterliegt denn auch der Schuldige Ehrenfolgen aller Art. Von vielen Rechten wird er kurzweg als „infam" oder als „unehrlich" bezeichnet[3]). Daneben verhängen die Gesetzgebungen meist noch bestimmte Ehrenstrafen. So ist er schon nach Reichsrecht unfähig, Ämter zu bekleiden[4]). Er darf keine Vormundschaft übernehmen[5]), darf kein Zeugnis ablegen[6]), er ist unfähig zu erben[7]); bei Zusammenkünften aller Art muß er hinter ehrlichen Leuten zurückstehen: bei Leichen und Taufen und Hochzeiten muß er hinterdrein gehen[8]), der Zutritt zu den Versammlungen der Kaufleute ist ihm verwehrt[9]); es ist ihm, und sogar Frau und Kindern verboten, Waffen, Schmuck, kostbare Kleider zu tragen oder Wagen und Pferde zu halten[10]), oder er muß gar

---

[1]) Marquard IV, 10 § 46; Leyser spec. 474,7; Neuhaus S. 49.

[2]) So insbesondere in der 22. der chursächsischen Konstitutionen von 1572 (Moller S. 99).

[3]) So z. B. in dem Hanserezeß von 1620, Bremer Ratsordnung von 1707, preußisches Edikt von 1715, Nürnberger Fallitenordnung von 1717, braunschweigisches Edikt von 1726 (Hoiningen S. 85, 78, 86, 57, 32), gothaisches Mandat von 1740 (Hellfeld 441) u. a. m.

[4]) Die Bestimmung ist auch in die meisten Partikularrechte übergegangen.

[5]) Nürnberger Ratsordnung von 1568 und Fallitenordnung von 1717 (Hellfeld 447 und 448).

[6]) Marquard IV, 10 § 35; preußisches Landrecht § 1454.

[7]) Gothaisches Mandat von 1740 (Hellfeld S. 442).

[8]) Augsburger Ratsordnung von 1580 und Straforduung 1734 Tit. X (Hoiningen S. 40 und 42); Nürnberger Fallitenordnung von 1717; gothaisches Mandat von 1740 (Hellfeld S. 448 und 441).

[9]) Leipziger Handelsgerichtsordnung von 1682 Tit. XII; Nürnberger Fallitenordnung von 1717 (Hellfeld S. 450 und 448); Augsburger Strafordnung von 1734 (Hoiningen S. 42).

[10]) Augsburger Ratsverordnung von 1580; Straßburger Polizeiordnung von 1628; Nürnberger Fallitenordnung von 1717; Augsburger Strafordnung von 1734 (Hoiningen S. 40, 49, 58, 42).

einen gelben Hut aufsetzen [1]); unter Aushängung einer Fahne wird der Schuldner öffentlich ausgerufen [2]), sein Name wird an einem schwarzen Brette angeschrieben [3]) oder selbst am Galgen angeheftet [4]), die Schandglocke wird über ihn geläutet [5]), er wird auf den Pranger gestellt [6]), und noch nach seinem Tode wird ihm ein ehrliches Begräbnis verweigert [7]).

Neben diesen Ehrenfolgen trifft den Schuldigen meist eine Freiheitsstrafe, die manchmal zeitlebens dauert; auch Landesverweisung [8]), Zwangsarbeit [9]), Leibesstrafen [10]), ja selbst die Todesstrafe [11]) wird über ihn verhängt. Überhaupt zeichnen sich die Strafbestimmungen gegen den Bankerott vielfach durch ihre ungewöhnliche Schärfe aus. Offenbar wollte der Gesetzgeber der wachsenden Zahl der Bankerotte dadurch einen Damm setzen: daß es ihm nicht gelungen ist, beweisen die immer von neuem erfolgenden Klagen [12]).

---

[1]) Frankfurter Ratsschluß von 1541, chursächsische resolutio ad gravamina von 1661 Tit. von Justitiensachen § 78.

[2]) Lindauische Konkursordnung III, 12 (Hellfeld S. 442).

[3]) Nürnberger Fallitenordnung von 1717, in Hamburg noch in diesem Jahrhundert (Hoiningen S. 84 A. 3).

[4]) Preußisches Edikt von 1715 Z. 4; gothaisches Mandat von 1740 (Hellfeld S. 442); preußisches Landrecht § 1456.

[5]) Hanserezeß von 1620.

[6]) Hanserezeß von 1620; preußisches Edikt von 1715 Z. 2; Augsburger Ratsverordnung von 1749 (Hoiningen S. 46); Verordnung von Wismar von 1750 (Quistorp S. 201).

[7]) Preußisches Edikt von 1723 Z. 6; sächsisches Mandat von 1724 § 12 (Kohler S. 47 A. 2); gothaisches Mandat von 1740 (Hellfeld S. 441).

[8]) z. B. in Preußen 1715; in Nürnberg 1717; in Braunschweig 1726; in Augsburg 1749; in Wismar 1750 (Quistorp S. 192).

[9]) z. B. in der niederösterreichischen Exekutionsordnung III, 13 (Quistorp S. 192); Braunschweig 1726; Gotha 1740; Augsburg 1749; Sachsen 1776 (Köstlin G. A. Bd. V S. 726); Hessen-Darmstadt 1785 (Hoiningen S. 65); preußisches Landrecht § 1453.

[10]) z. B. in Basel 1609 (Kohler, Nachwort S. 12); nach dem Hanserezeß von 1620; in Preußen 1715; in Nürnberg 1717; in Braunschweig 1726; in Gotha 1740; in Wismar 1750.

[11]) z. B. in Basel 1609; nach dem Hanserezeß von 1620; in Ulm 1683 (Hoiningen S. 51 A. 20); nach dem preußischen Edikt von 1715 und später; in Nürnberg 1717; in Gotha 1740; in Wismar 1750; in Sachsen 1776.

[12]) Die Klage des Züricher Ratsmandats von 1631 (Wyß S. 176) ist typisch für die meisten Bankerottgesetze: „sölliche unthruwen lüt gingen gantz

Die übergroße Strenge erwies sich in der Praxis als undurchführbar [1]). Die Hauptschwierigkeit aber lag — damals wie heute — offenbar in der Schwierigkeit des Beweises. Es ist gewiß etwas Wahres an der Bemerkung, die Leyser einmal [2]) macht: bei jeder Zahlungseinstellung lasse sich ein wenig Unglück nachweisen, das werde entsprechend ins Licht gesetzt, dann kämen die guten Freunde, die Ehrenhaftigkeit des Schuldners zu erhärten, und so komme fast jeder dem Gefängnis aus. Schließlich aber beruhte das Überhandnehmen der Bankerotte ganz einfach darauf, daß mit dem steigenden Kreditverkehr sich auch die Zahl der tauglichen Verbrechenssubjekte bedeutend vermehrte.

Bei der Auswahl der Strafe ist dem richterlichen Ermessen regelmäßig der denkbar weiteste Spielraum gelassen. Doch werden im einzelnen manche leitende Gesichtspunkte aufgestellt. Es wird dem Richter häufig zur Pflicht gemacht, die Strafe nach der Energie des verbrecherischen Willens, und insbesondere nach der Größe des gestifteten Schadens zu bemessen. Manche Rechte stufen ihre Strafdrohungen sogar genau ab nach der Höhe der Schulden [3]) oder nach der Größe der Konkursdividende. [4]) Die Hessen-Darmstädter Verordnung von 1785 [5]) schärft die Strafe bei Verletzung von Waisen und Wittwen und anderen hilfsbedürftigen Personen.

Im Zusammenhange damit steht es auch, wenn die Strafe manchmal erlischt mit der völligen Befriedigung der Gläubiger: mit der Zahlung ist die unmittelbare Verletzung ja aus der Welt geschafft; [6]) dies wird insbesondere regelmäßig da der Fall sein,

---

kräffner und unverschempter wys ungeachtet ihres gebruchten vilfaltigen beschiß und trugs anderen lüten an augen umbhin."

[1]) Vgl. Quistorp S. 194.

[2]) spec. 474, 7.

[3]) Vgl. z. B. die Augsburger Polizeiordnung von 1553 fol. 19 (Hoiningen S. 37); die Basler Ratsverordnung von 1609 (Kohler, Nachwort S. 12); die kurländische Prozeßordnung II, 217 (Hellfeld S. 453); die chursächsischen Bestimmungen von 1724, 1766 und 1783 (Köstlin G. A. Bd. V S. 727).

[4]) So die Augsburger Ratsverordnung von 1749 § 3; Nachtrag zum rheingräflischen Landrecht von 1785 (Hoiningen S. 45 und 64).

[5]) Hoiningen S. 86.

[6]) So in einer Züricher Verordnung von 1578 (Wyß S. 175); in der Leipziger Handelsgerichtsordnung von 1682 Tit. XXII; in der Augsburger

wo der Schuldturm strafweise verhängt wird.[1]) Freilich mögen hier auch exekutive Rücksichten mitwirken: man stellt dem Schuldner für den Fall der Zahlung einen Vorteil in Aussicht, um ihn zu einer möglichst raschen Befriedigung seiner Gläubiger zu veranlassen.[2])

Wie die Anerkennung der nachträglichen Zahlung als Strafausschließungsgrund darauf hinweist, daß der Schaden, um dessentwillen der Gesetzgeber straft, in einem solchen Falle als getilgt betrachtet wird, so legt die Unterlassung des Strafantrags, wo solcher erforderlich ist, oder gar die Fürbitte der Gläubiger den Gedanken nahe, daß dieselben sich nicht verletzt fühlen; auch durch den Abschluß eines Akkords erklären sich die Gläubiger in gewissem Sinne als befriedigt. Manches Gesetz, das die Strafe des Bankerotts nach der Größe des angerichteten Schadens bemißt, wird hier Strafmilderung eintreten lassen oder die Strafe gänzlich erlassen.[3])

Straforduung von 1734 Tit. X; in der Augsburger Ratsorduung von 1749 § 2 (Hoiningen S. 73, 42, 44).

[1]) Vgl. z. B. die mecklenburgischen Landesverordnungen von 1602 und 1610 (Quistorp S. 198); Augsburger Straforduung von 1734 Tit. X (Hoiningen S. 41) u. a. m.

[2]) Eine Berücksichtigung der schließlichen Befriedigung der Gläubiger zeigt sich bei der Bestrafung auch darin, daß der Schuldner in das Arbeitshaus gesteckt wird, um durch den Ertrag seiner Arbeit seine Schuld zu tilgen; so in der Augsburger Straforduung von 1734 Tit. X; nach dem Bamberger Landrecht von 1769 I, 2, 5, 4 § 15 (Hoiningen S. 41 und 63). — Ein ähnlicher Gesichtspunkt liegt ferner der öfter wiederkehrenden Bestimmung zugrunde, daß es in der Wahl der Gläubiger steht, ob der Schuldner den herkömmlichen Exekutionsmitteln: Schuldhaft, Ausweisung, Uebergabe zu Hand und Halfter, unterworfen oder mit anderen Strafen belegt werden soll. Breslauer Willkür von 1676; Lüneburger Statuten von 1679 (Hoiningen S. 76 und 77); Nürnberger Fallitenordnung von 1717; gothaisches Edikt von 1740 (Hellfeld S. 448 und 441).

[3]) Das Antragserfordernis äußert sich insbesondere auch in der Form, daß es den Gläubigern — nach dem Vorbilde der Reichspolizeiordnung — überlassen ist, ob der flüchtige Schuldner sicheres Geleit erhalten soll. So die Augsburger Ratsverordnung von 1580; das bayerische Landrecht von 1616 XIII, 4; die Straßburger Polizeiordnung von 1628 VI, 11 (Hoiningen S. 39, 34 A. 3, 48); die gothaische Landesordnung von 1661 II, 4, 24 (Hellfeld S. 441). — Die Fürbitte der Gläubiger wird z. B. in den chursächsischen Mandaten von 1724 und 1766 berücksichtigt (Köstlin G. A. Bd. V S. 727 A. 4. — Ein Akkord zwischen Gläubiger und Schuldner schließt die Strafe

Dem gegenüber betonen jedoch zahlreiche Gesetze die Verfolgung und Bestrafung des Bankerotts von Amtswegen.[1])

Schließlich ist die Bestrafung des Schuldners auch häufig eine verschiedene nach Verschiedenheit der Person des Thäters. Der Kaufmann geht des Kaufmannsrechts verlustig,[2]) der Jude seiner Schutzprivilegien.[3]) Die niederösterreichische Exekutionsordnung III, 13[4]) kennt eine verschiedene Bestrafung für Einheimische und Fremde, die münzenbergische Landesordnung[5]) eine nach Ständen verschiedene Behandlung im Schuldturm. Gewisse personae privilegiatae sind in der Regel von der Schuldhaft überhaupt befreit, so Frauen, die Geistlichen, der Adel, die doctores und ähnliche, Minderjährige, sowie Schuldner, die die Kompetenz genießen;[6]) indessen suchte man diese Vorrechte vielfach zu beschränken.[7]) Nach dem Darmstädter Mandat von 1785[8]) sollen Honoratioren nicht mit dem Zuchthaus oder öffentlichen Arbeiten bestraft werden. — Es ist eine bunte Reihe von Gesichtspunkten, die diese Vorschriften veranlaßten.

Soviel von Verbrechen und Strafe des Schuldners. Was die Behandlung der Teilnahme am Bankerott anlangt, so findet sie natürlich auch in diesem Zeitabschnitte häufige Erwähnung. Es wird Rat- und Thathilfe, insbesondere auch Teilnahme an der

---

beispielsweise aus in den Hamburger Statuten von 1605 I, 43,8 (Hellfeld S. 451). — Noch Quistorp (S. 196) vertritt diesen Standpunkt.

[1]) Als Beispiele älterer Gesetze seien angeführt die Augsburger Polizeiordnung von 1553 und die dortige Ratsordnung von 1580 (Hoiningen S. 38 und 39); die Nürnberger Reformation von 1564 XII, 9; der Hanserezeß von 1620 (Hellfeld S. 446 und 443) und viele andere.

[2]) Augsburger Ratsdekret von 1664 (Hoiningen S. 40); Leipziger Handelsgerichtsordnung von 1682 Tit. XXII; Lindauische Konkursordnung III, 2 (Hellfeld S. 450 und 442); preußisches Landrecht §§ 1462, 1469, 1475.

[3]) Preußisches Landrecht §§ 1462, 1469, 1475.

[4]) Hoiningen S. 31.

[5]) Hoiningen S. 72 A. 5.

[6]) Berlich, conclusiones practicabiles 28, 30—43 (Hoiningen S. 70).

[7]) So insbesondere die 21. der chursächsischen Konstitutionen von 1572 (Hoiningen a. a. O.); vgl. auch die oben erwähnte münzenbergische Landesordnung; Marquard IV, 10 § 49; nach Berlich a. a. O., wenn sie „nimis suo privilegio confidentes“ ihre Gläubiger beschädigen.

[8]) Hoiningen S. 65.

Verschleppung schuldnerischen Vermögens,[1]) und Begünstigung aller Art unter Strafe gestellt. Die Strafe unterliegt auch hier wieder meist dem richterlichen Ermessen; manchmal wird dabei auf die Bestrafung der Diebshehler verwiesen.[2]) Dabei erfährt auch in dieser Zeit der Begriff der Teilnahme eine weite Auslegung: Teilnehmer ist auch der Schuldner des Gemeinschuldners, der auf ergangene obrigkeitliche Anordnung hin seine Schuld nicht anmeldet, auch derjenige, der Kunde besitzt von einer bevorstehenden Zahlungseinstellung, ohne dies zur Anzeige zu bringen.[3]) Besonders häufig wird als Teilnehmer am Verbrechen die Ehefrau des Schuldners erwähnt. Das nahe Verhältnis zum Thäter läßt ihre Mitwirkung als wahrscheinlich erscheinen, eine Wahrscheinlichkeit, die bisweilen sogar bis zu einer Präsumtion ihrer Schuld gesteigert wird.[4]) Als charakteristische Strafe pflegt die Frau — meist neben anderen Strafen — ihre Dotalrechte zu verlieren.[5])

Es erübrigt uns nun noch zum Schlusse der Betrachtung unseres Zeitabschnittes, einen kurzen Blick auf die äußere Stellung des Bankerotts zu werfen. Als Quellen des Bankerottrechts erscheinen vorzüglich die ungezählten Bankerottmandate der partikularen Rechtsgebiete, welche den Reichspolizeiordnungen folgten. Bankerottstrafrecht und Konkursrecht werden dabei gewöhnlich in

---

[1]) Bemerkenswert ist in dieser Beziehung die Nürnberger Reformation von 1564 XII, 4 (Hellfeld S. 445), die bei der Bestrafung des Schuldners einer solchen Verschleppung nicht Erwähnung thut, während sie bei der Bestrafung der Teilnahme diesen Thatbestand ausdrücklich hervorhebt.

[2]) So z. B. in der Augsburger Strafordnung von 1734 (Hoiningen S. 43); in dem gothaischen Mandat von 1740 (Hellfeld S. 442).

[3]) Nürnberger Reformation von 1564 XII, 2; Hamburger Statuten von 1605 I, 43, 2 (Hellfeld S. 444 und 451); Statuten von Alvaneuw II, 13; Statuten des grauen Bundes von 1713 VIII, 5 (beide bei Stobbe S. 55 A. 86). — Preußisches Edikt von 1715; Augsburger Strafordnung von 1734; gothaisches Mandat von 1740; Darmstädter Mandat von 1785.

[4]) So im preußischen Landrecht § 1487.

[5]) So nach der Nürnberger Reformation von 1564 XII, 4; nach den Rotenburger Statuten von 1576; nach der Frankfurter Reformation von 1587 I, 49, 4; Breslauer Statuten von 1676 Art. 17; Nürnberger Fallitenordnung von 1717; Braunschweiger Edikt von 1726 § 8; Augsburger Ratsverordnung von 1749 § 14 (Hoiningen S. 56, 48, 59, 77, 57, 82, 46); preußisches Landrecht § 1485; Quistorp S. 197.

buntem Gemisch vorgebracht, und nicht anders ist es, wenn der Bankerott in irgend einer zusammenhängenden Gesetzgebung behandelt wird. Dies ändert sich jedoch im Verlaufe des 18. Jahrhunderts. Die großen Strafgesetzgebungen, voran der bayerische Kodex von 1751, nahmen den Bankerott als gleichwertiges Delikt in die Reihe der übrigen Verbrechen auf, und im Zusammenhange damit befaßt sich auch die Strafrechtswissenschaft seitdem ernstlicher mit demselben. Zwar erfreut sich der Stoff schon früher einer eifrigen literarischen Behandlung: allein die Qualität steht vielfach in bedenklichem Mißverhältnis zu der geleisteten Quantität. Ich nenne von solchen Schriftstellern Gobler mit seiner lateinischen Uebersetzung und Kommentar zu der Reichspolizeiordnung von 1548, Frankfurt 1566; Sauter, mastix fallitorum Lugd. Bat. 1619; größere Ausführungen finden sich auch bei Marquard, de iure mercatorum IV, 8 ff. Frankfurt 1662; Moller, von der Banckerottirer Leben und Wandel, (zuerst) Frankfurt 1693. Sie ergehen sich in phrasenreichen Ausführungen über die Schlechtigkeit der Welt, das deutsche Bankerottrecht existirt kaum für sie (nur Moller macht hier teilweise eine Ausnahme), alles wird nach der römischen Schablone beurteilt, und einer schreibt solche Weisheit dem andern nach. Andere zeitgenössische Arbeiten (die mir leider nicht zugänglich waren) sind: Gouterii praxis bancoruptorum 1615; Chr. Fahrenhorst, de bancirottorum scelere, Rostock 1625; D. Wegner, de banciruptoribus, Franeqe 1650; Zipffel, vom vorsätzlichen Bankerottieren, Leipzig 1717; Joh. Tob. Hoffmann, de iustitia poenae capitalis debitoribus obaeratis imponendae, Jena 1727; Joh. Flor. Rivinus, de decoctoribus, Leipzig 1751; Ayrer, diss. de debitore obaerato, Groen. 1766. Zuverlässigere Bemerkungen finden sich bei den Pandektisten wie Stryk, Lauterbach, Leyser,[1]) welche den Bankerott bei Gelegenheit der cessio bonorum — freilich nur sehr flüchtig — streifen, sich aber begreiflicher Weise dabei an das Pandektenrecht halten. Die Vertreter des Strafrechts befassen sich mit dem Verbrechen in kaum nennenswerter Weise; bei Carpzov,[2]) Kress[3]) und Boehmer[4]) findet es dürftige Er-

[1]) Vgl. Hoiningen S. 97 A. 9.
[2]) practica nova rerum criminalium zuerst 1635 III, 119 § 38 ff.
[3]) commentatio succincta in C. C. C. 1721 zu art. 112.
[4]) elementa iurisprudentiae criminalis 1733, bei Gelegenheit des falsum.

wähnung.[1]) In Quistorps Grundsätzen des deutschen peinlichen Rechts 1770 finde ich den Bankerott zuerst als ein den anderen gleichwertiges Verbrechen behandelt, und seitdem bildet er den Gegenstand strafrechtlicher Untersuchungen.

Seit 1807.

Das Jahr 1807 ist für die Geschichte des deutschen Bankerottrechts von entscheidender Bedeutung geworden. Und zwar ist es merkwürdiger Weise wieder ein Ereignis fremdländischen Rechtslebens, das diesen Einfluß übte: die Regelung des Bankerotts im französischen code de commerce art. 586 ff.

Das französische Bankerottrecht nimmt seinen Ausgang von einer Ordonnanz Franz I. von 1536,[2]) welche gegen arglistige Zahlungsweigerung ein Kriminalverfahren anordnete. Erlasse Karls IX. von 1560[3]) und Heinrichs III. von 1579[4]) drohten gegen solchen „betrügerischen Bankerott" die Todesstrafe. Das Edikt Heinrichs IV. von 1609[5]) entwickelte den Begriff des betrügerischen Bankerotts ungefähr im heutigen Sinne als Beiseiteschaffen des schuldnerischen Vermögens bei einem Konkurs. Das Handelsgesetzbuch Ludwigs XIV. von 1673 Titel XI Art. 12 und 13[6]) behielt die Todesstrafe für das Verbrechen bei. Abgesehen von einigen unwesentlichen Erlassen aus den Jahren 1716 und 1725[7]) blieben die Bestimmungen von 1673 Quelle des geltenden Rechts bis zum Beginne des 19. Jahrhunderts. Freilich war diese Strenge des Gesetzes in der Praxis nicht durchführbar,[8]) und der so entstehende Zwiespalt ließ eine neue Regelung der Verhältnisse sehr erwünscht erscheinen. Dazu kamen nun die Stürme der Revolution, die eine allgemeine Rechts-

---

[1]) Hoiningen S. 96 A. 8.

[2]) In lateinischer Uebersetzung bei Sauter S. 60 ff.

[3]) Bei Sauter S. 73.

[4]) Bei Sauter S. 76. Vgl. auch Escher, Lehre vom strafbaren Betruge 1840 S. 301.

[5]) Bei Sauter S. 82 ff.; vgl. auch Escher S. 301 ff.

[6]) Escher S. 302.

[7]) Escher a. a. O.

[8]) Vgl. Duboys, histoire du droit criminel de la France, Paris 1874 Bd. II S. 92; Alauzet, commentaire S. 17.

unsicherheit im Gefolge hatten, und insbesondere der Assignatenschwindel, der allen Kredit untergrub,[1]) bis gewisse schmähliche Vorkommnisse in der Kaiserzeit Napoleon selbst zu thätigem Eingreifen veranlaßten und so die diesbezüglichen Bestimmungen des code de commerce zeitigten.[2])

Der code de commerce kennt eine Bestrafung des Kaufmanns, der seine Zahlungen eingestellt hat, aus zwei Gründen: wegen banqueroute simple (art. 586—592) und wegen banqueroute frauduleuse (art. 593—599). Beide Begriffe werden in eine Reihe von Einzelhandlungen zerlegt, die teils als Begehungsweisen, teils als Präsumtionen des betreffenden Verbrechens erscheinen. So ist die Verfolgung — nicht auch die Verurteilung — wegen einfachen Bankerotts obligatorisch, wenn der Schuldner übermäßige häusliche Ausgaben gemacht, wenn er beim Spiel oder auf Zufall berechneten Unternehmungen große Summen verbraucht hat, wenn er bei einer Ueberschuldung von 50 Prozent neue Schulden gemacht, oder wenn er Waaren verschleudert hat, wenn er für mehr als den dreifachen Betrag seines Vermögens Kreditpapiere in Umlauf brachte (art. 586). Ferner *kann* ein solcher Schuldner wegen einfachen Bankerotts verfolgt werden, wenn er seine Zahlungseinstellung nicht vorschriftsmäßig anmeldet, wenn er sich nicht persönlich den Konkursverwaltern stellt, wenn er unordentlich geführte Bücher oder nicht alle seine Bücher vorweist, oder wenn er beim Konkurs einer Gesellschaft nicht die erforderlichen Angaben über seine Gesellschafter macht (art. 587). Wegen betrügerischen Bankerotts dagegen ist der fallite Kaufmann zu verurteilen, der Verluste erdichtet hat oder seine Ausgaben nicht alle zu rechtfertigen vermag, der Vermögensstücke bei Seite geschafft, Rechtsgeschäfte fingiert, erdichtete Schulden aufgestellt hat, der als Mandatar, als Depositar den Gegenstand des Vertrags zu seinem Vorteil verwandt hat, der durch einen vorgeschobenen Dritten Ankäufe gemacht oder seine Bücher versteckt hat (art. 593). Eine Verfolgung wegen betrügerischen Bankerotts ist weiter *möglich*, wenn der Schuldner keine Bücher geführt hat, oder dieselben keine Uebersicht über seinen Vermögensstand gewähren, ebenso, wenn er trotz erhaltenen sicheren Geleits

[1]) Vgl. Locré, esprit du code de commerce, Paris 1811 Bd. V S. 6.
[2]) Vgl. Escher S. 303.

sich dem Gerichte nicht stellt (art. 594). Als Teilnehmer am betrügerischen Bankerott sollen nach art. 597 diejenigen bestraft werden, welche im Einverständnis mit dem Schuldner Vermögensstücke bei Seite geschafft oder verheimlicht, oder erdichtete Forderungen gegen denselben geltend gemacht haben.

Als Strafe des einfachen Bankerotts verhängt der code pénal art. 402 Gefängnis von einem Monat bis zu zwei Jahren, für den betrügerischen Bankerott Zwangsarbeit von fünf bis zwanzig Jahren, sie einreihend unter die „crimes et délits contre les propriétés.“ Gleiche Strafe trifft nach art. 403 die Teilnehmer am betrügerischen Bankerott. Besonders strenge Bestimmungen trifft art. 404 gegen die Mäkler.

Durch ein Gesetz vom Jahre 1838 erlitt das französische Bankerottrecht mehrfache Veränderungen. An Stelle der obligatorischen Verfolgung des art. 586 tritt (in dem neuen art. 585) die obligatorische Verurteilung wegen der im Gesetz bezeichneten Thatsachen, unter welche insbesondere die Gläubigerbegünstigung neu aufgenommen wird. Auch der folgende Artikel wurde durch die Neuaufnahme mehrerer Fälle ergänzt: eine Verurteilung wegen einfachen Bankerotts ist auch möglich wegen der Übernahme übermäßig hoher Verpflichtungen für fremde Rechnung ohne Empfang von Gegenwert, wegen einer zweiten Konkurseröffnung, bevor der Schuldner seine Verbindlichkeiten aus dem früheren Akkord erfüllt hat, wegen der Verletzung gewisser Vorschriften hinsichtlich des ehelichen Güterrechts. — Aber auch die in Kraft gebliebenen Bestimmungen werden einer verbessernden Umformung unterzogen. Insbesondere erfährt der betrügerische Bankerott eine Umgestaltung: unter Weglassung all der ungerechtfertigten Präsumtionen wird nach dem neuen art. 591 der Kaufmann wegen betrügerischen Bankerotts bestraft, der seine Bücher bei Seite geschafft, einen Teil seines Vermögens hinterzogen oder erdichtete Schulden anerkannt hat.

Diese Vorschriften des französischen Rechts haben auf die deutsche Rechtsbildung hinsichtlich des Bankerotts einen bestimmenden Einfluß ausgeübt.

Die deutschen Partikulargesetzgebungen des 19. Jahrhunderts [1])

---

[1]) Stenglein, Sammlung der deutschen Strafgesetzbücher 3 Bde. 1858; Motive zum Strafgesetzbuch für den norddeutschen Bund, Anlage 1 S. 271 ff.

weisen allerdings bei der Behandlung des Bankerotts die mannigfaltigsten Verschiedenheiten auf. Bald erscheint der Bankerott als Angriff gegen Treu und Glauben,[1]) bald als eine Spielart des Betrugs,[2]) manchmal im Abschnitt „Betrug und Fälschung“,[3]) manchmal als selbstständiger Titel.[4]) Dabei ist er bald Kaufmannsverbrechen, sei es daß für Nichtkaufleute gesonderte Strafbestimmungen bestehen,[5]) oder daß ihrer überhaupt nicht gedacht wird,[6]) bald kann der Bankerott von jedwedem Schuldner begangen werden.[7]) Regelmäßig erfolgt eine der französischen ähnliche Zweiteilung der Bankerottverbrechen; das bayerische Strafgesetzbuch von 1813 (und entsprechend das oldenburgische von 1814) kennt ein betrügliches, ein mutwilliges und fahrlässiges Schuldenmachen und dazu einen betrügerischen Bankerott in drei Graden; das ältere Braunschweiger Recht unterschied einen betrüglichen — mutwilligen — fahrlässigen Bankerott. Hinsichtlich der einzelnen Bankerottfälle herrscht eine regellose Willkür. Was dem einen als einfacher Bankerott gilt, erscheint dem andern nicht selten als betrügerischer; Thatbestandshandlungen, Präsumtionen, Indizien sind bunt durcheinander gemischt.[8])

Wir dürfen es uns wohl versagen, hier näher auf diese Gesetzgebungen einzugehen. Eine kritische Behandlung des Stoffes hieße den dogmatischen Teil der Abhandlung vorwegnehmen, eine

---

[1]) Hannover 1840.

[2]) Bayern 1813; Oldenburg 1814; Württemberg 1839; Baden 1845; teilweise auch Oesterreich 1852.

[3]) Braunschweig 1840; Thüringen 1850; Sachsen 1855; Hamburg 1869.

[4]) Hessen 1841; Nassau 1849; Preußen 1851; Bayern 1861.

[5]) Württemberg 1839; Hannover 1840; Hessen 1841; Nassau 1849; Bayern 1861.

[6]) Preußen 1851.

[7]) Bayern 1813; Oldenburg 1814; Sachsen 1838; Braunschweig 1840; Thüringen 1850; Oesterreich 1852; Sachsen 1855; Mecklenburg 1859; Lübeck 1863; Braunschweig 1863; Hamburg 1869.

[8]) Einen bemerkenswerten Atavismus enthält das Hamburger Kriminalgesetzbuch Art. 195: „Als betrügerischer Fallit ist . . zu bestrafen, der . . 2) um einzelne Gläubiger zu bevorzugen, unbezahlte . . Gegenstände, welche andernfalls noch . . aus der Masse hätten vindiciert werden können . . veräußert oder verpfändet. 3) der Speditionsgut oder sonst ihm anvertraute Gegenstände . . veräußert oder in Pfand gegeben hat.“

Zusammenfassung der wesentlichen Erscheinungen aber ist in den älteren Strafrechtswerken in gründlicher Ausführlichkeit zu finden. Ich verweise in dieser Beziehung insbesondere auf die umfangreichen Aufsätze von Köstlin in Goltdammers Archiv Bd. V S. 720 ff; Bd. VI S. 3 ff; S. 289 ff.

Wir glauben von solchen Ausführungen umsomehr Abstand nehmen zu dürfen, als diese Gesetze für die heutige Gestaltung des Bankerottrechts ziemlich bedeutungslos erscheinen. Unsere Reichsgesetzgebung beruht im wesentlichen immer noch auf der Grundlage des französischen Rechts. Und zwar war es das preußische Strafgesetzbuch von 1851, welches diesen Uebergang vermittelte. Seine Bestimmungen schlossen sich — allerdings unter erheblichen Vereinfachungen — enge an an die Vorschriften des französischen Rechts, und sie sind vorbildlich geworden für die §§ 281—283 des deutschen Strafgesetzbuches.

Das deutsche Strafgesetzbuch regelte nur den Bankerott der Kaufleute, und auch diesen nur in Gestalt des betrügerischen Bankerotts, der Bankerottunterstützung und des einfachen Bankerotts. Im übrigen blieb das Landesrecht aufrecht erhalten.[1]) Die Reichskonkursordnung vom 10. II. 1877 übernahm diese Bestimmungen in §§ 209, 212, 210, fügte denselben in § 211 eine Bestrafung der Gläubigerbegünstigung hinzu und dehnte alle diese Vorschriften auf Nichtkaufleute und (in § 214) selbst auf Nichtschuldner aus, welche in ihrer Eigenschaft als Vertreter eines Schuldners die Bankerotthandlung begehen. Die landesrechtlichen Bestimmungen hinsichtlich des Bankerotts wurden durch das Einführungsgesetz zur Konkursordnung § 4 Abs. 2 aufgehoben.[2])

Die älteren Kriminalisten unseres Jahrhunderts hatten den

---

[1]) Ueber die an Einführungsgesetz zur Konkursordnung § 2 Abs. 3 sich knüpfende Streitfrage, ob damit auch das Landesrecht hinsichtlich der im Strafgesetzbuch nicht genannten Bankerottvergehungen der Kaufleute aufrecht erhalten sei, vgl. Haller, das Verhältnis des deutschen Strafgesetzbuches zu den landesgesetzlichen Strafbestimmungen über den Konkurs 1871.

[2]) Ueber die ungenaue Fassung des Paragraphen vgl. Merkel in von Holtzendorffs Handbuch des deutschen Strafrechts 1872 ff. Bd. IV. S. 450 ff. A. 1. — Ueber den Vorbehalt von E. G. § 5 Z. 2 s. unten S. 192.

Bankerott meist stark vernachlässigt [1]) und waren auch da, wo sie sich eingehender mit demselben befaßten, nur zu mangelhaften Ergebnissen gelangt. [2]) Die Schwankungen der zeitgenössischen Gesetzgebung kehren auch hier in gleichem Maße wieder. Bald erscheint der Bankerott als Betrug, [3]) bald als Angriff gegen Treu und Glauben im Verkehr; [4]) meist ist er allgemeines Verbrechen, bisweilen Kaufmannsdelikt. [5]) Neben der üblichen Zweiteilung findet sich die Vierteilung des preußischen Landrechts [6]) — unsichere Kasuistik vertritt vielfach die Stelle fester Grundbegriffe. Die oben angezogenen Gründe lassen wohl auch hier eine eingehendere Darstellung entbehrlich erscheinen.

Eine wesentliche Klärung erfuhren die Verbrechensbegriffe durch die oben genannten Aufsätze von Köstlin 1857 und 1858. Die Streitfrage über die Möglichkeit einer Konkurrenz zwischen einfachem und betrügerischem Bankerott veranlaßte in den Jahren 1870 und 1872 einen ungenannten Verfasser, Hälschner und Seeger zu neuen Untersuchungen der Verbrechensbegriffe. [7]) Seit dem Bestehen des Reichsstrafgesetzbuches befaßten sich auch die Lehrbücher des Strafrechts und die Kommentare zum Strafgesetzbuch eingehender mit den beiden Verbrechen. In geschichtlicher Beziehung ist hervorzuheben Hoiningens Inauguraldissertation: „Beiträge zur geschichtlichen Entwickelung des strafbaren Bankerotts in Deutschland" 1878, welche für die Zeit vom sechzehnten bis achtzehnten Jahrhundert reiches gesetzgeberisches Material bietet, allerdings ohne es dogmatisch zu verarbeiten. Mit der Aufnahme des Bankerotts in die Reichskonkursordnung nehmen sich auch die Kom-

---

[1]) Abegg, Lehrbuch der Strafrechtswissenschaft 1836 S. 296: Der Bankerott ist „einer wissenschaftlichen Erläuterung nicht bedürftig"! — Literaturangaben bei Köstlin G. A. Bd. V S. 721 A. 3.

[2]) Es sind in dieser Beziehung besonders zu nennen Escher, Lehre vom strafbaren Betruge 1840 S. 288 ff. und Trummer, von der criminellen Behandlung des Bankerotts 1852.

[3]) Feuerbach; Martin; Heffter; Abegg; Roßhirt; Escher; teilweise auch Tittmann.

[4]) Grolmann; Henke; Bauer; Berner; vgl. aber auch Abegg und Roßhirt.

[5]) Berner.

[6]) Tittmann; Hagemann.

[7]) G. A. Bd. XVIII S. 289 ff.; S. 665 ff.; Bd. XX S. 137 ff.

mentatoren dieses Gesetzes der Verbrechen an. Gleichzeitig beginnt die umfangreiche Rechtsprechung des Reichsgerichts über unsern Gegenstand, freilich nicht frei von Widersprüchen, ohne zu einer klaren Erkenntnis der Verbrechensbegriffe zu gelangen. Eine der reichsgerichtlichen Auffassungen führte 1888 zu den scharfsinnigen, wenngleich im einzelnen manchmal anfechtbaren Ausführungen von Meves.[1]) Kleinfeller hat ihn (1890)[2]) teilweise widerlegt und seinerseits manche treffende Bemerkung zur Lehre vom strafbaren Bankerott gemacht.

Aber so wertvolle Ergebnisse die bisherige wissenschaftliche Bearbeitung des Bankerotts schon gezeitigt hat, so vermag doch von den verschiedenen Erklärungen der Verbrechensbegriffe keine völlig zu befriedigen. Ueberall handelt es sich mehr oder weniger um ein juristisches Kunstprodukt: es gilt einen einfachen, einheitlichen Thatbestand mit dem Wortlaut des Gesetzes zu vereinen!

---

[1]) G. A. Bd. XXXVI S. 377 ff.

[2]) Gerichtssaal Bd. XLIII S. 161 ff.

Dogmatischer Teil.

Unter den Rechtsgebieten, zu deren Schutze das Strafrecht berufen ist, nimmt das Privatrecht eine hervorragende Stellung ein. Innerhalb dieses Rechtsganzen ist die Notwendigkeit einer solchen Sicherung für die einzelnen Glieder verschieden. Vorzüglich sind es die dinglichen Rechte, die sich eines ausgedehnten Strafschutzes erfreuen. Doch auch für die Forderungsrechte kann sich die Notwendigkeit einer strafrechtlichen Sicherung ergeben.

Die Schuld verbindet den Schuldner zu einer persönlichen Leistung geldwerten Inhalts. Leistet der Schuldner nicht, so verwandelt sich nach heutiger Rechtsauffassung der Anspruch gegen seine Person in einen solchen gegen sein Vermögen, und so haftet für die Erfüllung der Schuld das gesammte schuldnerische Vermögen. Daraus erwächst denn für den Gläubiger das Recht, zu verlangen, daß das bei Begründung der Forderung vorhandene Vermögen nicht in einer Weise vermindert werde, daß er seine eventuelle Befriedigung darin nicht mehr finden könne, und es folgt daraus für den Schuldner die Pflicht, sein Vermögen insoweit leistungsfähig zu erhalten. Eine Verminderung dieser Leistungsfähigkeit schädigt die Gesammtheit der in diesem Zeitpunkte berechtigten Gläubiger; denn jeder einzelne von ihnen hatte einen Anspruch auf Befriedigung aus dem ganzen Vermögen des Schuldners. Die Verletzung dieser Wahrungspflicht gegenüber der Gläubigergesammtheit ist das Merkmal einer Verbrechensart, die wir Bankerott nennen.

Der Bankerott ist notwendig eine That des Schuldners.[1]) Er verletzt die Aussicht[2]) der Gläubiger auf Befriedigung ihrer Forde-

[1]) Oder seines Vertreters — vgl. unten S. 155.

[2]) Vgl. unten S. 192.

rungen.[1]) Als Mittel der Verletzung erscheint eine Verminderung des schuldnerischen Vermögens.[2])

Ähnlich definieren denn auch Liszt[3]), und Meyer[4]) den Bankerott; der erstere als die „Verletzung der Forderungsrechte der Gläubiger, begangen von seiten des Schuldners durch vorsätzliche oder fahrlässige Verminderung des eigenen Vermögens (oder durch Verschleierung des Vermögensstandes)“; der letztere als „die Gefährdung der Gläubiger durch unzulässige Einwirkung auf den eigenen Vermögenszustand seitens des Schuldners“. Eine ähnliche Auffassung vertritt auch der österreichische Kriminalist Janka[5]).

---

[1]) Aber nicht ihre Forderungsrechte, wie von Liszt (Lehrbuch des deutschen Strafrechts 3. Auflage 1888 S. 440), Merkel (Lehrbuch des deutschen Strafrechts 1889 S. 332), Meves (Studien über das Wesen des einfachen Bankerotts G. A. Bd. XXXVI S. 380) und andere behaupten. Das Recht auf Erfüllung wird durch die thatsächliche Nichterfüllung nicht berührt. Vgl. auch Kleinfeller, zur Lehre vom strafbaren Bankerott im Gerichtssaal Bd. XLIII S. 164.

[2]) Es ist wohl überflüssig, wenn Berner (Lehrbuch des deutschen Strafrechts 15. Auflage 1888 S. 592) und neuestens (in der 4. Auflage seines Lehrbuchs 1891) auch Liszt der Vermögensminderung „eine Verschleierung des Vermögensstandes“ gleichsetzen. Das Aktivvermögen setzt sich aus geldwerten Objekten zusammen, die nicht notwendig Verkaufswert haben müssen. Auch ordentlich geführte Handelsbücher, die eine planmäßige Abwickelung der schwebenden Geschäfte gestatten, sind ein Gegenstand, dessen Vorhandensein den Wert des Vermögens erhöht, dessen Fehlen für Schuldner und Gläubiger eine Minderung des Vermögens darstellt. Soweit die Verschleierung des Vermögensstandes das Vermögen nicht entwertet, können die Gläubiger dadurch auch nicht verletzt sein; soweit dies der Fall ist, ist die Verschleierung schon in der Vermögensminderung inbegriffen.

[3]) S. 440 (475).

[4]) Lehrbuch des deutschen Strafrechts 4. Auflage 1886/88 S. 733.

[5]) Das österreichische Strafrecht 1884 S. 269: „Bankbruch ist Beeinträchtigung beziehungsweise Gefährdung der Interessen der Gläubiger durch auf die Verschiebung des Vermögensstandes des Schuldners oder der Einsicht in diesen Vermögensstand sich beziehende, gleichviel ob vor oder nach dem Ausbruche des Bankerotts liegende Handlungen oder Unterlassungen des letzteren.“ — Eine abweichende Begriffsbestimmung gibt Kobner in seinem Lehrbuche des deutschen Strafrechts 1888 S. 158: „Bankerott ist strafbarer Mißbrauch rechtmäßigen Kredits.“ Es handelt sich dabei offenbar nicht um den Mißbrauch des Kredits als eines wirtschaftlichen Instituts, wie ältere Kriminalisten den Bankerott manchmal auffassen; denn „rechtmäßig“ kann nur

Andere Schriftsteller begnügen sich, als Erklärung des Verbrechensbegriffes die Merkmale seiner verschiedenen Begehungsweisen zusammenzufassen[1]). Regelmäßig aber wird die Einheitlichkeit des Verbrechens im Verhältnis zu seinen Unterarten, dem betrügerischen und dem einfachen Bankerott, betont. Es wird beim Bankerott nach Binding[2]) „ein unreelles Verhalten als Ganzes" bestraft. Und dieser Gesichtspunkt findet insbesondere auch darin seinen Ausdruck, daß die Möglichkeit eines sachlichen Zusammenflusses von betrügerischem und einfachem Bankerott von der heutigen Strafrechtswissenschaft fast einstimmig abgewiesen wird.

In der That bedürfen wir einer solchen einheitlichen Begriffsbestimmung, um die Verbrechensgruppe des Bankerotts von anderen

---

ein konkretes Kreditverhältnis sein. Der Mißbrauch eines konkreten Kreditverhältnisses verletzt aber notwendig nur den Geber dieses Kredits; so wenig die Gläubiger des Schuldners einen Anspruch darauf haben, daß der Schuldner durch Gebrauch des Kredits das zu ihrer Befriedigung dienende Vermögen vermehre, so wenig haben sie einen Anspruch darauf, daß er einen ihm von anderer Seite gewährten Kredit nicht mißbrauche. Es fehlt daher an dem wesentlichen Merkmale des Bankerotts: der Verletzung der Gläubigergesammtheit. Wenn auch der Schuldner mit jedem Kreditverhältnis, in dem er zu seinen Gläubigern steht, Mißbrauch treiben sollte, so wird dadurch nicht die Gesammtheit seiner Gläubiger, sondern rein zufällig jeder einzelne derselben verletzt. (Dies letztere zur Widerlegung von Köstlin G. A. Bd. VI S. 14 ff.) Es ist des weiteren aber auch nicht einzusehen, warum sich der Mißbrauch auf einen „rechtmäßigen" Kredit beschränken soll. Wenn die rechtmäßige Erlangung des Kredits den Bankerott etwa vom Kreditbetrug unterscheiden soll, so ist der Zusatz überflüssig; jeder Begriff hat die Eigenschaft, daß er nicht ein anderer ist. Wenn aber damit gesagt werden soll, daß an einem rechtswidrig erlangten creditum eine Bankerotthandlung nicht mehr möglich sein soll, so steht dies im Widerspruch mit der Thatsache, daß Bankerott und Kreditbetrug als verschiedene Rechtsverletzungen sehr wohl mit einander konkurrieren können.

[1]) So Schütze, Lehrbuch des deutschen Strafrechts 1871 S. 494: „Strafbarer Bankerott ist die dolose oder kulpose Vermögensbenachteiligung der Gläubiger durch einen Kaufmann vor oder nach dessen Zahlungseinstellung beziehungsweise durch eine in dessen oder eigenem Interesse handelnde Person, welche eine wirkliche oder scheinbare Zahlungsunfähigkeit herbeigeführt oder gesteigert hat". Merkel (v. Holtzendorffs Rechtslexikon 3. Auflage 1880 Bd. I S. 225) bezeichnet den Bankerott als „ein rechtswidriges Verhalten, durch welches ein Zustand wirklicher oder scheinbarer Zahlungsunfähigkeit herbeigeführt, oder in seiner Bedeutung für die verletzten Gläubiger erweitert wird".

[2]) Handbuch des Strafrechts 1885 Bd. I S. 362 und ähnlich S. 561.

Verbrechensgruppen abzugrenzen. Aber wenn es gilt, das Wesen des einfachen und des betrügerischen Bankerotts festzustellen, führt dieser einheitliche Begriff kaum zu ersprießlichen Ergebnissen; eine scharfe Hervorhebung dessen, was die beiden Verbrechen trennt, mag der Lehre wohl eher zum Vorteil gereichen.

Nicht gegen Abstraktionen kämpft das Strafrecht: die harte Reibung der menschlichen Interessen schafft die Thatbestände der Verbrechen. „Der Zweck im Recht, das ist das große Stichwort unserer Tage. Aus welchen realen Bedürfnissen des Zusammenlebens ist der Rechtsatz hervorgegangen, und welche reale Bedürfnisse soll er befriedigen? Diese Vorfrage richtig zu stellen und richtig zu beantworten, wird die erste Vorbedingung jeder gesunden Gesetzesauslegung sein" — so hat Mittelstädt[1]) jüngst trefflich ausgeführt. Nicht der Bankerott wird vom Verbrecher begangen, sondern der betrügerische oder der einfache Bankerott. Die geschichtliche Entwickelung der Verbrechen bringt ihre Verschiedenheit mit zwingender Notwendigkeit zur Geltung. Ein grundverschiedener Gedankengang führt zu ihrer beider Bestrafung.

Wenn ein Schuldner nicht leistet, so liegt es nahe zu fragen, ob er nicht leisten **kann**, oder ob er nicht leisten **will**. **Kann** er nicht erfüllen, so wird man untersuchen müssen, ob diese Leistungsunfähigkeit auf eigenem Verschulden beruht. Den Schuldner, der sich vorsätzlicher oder fahrlässiger Weise außer Stand gesetzt hat, dem Inhalte seiner Verpflichtung gemäß zu leisten, trifft nach den Grundsätzen des bürgerlichen Rechts die Pflicht, den angerichteten Schaden in Geld zu ersetzen; eine Notwendigkeit für eine Strafdrohung dürfte dabei kaum vorhanden sein. Anders, wenn der Schuldner seine **Zahlungs**unfähigkeit verursacht. Die Gläubiger werden durch die Nichtbefriedigung ihrer Forderungen verletzt. Die Mittel des Civilrechts aber sind hier erschöpft. Will man der Benachteiligung der Gläubiger durch die schuldhafte Verursachung der Zahlungsunfähigkeit seitens des Schuldners nicht Thür und Thor öffnen, so muß der Strafgesetzgeber hier helfend eingreifen. Er muß dem Schuldner in seiner Lebensführung, insbesondere auch dem Kaufmann in seiner Geschäftsführung eine Rücksichtnahme auf die Interessen der Gläubiger einschärfen: er droht mit der Bestra-

---

[1]) Gerichtssaal Bd. XLIII S. 6.

fung wegen einfachen Bankerotts (§ 210 der Reichskonkursordnung). Das Verbrechen des einfachen Bankerotts kann schwere Verletzungen mit sich bringen, die sich manchmal vielleicht bis zur Gemeingefahr steigern; allein auf der anderen Seite ist der Grad der Verschuldung regelmäßig ein geringer. Kann dem Schuldner wegen der Verursachung seiner Zahlungsunfähigkeit ein Vorwurf gemacht werden, so wird es regelmäßig der sein, daß er nicht bedacht habe, daß seine Handlung die eigene Zahlungsunfähigkeit und damit auch eine Verletzung seiner Gläubiger im Gefolge haben werde. Läßt sich auch eine vorsätzliche Begehung des Verbrechens denken (vgl. oben S. 90), so haben doch alle diese Fälle die Eigentümlichkeit, daß nur der Vorsatz des Thäters auf die Erfüllung des Thatbestandes gerichtet ist, nicht aber seine Absicht [1]). Denn eine absichtliche Herbeiführung der Zahlungsunfähigkeit ist die Handluug eines Wahnsinnigen, nicht die eines Verbrechers. Gerade der böse Beweggrund aber läßt den Verbrecher besonders strafwürdig erscheinen. — So ist denn ein verschuldetes Nichtzahlenkönnen durchaus geeignet, den Thatbestand eines „Vergehens" zu erfüllen.

Ein Nichtleistenwollen oder genauer, die vorsätzliche Nichtbefriedigung einer Forderung, deren Befriedigung dem Schuldner möglich wäre, ohne weiters unter Strafe zu stellen, geht natürlich nicht an, und auch die vorsätzliche Nichterfüllung vertragsmäßig übernommener Leistungen, der Vertragsbruch, kann in solcher Allgemeinheit nicht wohl bestraft werden. Hier können nur besondere Rücksichten auf die Größe des Schadens für den Verkehr (St. G. B. § 298) oder gar für das öffentliche Wohl (St. G. B. § 329) eine Bestrafung des Schuldners rechtfertigen. Wenn sich dagegen der Schuldner nicht darauf beschränkt, die geschuldete Leistung vorsätzlich zu unterlassen, sondern wenn er darüber hinaus positive Handlungen vornimmt, die Befriedigung seines Gläubigers zu vereiteln, so ist er sicherlich strafwürdig. Die Befriedigung des Gläubigers, dem der Schuldner nicht freiwillig leistet, erfolgt regelmäßig auf dem Wege der Zwangsvollstreckung. Eine Verminderung der Vermögensmasse, aus welcher sich der Gläubiger seine Befriedigung vermöge der Zwangsvollstreckung erholen will, macht den Schuldner strafbar nach St. G. B. § 288. Besonders verwerflich ist eine

[1]) Beide Ausdrücke im Sinne Liszts gebraucht.

solche Handlungsweise des Schuldners aber bei einer Zahlungseinstellung. § 288 bedroht nur die Vereitelung der Befriedigung aus dieser Zwangsvollstreckung [1]), ohne Rücksicht darauf, ob der Gläubiger seine Befriedigung später erhält oder nicht; mit der Zahlungseinstellung dagegen ist untrennbar das Bewußtsein des Schuldners verbunden, daß seine Gläubiger — von besonderen Zufällen abgesehen — ihre Befriedigung überhaupt nicht erlangen werden und daher eine Verminderung der Masse doppelt hart empfinden müssen. Dazu kommt, daß die durch eine Zahlungseinstellung bewirkte plötzliche Einmischung der Gläubiger in die ihnen bisher unbekannten Vermögensverhältnisse des Schuldners, insbesondere der Wechsel der Vermögensverwaltung bei der Eröffnung des Konkurses, eine Unsicherheit in Betreff dieser Vermögensverhältnisse zur unvermeidlichen Folge hat, welche es dem unehrlichen Schuldner leicht und verhältnismäßig gefahrlos macht, für sich daraus Nutzen zu ziehen oder auch die Gläubiger böswillig dabei zu benachteiligen. Unter — freilich einseitiger — Betonung dieses letzteren Gesichtspunktes hat die Konkursordnung in § 209 eine Bestrafung des betrügerischen Bankerotts bestimmt; Schwere der Schuld und Größe der Gefahr vereinigen sich, die That als „Verbrechen“ erscheinen zu lassen. Die Schwere des Verbrechens vermag nur ein anständiger Beweggrund zu mildern, wie der, durch die Vermögensminderung einen Gläubiger zu begünstigen, und es entsteht so das „Vergehen“ der Gläubigerbegünstigung (K. O. § 211).

Diese gänzliche Verschiedenheit der Delikte ist von unserer Strafrechtswissenschaft wenig beachtet worden. Eine grundsätzliche Trennung derselben vertritt der Nationalökonom Knies [2]) in einer unserer Auffassung nahe stehenden Weise: „Wo fremdes Vermögen einem andern zu Eigentum überlassen ist, müssen Handlungen als strafbar gelten, welche für denjenigen, der nur mit eigenem Vermögen schaltet, straflos sind . . sie bilden die Unterlage für berechtigte Strafen in einem Bankerott, der von dem betrügerischen Bankerott zu unterscheiden, mag er nun leichtsinniger oder fahrlässiger Bankerott genannt werden“. Diese Auffassung von dem Mißbrauch

---

[1]) Liszt S. 447; Olshausen, Kommentar zum Reichsstrafgesetzbuch 3. Aufl. 1890 S. 1193 13).

[2]) Credit 1876/79 Bd. I S. 220.

fremden Vermögens ist uns bei der geschichtlichen Untersuchung des Bankerotts wiederholt begegnet, und wir haben gesehen, daß sie von dem Standpunkt des Gläubigers aus vielfach das Gleiche bedeutet, was sich vom Standpunkt des Schuldners aus als schuldhafte Verursachung der Zahlungsunfähigkeit darstellt. In der That bezeichnet auch Knies diese Gruppe von Rechtsverletzungen später [1]) als „verschuldete Zahlungsunfähigkeit".

Nahe steht der von uns vertretenen Auffassung auch Hälschner [2]). Er findet den Grund für die Strafbarkeit des betrügerischen Bankerotts darin, „daß der Schuldner nicht nur nicht leistet, sondern darüber hinaus seinen rechtswidrigen Willen aktiv bethätigt, indem er dem Gläubiger rechtswidrig das entzieht, woran dieser zum Zweck seiner Befriedigung sich zu halten hat", während er das Wesen des einfachen Bankerotts darin begründet findet, „daß die Insolvenz durch Leichtsinn, Fahrlässigkeit herbeigeführt wurde", was allerdings seine Bestrafung noch nicht ausreichend rechtfertige. Doch unterläßt es Hälschner, aus dieser Verschiedenheit die Konsequenzen zu ziehen. [3])

Löning [4]) unterscheidet innerhalb des Bankerotts, abgesehen von der Gläubigerbegünstigung, drei Arten: „absichtliche Herbeiführung bzw. Nichtverhinderung der Insolvenz", „fahrlässige Herbeiführung bzw. Nichtverhinderung der Insolvenz", „absichtliche Unterdrückung von Aktiven oder Aufstellung erdichteter Passiven", indem er aus dieser Verschiedenheit mit Schärfe seine Folgerungen für die Konkurrenz der Verbrechen zieht. Doch zerreißt er das von Natur Zusammengehörige, indem er die erste und dritte Gruppe unter dem Begriffe des betrügerischen Bankerotts zusammenfaßt.

Dagegen darf hier wohl darauf hingewiesen werden, daß in der französischen Jurisprudenz über die völlige Verschiedenheit von einfachem und betrügerischem Bankerott Einstimmigkeit herrscht [5]), und daß hier von Anfang an bei dem betrügerischen Bankerott

---

[1]) Bd. II S. VI.

[2]) Das gemeine deutsche Strafrecht 1881/87 Bd. II S. 404 ff.

[3]) Die von Hälschner früher vertretene Auffassung (G. A. Bd. XVIII S. 672 ff.) ist nahe verwandt mit der im folgenden zu erwähnenden Auffassung Lönings.

[4]) Grundriß zu Vorlesungen über deutsches Strafrecht 1885 S. 117.

[5]) „deux incriminations complètement distinctes"; Alauzet, commentaire Bd. VI S. 681.

der Betrug, bei dem einfachen dagegen der Bankerott betont wurde[1]).

In bemerkenswerter Weise hat das thüringische Strafgesetzbuch von 1850 einen „leichtsinnigen und mutwilligen Bankerott“ einerseits und „betrügerische Handlungen bei dem Bankerotte“ andererseits unterschieden. Dort handelte es sich um die schuldhafte Verursachung der Zahlungsunfähigkeit, der gewisse kaufmännische Vergehungen gleichgestellt wurden, hier um eine Verminderung der Masse, auch in Gestalt der Gläubigerbegünstigung, unter besonderer Erwähnung gewisser kaufmännischer Handlungen.

I.
Der einfache Bankerott.

Konkursordnung § 210 bestimmt:

„Schuldner, welche ihre Zahlungen eingestellt haben, oder über deren Vermögen das Konkursverfahren eröffnet worden ist, werden wegen einfachen Bankerutts mit Gefängnis bis zu zwei Jahren bestraft, wenn sie

1. durch Aufwand, Spiel oder Differenzhandel mit Waaren oder Börsenpapieren übermäßige Summen verbraucht haben oder schuldig geworden sind,

---

[1]) Die banqueroute frauduleuse wurde 1807 von der älteren Jurisprudenz übernommen, welche das Verbrechen als eine Art des Diebstahls betrachtete, somit die Entziehungshandlung in den Vordergrund stellte; vgl. Duboys, histoire du droit criminel de la France Bd. II S. 91. Die banqueroute simple wurde dagegen neu eingeführt als Bestrafung des „Bankerotts“ an sich. Und zwar verstand man unter dem Wort banqueroute nach dem Gutachten der cour d'appel von Orleans (Locré, esprit du code de commerce Bd. VII S. 400) „quelque chose de plus dur que celui (le mot) de faillite . . une déroute plus complète qui jette toujours une sorte de honte et de déshonneur sur celui qui l'éprouve.“ Dabei wurden in der Beratung des code de commerce die einzelnen Begehungsweisen des einfachen Bankerotts mehrfach als Ursachen des Konkurses bezeichnet (vgl. Locré Bd. VII S. 410, 415, 417). Besonders deutlich trat dieser Gegensatz in den ersten Entwürfen des Gesetzes zu tage, deren drittes Buch die Ueberschrift trug „des faillites, banqueroutes et banqueroutes frauduleuses“ (Locré Bd. V S. 1 A. 1). — In der schließlichen Fassung der Delikte wurde diese Verschiedenheit freilich wenig glücklich zum Ausdruck gebracht.

2. Handelsbücher zu führen unterlassen haben, deren Führung ihnen gesetzlich oblag, oder dieselben verheimlicht, vernichtet oder so unordentlich geführt haben, daß sie keine Uebersicht ihres Vermögenszustandes gewähren, oder

3. es gegen die Bestimmung des Handelsgesetzbuchs unterlassen haben, die Bilanz ihres Vermögens in der vorgeschriebenen Zeit zu ziehen."

Der objektive Thatbestand des Gesetzes ist erfüllt, wenn ein Schuldner eine der in Ziffer 1—3 bezeichneten Handlungen vornimmt und seine Zahlungen einstellt, bzw. über sein Vermögen das Konkursverfahren eröffnet wird. Das Verhältnis dieses letzteren Umstandes zu dem Thatbestande des Verbrechens d. h. die Frage, ob die Zahlungseinstellung oder Konkurseröffnung ein Merkmal seines Thatbestandes oder nur eine Bedingung seiner Strafbarkeit darstelle, ist bestritten.

Vom Standpunkt einer rein grammatischen Betrachtung aus dürfte den Vertretern der ersten Meinung zuzustimmen sein: Der Gattungsbegriff des „Schuldners" wird durch den Relativsatz eingeschränkt. Das Gesetz spricht von einem besonders gearteten Schuldner, und es ist unzulässig, die zusammengehörigen Merkmale dieses Begriffes auseinander zu reißen, ob ein solcher nun mit einem Wort etwa als Gemeinschuldner oder als Schuldner, der seine Zahlungen eingestellt hat, bezeichnet wird [1]). Da nun aber kaum von jemand in Abrede gestellt wird, daß der Begriff des „Schuldners" ein Thatbestandsmerkmal bilde, so muß mit demselben Rechte auch der des „Gemeinschuldners" als solches betrachtet werden.

Eine Untersuchung, die von dem Wesen des Verbrechens ausgeht, wird wohl zu dem gleichen Ergebnis gelangen müssen.

Thatbestandsmerkmal ist ein für das Verbrechen wesentlicher Umstand [2]), Bedingung der Strafbarkeit ein außerhalb des Verbrechens stehender, für die Bestrafung desselben wesentlicher Umstand [3]). Als naturgemäße Thatbestandsmerkmale erscheinen demnach die den Thäter zum Verbrecher stempelnden Momente, wie Zurechnungsfähigkeit, Verschuldung einerseits, andererseits die Elemente der Ver-

[1]) K. O. § 212 Z. 2: „ein solcher Schuldner".
[2]) Vgl. Berner S. 66.
[3]) Vgl. Liszt S. 180 und 181.

brechensthat, die Handlung mit ihren Modalitäten und ihr Erfolg. Rücksichten auf Verhältnisse, welche dem Verbrechen als solchem fremd gegenüberstehen, sind geeignet, als Bedingungen auf Strafbarkeit Einfluß zu üben. Treffliche Beispiele bieten hiefür die §§ 102 und 103 des Strafgesetzbuches, welche zur Bestrafung feindlicher Handlungen gegen befreundete Staaten die Verbürgung der Gegenseitigkeit verlangen, § 4 Z. 3, demzufolge ein Deutscher, der im Auslande ein Verbrechen begangen, nur bestraft werden kann, wenn die Gesetze des Thatorts die Handlung mit Strafe bedrohen, § 172, wonach die Bestrafung des Ehebruchs davon abhängig gemacht wird, daß wegen desselben die Ehe geschieden wurde, u. a. m. Die Bedingung der Strafbarkeit ist unwesentlich für die Abgrenzung des Umfanges eines Verbrechens nach der subjektiven und objektiven Seite, das Thatbestandsmerkmal ist hier wesentlich. Insbesondere wirkt ein solches auch mit zur Bestimmung des Umfanges der Schuld, indem sich diese auf die sämmtlichen Thatbestandsmerkmale erstrecken muß. Wenn nun aber der Gesetzgeber einmal ausnahmsweise davon absieht, für einen Bestandteil des Verbrechens — etwa für den Erfolg desselben — den Nachweis einer Schuld zu verlangen, so kann dies die Eigenschaft des Erfolgs, Thatbestandsmerkmal zu sein, nicht ändern. Die durch eine Körperverletzung verursachte Tötung (St. G. B. § 226) bleibt Tötung, mag dem Thäter in Bezug auf den Tod des Verletzten auch keine Schuld zu beweisen sein[1]). Es hieße eine Ausnahme in unzulässiger Weise extensiv auslegen, wollte man daraus, daß hier die Beziehungen des Erfolgs zu dem Vorstellungskreis des Handelnden verkümmert sind, folgern, es sei nun der Erfolg auch für die objektive Seite des Verbrechens unwesentlich.

Dasselbe gilt denn auch, wenn der Gesetzgeber noch einen Schritt weiter geht und nicht nur von dem Nachweis einer Ver-

[1]) Der Verfasser erblickt in diesen Fällen — mit Löning S. 30 — eine unwiderlegliche Schuldvermutung. Hier näher darauf einzugehen, insbesondere auch die unstichhaltigen Einwendungen Schmids (die Präsumtionen im deutschen Reichsstrafrecht 1884 S. 75) zu widerlegen, würde zu weit führen. — Aus dieser Auffassung aber folgt, daß der Erfolg in solchem Fall von der Schuld umfaßt wird, daß nur hinsichtlich des Beweises dieser Schuld Besonderheiten gelten, daß somit St. G. B. § 59 kaum ein Hindernis bilden dürfte, den Erfolg als Thatbestandsmerkmal zu betrachten.

schuldung, sondern selbst von dem Nachweis der Verursachung des Erfolgs absteht. Solche Fälle enthält § 87: Bestrafung des Deutschen, welcher sich mit einer ausländischen Regierung einläßt, um dieselbe zu einem Krieg zu veranlassen, wenn der Krieg ausgebrochen ist; § 154 Abs. 2: Bestrafung des Meineids zum Nachteil eines Angeschuldigten, wenn dieser verurteilt worden ist; § 210: Bestrafung der Anreizung zum Zweikampf, falls der Zweikampf stattgefunden hat; § 227: Bestrafung des Raufhandels, wenn dabei der Tod eines Menschen oder eine schwere Körperverletzung verursacht worden ist.[1]) Ein schlagendes Beispiel dieser Art bietet der einfache Bankerott. Als Erfolg der Bankerotthandlung ist die Zahlungsunfähigkeit des Schuldners und die durch sie veranlaßte Zahlungseinstellung bzw. Konkurseröffnung zu denken, einen Nachweis des Ursachenzusammenhanges verlangt das Gesetz nicht (vgl. unten S. 131). Dies ist aber noch kein Grund, dem Erfolge des Verbrechens nun in jeder Beziehung seine Eigenschaft als Thatbestandsmerkmal abzusprechen, das ihm nach seinem Wesen zukommt. Es ist die Zahlungseinstellung freilich ein abgestorbenes Thatbestandsmerkmal, aber doch ein Thatbestandsmerkmal[2]).

---

[1]) Vgl. Binding, Handbuch Bd. I S. 590. — Binding nennt als einen solchen Fall auch § 139, insofern als Erfolg der Anzeige eines bevorstehenden Verbrechens die Verhütung desselben gedacht ist. Doch läßt sich die unterlassene Anzeige nicht als Ursache des begangenen Verbrechens im Sinne der objektiven Ursachentheorie auffassen.

[2]) So auch Meves G. A. Bd. XXXVI S. 383 ff; Kleinfeller im Gerichtssaal Bd. XLIII S. 161 ff; Hälschner G. A. Bd. XVIII S. 671; Binding, die Normen und ihre Uebertretung 1872/77 Bd. II S. 480; Merkel, Lehrbuch S. 333; Berner S. 594 A. 2; Oppenhoff, das Strafgesetzbuch für das deutsche Reich 11. Auflage 1888 S. 715 24); Petersen und Kleinfeller, Konkursordnung für das deutsche Reich 2. Auflage 1890 S. 583; Goltdammer, Materialien zum preußischen Strafgesetzbuch 1852 Bd. II S. 596; das Reichsgericht in feststehender Rechtsprechung: Urteil vom 15. II. 81 (E. Bd. III S. 350); vom 26. VI. 82 (E. Bd. VII S. 392); vom 2. XI. 83 (E. Bd. IX S. 155); vom 9. XI. 85 (E. Bd. XIII S. 41 ff.); vom 20. IX. 87 (E. Bd. XVI S. 188 ff.); vom 26. IX. 87 (G. A. Bd. XXXV S. 313). Auf dem gleichen Standpunkt steht auch die französische Jurisprudenz, vgl. Alauzet Bd. VI S. 678 und 680. — Die entgegengesetzte Auffassung vertreten Liszt S. 442; Olshausen S. 378 5); v. Schwarze, Kommentar zum Strafgesetzbuch für das deutsche Reich 5. Auflage 1884 S. 820. — Schwankend Meyer S. 736 und 739; Merkel in von Holtzendorffs Handbuch des deutschen

Ein Konglomerat unverbundener Thatbestandsmerkmale ist noch kein Verbrechen. Das Verbrechen als ein organisches Ganzes fordert einen inneren Zusammenhang seiner Merkmale. Dies muß auch für das Verhältnis zwischen Bankerotthandlung und Zahlungseinstellung (Konkurseröffnung) gelten.[1])

Welcher Art ist nun diese Beziehung? Der unbefangene Beurteiler wird mit Notwendigkeit zu dem Ergebnis gelangen müssen, daß es sich dabei um das Verhältnis von Ursache und Wirkung handelt, daß ohne solche Beziehung eine natürliche Erklärung des Verbrechensbegriffes unmöglich ist, und das Delikt ohne sie zur Ausgeburt gesetzgeberischer Willkür gestempelt wird. Als schuldhafte Verursachung der Zahlungsunfähigkeit ist der einfache Bankerott entstanden, und aus der ersten Zeit seiner Entwickelung und gesetzgeberischen Verwertung, einem Zeitraum von fast vier Jahrhunderten, ist mir nicht ein Fall bekannt geworden, in welchem man von dem Erfordernis eines Ursachenzusammenhanges zwischen Bankerotthandlung und Zahlungseinstellung abgesehen hätte. Als im vorigen Jahrhundert dem richterlichen Ermessen engere Schranken gezogen wurden, wandte man der Fassung der Gesetze erhöhte Aufmerksamkeit zu. Um nur den Richter besser bevormunden zu können, unterwarf man den Thatbestand des einfachen Bankerotts allerlei Verrenkungen und Verzerrungen, der Kausalzusammenhang wurde zerrissen, den zu Präsumtionen des Verbrechens heruntergedrückten Ursachen wurden wirkliche Präsumtionen — passender und unpassender Art — an die Seite gesetzt[2]), bis schließlich der Name des einfachen Bankerotts zur geräumigen Rumpelkammer wurde, in welcher der Gesetzgeber alles unterbringen konnte, was er außer dem betrügerischen Bankerott hinsichtlich der Bestrafung eines zahlungsunfähigen Schuldners auf dem Herzen hatte.

„naturam expellas furca, tamen usque recurret!“ Immer wieder tauchte die Behauptung auf, daß dem einfachen Bankerott ein ursächlicher Zusammenhang zwischen Bankerotthandlung und

---

Strafrechts 1871 ff. Bd. III S. 819 und 820; Geyer, Grundriß zu Vorlesungen über gemeines deutsches Strafrecht 1884/85 Bd. II S. 65 Z. 3 und 6.

[1]) Schon aus diesem Grunde ist die Konstruktion des einfachen Bankerotts als Formaldelikt nicht haltbar. Vgl. unten S. 142.

[2]) Vgl. Köstlin G. A. Bd. V S. 743.

Zahlungseinstellung zu grunde liegen müsse[1]); bei der Unzertrennlichkeit von betrügerischem und einfachem Bankerott mußte man freilich immer wieder davon abkommen[2]). Doch wird auch heute die Ansicht mehrfach vertreten, daß der einfache Bankerott — in abstracto wenigstens — als die schuldhafte Verursachung der Zahlungsunfähigkeit erscheine[3]).

---

[1]) So Grolmann S. 367; Tittmann Bd. II S. 504; Hagemann, praktische Erörterungen Bd. VII S. 397; Bauer S. 452; mit besonderer Schärfe Köstlin G. A. Bd. V S. 738 ff.; Hälschner G. A. Bd. XVIII S. 672.

[2]) Bezeichnend ist hier das Beispiel Hälschners. In der eben erwähnten Abhandlung hatte er für den einfachen und regelmäßig auch für den betrügerischen Bankerott Kausalzusammenhang verlangt. In seinem Lehrbuch Bd. II S. 409 A. 3 zieht Hälschner diese Behauptung für beide Verbrechen zurück, belehrt durch die Ausführungen Seegers (G. A. Bd. XX S. 142 ff.), welcher die Unmöglichkeit eines Ursachenzusammenhanges beim betrügerischen Bankerott in treffender Weise auseinandersetzt, für den einfachen Bankerott aber außer der Analogie mit dem betrügerischen gar nichts anzuführen weiß, als daß das Gesetz die Kausalität nicht ausdrücklich verlange.

[3]) So Meves S. 380; Löning S. 117; v. Rohland, die Gefahr im Strafrecht 1886 S. 64; Zürcher, die Strafbestimmungen zum Bundesgesetz über Schuldbeitreibung und Konkurs, in der Zeitschrift für Schweizer Strafrecht Bd. II (1889) S. 327; das Reichsgericht in seinen Urteilen vom 31. III 80 (E. Bd. I S. 283); vom 17. XI. 81 (E. Bd. IV S. 419); vom 8./15. X. 83 (E. Bd. IX S. 139). Als bester Beweis für die Unabweisbarkeit dieses Gedankens sei auf die stattliche Reihe von Schriftstellern und Urteilen bei Petersen-Kleinfeller S. 584 A. 3 verwiesen, welche alle das Erfordernis eines Ursachenzusammenhanges für das geltende Recht ausdrücklich ablehnen zu müssen glaubten.

Zahlreiche Gesetzgebungen verlangen denn auch einen Ursachenzusammenhang für alle oder doch manche Fälle des einfachen Bankerotts. Von den älteren deutschen Partikulargesetzgebungen sind hier zu nennen das sächsische Kriminalgesetzbuch von 1838 Art. 256; Württemberger Strafgesetzbuch von 1839 Art. 363, 367; Braunschweiger Kriminalgesetzbuch von 1840 §§ 234 A, 235; hannöversches Kriminalgesetzbuch von 1840 Art. 220 II, 223; hessisches Strafgesetzbuch von 1841 Art 404 3; Nassauer Strafgesetzbuch von 1849 Art. 398 3; thüringisches Strafgesetzbuch von 1850 Art. 242; badisches Strafgesetzbuch (Fassung von 1851) § 466; sächsisches Strafgesetzbuch von 1855 Art. 307; Verordnungen für Mecklenburg-Schwerin und Strelitz von 1859 § 9; bayerisches Strafgesetzbuch von 1861 Art. 328 2; lübeckische Konkursordnung von 1862 § 139; Braunschweiger Gesetz von 1863 § 2 a); Hamburger Kriminalgesetzbuch von 1869 Art. 196.

Von den außerdeutschen Gesetzgebungen sei hier vor allem das österreichische Strafgesetzbuch von 1852 erwähnt, welches in § 199 f eine durch Ver-

Für unser geltendes Recht soll diese Kausalität belanglos sein. Es träfe somit den Gesetzgeber der Vorwurf, daß er durch die Außerachtlassung eines geschichtlich begründeten, begrifflich geforderten Verbrechensbestandteiles Logik und geschichtlichen Zusammenhang verletzt habe? Ich glaube, es ist kein Grund vorhanden, unsern Gesetzgeber eines so schweren Mißgriffes zu zeihen.

Der Schuldner, der übermäßigen Aufwand getrieben und seine Zahlungen eingestellt hat, soll wegen einfachen Bankerotts bestraft werden. Nun fasse man den einfachen Bankerott in seinem natürlichen Sinne und setze den gleichwertigen Begriff ein: ein Schuldner, welcher übermäßigen Aufwand getrieben und seine Zahlungen eingestellt hat, wird wegen Verursachung seiner Zahlungsunfähigkeit bestraft.

Der Schuldner wird wegen Verursachung seiner Zahlungsunfähigkeit bestraft. Er wird aber schon gestraft, wenn er seine Zahlungen eingestellt und die im Gesetz bezeichneten Handlungen vorgenommen hat: der ursächliche Zusammenhang der beiden Umstände wird bei ihrem thatsächlichen Vorliegen als vorhanden angenommen. Der Gesetzgeber stellt somit hinsichtlich der Kausalität eine Beweisregel auf, die im übrigen für den Begriff des Verbrechens unwesentlich ist. [1])

Betrachten wir die in § 210 der Konkursordnung aufgezählten Handlungen näher hinsichtlich ihrer Fähigkeit, mögliche Ursache

schwendung herbeigeführte Zahlungsunfähigkeit, in § 486 die Zahlungsunfähigkeit bestraft, für deren Eintritt der Gemeinschuldner seine Schuldlosigkeit nicht nachweisen kann. Weiter sei hingewiesen auf den englischen Bankruptcy Act von 1883 Art. 32 (Uebersetzung von v. Liverhoff S. 30 ff.), wonach die mit einem Konkurse verknüpften Ehrenfolgen durch den Nachweis beendigt werden sollen, daß der Gemeinschuldner denselben nicht verschuldet habe; auf das spanische Handelsgesetzbuch von 1885 Art. 886 ff., das den Thatbestand des einfachen Bankerotts als „schuldbare Insolvenz" bezeichnet (Borchard, Handelsgesetze des Erdballs 1881/87 Bd. V); auf den Entwurf des russischen Strafgesetzbuches Art. 45 des besonderen Teils, welches den Gemeinschuldner bestraft, „wenn er sich des leichtsinnigen Betriebes der Handelsgeschäfte oder der Verschwendung dergestalt schuldig macht, daß infolge dessen seine Zahlungsunfähigkeit herbeigeführt wurde" (Meves S. 380 A. 1).

[1]) So insbesondere auch Löning S. 117. Die gleiche Präsumtion hat das preußische Obertribunal für das preußische Recht vertreten, so z. B. in dem Urteil vom 15. IX. 70 (G. A. Bd. XVIII S. 720); vgl. auch Seeger G. A. Bd. XX S. 138 ff.

einer Zahlungsunfähigkeit zu sein. Ziffer 1 enthält den Stamm des Verbrechens: Aufwand, Spiel und Differenzhandel. Alle diese Handlungen sind — übermäßig betrieben — geeignet, die überwiegende Bedingung für eine später eintretende Zahlungsunfähigkeit zu setzen. Ziffer 2 und 3 nennen eine unordentliche oder gänzlich unterbliebene Buchführung, deren Vornahme Pflicht war. Eine Verpflichtung zur Buchführung aber trifft nur den sogenannten Vollkaufmann [1]), also einen Kaufmann mit ausgedehnterem Gewerbebetrieb. Ein solcher beteiligt sich als Gläubiger wie als Schuldner notwendig an dem allgemeinen Kreditverkehr in einer Weise, daß er sich nur durch eine sorgfältige Aufzeichnung von Forderungen und Schulden die Uebersicht über seine Vermögensverhältnisse wahren, daß er nur durch die Möglichkeit, sich den geschäftlichen Grund jener Verbindlichkeiten jederzeit zu vergegenwärtigen, einen verzweigten Geschäftsbetrieb beherrschen kann. Fehlt diese Uebersicht, so wird der Kaufmann vielleicht weit ausschauende Unternehmungen beginnen, die zu einem gedeihlichen Ende zu führen ihm die wirtschaftliche Kraft fehlt, insbesondere aber wird er es unterlassen, gegen drohende Schwierigkeiten zur rechten Zeit die notwendigen Vorkehrungen zu treffen. Unterlassene Buchführung oder mangelhafte Buchführung kann daher sehr wohl als Ursache der Vermögenszerrüttung erscheinen. [2])

Freilich ist eine unterlassene Bilanzziehung nicht ohne weiters als Hauptbedingung des späteren Vermögensverfalls zu bezeichnen. Aber sie ist doch das sichere Kennzeichen eines leichtsinnigen Geschäftsgebahrens, ein besonderes kenntliches Glied in einem Komplex von Bedingungen, deren Zusammentreffen eine leichtsinnige Geschäftsführung und damit eine taugliche Ursache darstellt, den Erfolg der Zahlungsunfähigkeit herbeizuführen.

Ganz anders verhält es sich mit der in Ziffer 2 genannten Verheimlichung und Vernichtung der Handelsbücher. Es erhellt auf den ersten Blick, daß die Verheimlichung der Bücher eine Zahlungsunfähigkeit schlechterdings nicht herbeiführen kann, und auch eine Vernichtung derselben mit der Vorstellung, durch diese

---

[1]) H. G. B. Art. 28 ff. mit Art. 10.

[2]) „. . le désordre, première cause du plus grand nombre de faillites . .“ Locré Bd. VII S. 437.

Handlung eine Zahlungsunfähigkeit herbeizuführen, ist wohl ausgeschlossen. Es handelt sich bei diesen Bestimmungen um ein Ueberbleibsel jener in den Partikularrechten so beliebten Präsumtionen — natürlich nicht etwa um die Vermutung eines hier widersinnigen Ursachenzusammenhanges, sondern um die Annahme, daß dem Gemeinschuldner, der seine Bücher versteckt, irgend eine strafbare Handlung zur Last fallen müsse, da er doch sonst keinen Grund hätte, die Bücher zu verheimlichen. Die Beseitigung der Handelsbücher kann ebensowohl zur Verdeckung von Handlungen des betrügerischen, wie von solchen des einfachen Bankerotts dienen. Aber nach dem Satze „in dubio mitius" hat der Gesetzgeber diese Handlungen zu Kennzeichen des einfachen Bankerotts gemacht, und da es die Fassung des Paragraphen nicht verbot, hat er sie den echten Begehungsweisen des Verbrechens an die Seite gesetzt. Eine dogmatische Darstellung hat diese heterogenen Bestandteile auszuscheiden und nachzuweisen, daß diese Fälle vielfach einer ganz anderen Beurteilung zu unterwerfen sind, als die übrigen hier genannten Handlungen. Die Verheimlichung und Vernichtung der Handelsbücher bleibt daher in den folgenden Ausführungen zunächst unberücksichtigt. —

Liegen somit die zur Bewirkung des Erfolgs generell tauglichen Bankerotthandlungen einerseits und andererseits die Zahlungseinstellung des Schuldners vor, so soll der ursächliche Zusammenhang der beiden Thatsachen vermutet werden. Ist diese Vermutuug eine unwiderlegliche? Rohland macht die Einschränkung[1]), „daß der Erfolg nicht aus einem ganz anderen als dem mit der Handlung des Verbrechens in Verbindung stehenden Ursachenkomplex hervorgegangen sein darf"; der Schuldner hafte daher nicht, wenn der Ausbruch eines Kriegs die Zahlungseinstellung herbeiführte. Allein so wünschenswert diese Einschränkung erscheint: sie dürfte kaum aufrecht zu erhalten sein. Offenbar ging der Gesetzgeber bei der Aufstellung der Vermutung von dem Gedanken aus, daß dem Richter der im einzelnen Fall so schwer zu erbringende Nachweis eines Ursachenzusammenhanges erspart werden sollte[2]). Nun

---

[1]) S. 64 — allerdings ohne das Verhältnis ausdrücklich als Vermutung zu bezeichnen.

[2]) Vgl. Meves S. 380 A. 2.

gestatte man einmal den Gegenbeweis, daß im vorliegenden Fall die Zahlungseinstellung durch einen anderen Ursachenkomplex z. B durch den Ausbruch eines Krieges hervorgerufen worden sei! Gleichzeitig liegt eine Thatsache vor, die generell tauglich ist, eine Zahlungseinstellung zu bewirken (denn sonst gelangte ja die Vermutung nicht zum Dasein). Da nun im Strafprozeß nicht davon die Rede sein kann, in einem solchen Falle dem Angeklagten den Gegenbeweis aufzubürden, vielmehr der Richter die für und gegen denselben sprechenden Thatsachen gleichmäßig zu prüfen hat[1]), wird dieser durch die Zulässigkeit eines solchen Gegenbeweises gerade in die Lage versetzt, wovor ihn der Gesetzgeber bewahren wollte: den Ursachenzusammenhang untersuchen zu müssen.

Aber deckt sich die Forderung, daß das ursächliche Verhältnis im einzelnen Fall nicht geprüft werden solle, in der That vollständig mit einer unwiderleglichen Vermutung dieses Verhältnisses? Sind wir gezwungen, die „logische Mißbildung" einer unwiderleglichen Vermutung[2]) anzuerkennen, eine Wahrscheinlichkeitsrechnung, die manchmal ein falsches Resultat geben muß, doppelt verwerflich im Strafrecht zum Nachteil des Angeklagten?

Der Gesetzgeber will die Untersuchung der Kausalität im einzelnen Fall vermeiden. Diese Forderung schließt den Beweis nicht aus, daß die Zahlungsunfähigkeit unter den gegebenen Verhältnissen — rein abstrakt betrachtet — durch die betreffende Handlung nicht verursacht sein könne. Der Verlauf des einzelnen Falls bleibt von diesem Gegenbeweis völlig unberührt, er hat nur die generelle Unmöglichkeit einer Verursachung zum Inhalt.

Der Wortlaut des Gesetzes bietet keinen zwingenden Grund, diesen Gegenbeweis zuzulassen, aber er ist mit demselben ganz gut zu vereinen, wenn man auf die ratio legis zurückgeht. Und das wird wohl genügen, wenn es sich darum handelt, die ganz unleidlichen Ergebnisse zu vermeiden, welche die Unwiderleglichkeit der Vermutung im Gefolge hätte.[3])

---

[1]) Vgl. Schmid, Präsumtionen S. 37.

[2]) Trendelenburg, über die praesumtiones juris et de jure in den Monatsberichten der Berliner Akademie der Wissenschaften 1868 S. 574.

[3]) So widerlegt auch Meves S. 382 die Behauptung des Reichsgerichts (Urteil vom 21. VI. 86 E. Bd. XIV S. 223): „.. es ist kein Grund vorhanden, warum die Bestrafung des Schuldners ausgeschlossen sein sollte, im

Der Satz, daß der Nachweis der Unmöglichkeit eines Ursachenzusammenhanges eine Verurteilung wegen einfachen Bankerotts ausschließe, führt denn zu bedeutsamen Folgerungen.

1. Zunächst für einzelne Bankerotthandlungen:

a) Hat der Gemeinschuldner übermäßigen Aufwand u. s. w. getrieben, dessen Kosten nicht aus seinem Vermögen bestritten wurden, so liegt kein einfacher Bankerott vor.[1])

b) Wenn die geführten Handelsbücher eine Uebersicht über die Vermögenslage des Schuldners gewähren, so kann die unterlassene Führung einzelner Bücher, insbesondere auch des in H. G. B. Art. 28 Abs. 2 ausdrücklich geforderten Briefkopierbuches, eine Strafbarkeit wegen einfachen Bankerotts nicht begründen.[2])

c) Da hier die mangelnde Uebersicht als Ursache der Zahlungsunfähigkeit erscheint, müßte die Strafbarkeit wegen einfachen Bankerotts folgerichtig ausgeschlossen sein, wenn es auch nur dem Schuldner möglich war, eine Uebersicht aus seinen Büchern zu gewinnen. Allein die positivrechtliche Vorschrift, wonach dieselben eine Uebersicht auch noch zur Zeit der Zahlungseinstellung vermissen lassen müssen (vgl.

Falle seine Zahlungseinstellung bereits stattgefunden hatte, als er sich der von dem Gesetze bezeichneten leichtfertigen Handlungen schuldig machte," mit der Bemerkung: „Sollte der vermißte Grund nicht gerade darin zu finden sein, daß nunmehr die leichtfertigen Handlungen die Zahlungsunfähigkeit nicht mehr gefährden können?" — Die gleiche Auffassung (allerdings unpassend angewendet) liegt dem Urteil des Reichsgerichts vom 8./15. X. 83 (E. Bd. IX S. 134 ff.) zu grunde. — Auch Rohland faßt seinen Gegenbeweis S. 62 in der Form, daß der Erfolg nicht aus Ursachen entstanden sein dürfe, „welche von der Handlung und dem Boden, auf dem sie entsprossen ist, so abseits liegen, daß diesen Erfolg der Handelnde unmöglich verursacht haben kann." Allein aus den angeführten Beispielen ist ersichtlich, daß zu diesem Nachweis eine Untersuchung des einzelnen Falles erforderlich ist, so daß die Stelle nichts anderes besagen soll als die oben besprochene Fassung des Gedankens.

[1]) Ebenso Urteil des Reichsgerichts vom 21. VI. 86 (E. Bd. XIV S. 224).

[2]) Urteile des Reichsgerichts vom 3. und 16. X. 84 (E. Bd. XI S. 142 ff.; 161 ff.) und vom 23. X. 88 (R. Bd. X S. 585); Pezold, die deutsche Strafrechtspraxis 1877/79 (enthaltend die landesrechtliche Judikatur bis 1879) Bd. I. S. 431 37); Bd. II S. 497 51); Kleinfeller S. 176 ff; Petersen-Kleinfeller S. 605. Anderer Meinung v. Völderndorff, Konkursordnung 2. Aufl. 1885 Bd. III S. 36.

unten S. 141), läßt erkennen, daß das Gesetz die Unübersichtlichkeit nach objektivem Maßstab bemißt; denn eine Uebersicht im Augenblicke der Zahlungseinstellung ist für die beteiligten Gläubiger und das Strafgericht, kaum aber für den Schuldner selbst von Interesse.[1])

2. Vorgespiegelte oder irrtümlich angenommene Zahlungsunfähigkeit bzw. Ueberschuldung ist nicht geeignet, den Thatbestand des einfachen Bankerotts zu erfüllen.

Der Wortlaut des Gesetzes spricht von Zahlungseinstellung und Konkurseröffnung. Zahlungseinstellung ist die (ausdrückliche oder stillschweigende) Erklärung eines Schuldners, seine fälligen Verbindlichkeiten infolge Zahlungsunfähigkeit nicht erfüllen zu können. Regelmäßige Grundlage der Zahlungseinstellung ist daher der thatsächlich vorhandene Mangel an Zahlungsmitteln,[2]) doch kann ihr auch eine fälschlich vorgegebene oder eine irrtümlich angenommene Zahlungsunfähigkeit zu grunde liegen. Konkurseröffnung ist die Einleitung eines gemeinsamen Befriedigungsverfahrens für die Gläubiger eines zahlungsunfähigen Schuldners;[3]) neben der Zahlungsunfähigkeit kann bei Aktiengesellschaften und (in gewissen Fällen) bei Genossenschaften auch Ueberschuldung d. h. eine Vermögenslage, in welcher die Passiva größer sind als die Aktiva, den Anlaß zur Eröffnung des Konkurses bilden.[4]) Soweit nun Zahlungseinstellung und Konkurseröffnung auf thatsächlich vorhandener Zahlungsunfähigkeit bzw. Ueberschuldung beruhen, kann ein Ursachenzusammenhang zwischen dieser Vermögenslage und einer vorausgehenden Bankerotthandlung vorhanden sein. Ein solcher

---

[1]) Ebenso im Ergebnis Merkel H. H. Bd. III S. 818; Petersen-Kleinfeller S. 597 und die dort citierten.

[2]) Vgl. K. O. § 94 Abs. 2.

[3]) K. O. § 94.

[4]) K. O. § 193 Abs. 1; Gesetz über die Erwerbs- und Wirtschaftsgenossenschaften vom 1. V. 1889 § 91 Abs. 1, § 134. K. O. § 203 kommt in diesem Zusammenhang nicht in Betracht. — Vgl. übrigens über alle diese Begriffe die Motive zum Strafgesetzbuch (Drucksachen des Reichstags, 1870 Bd. I S. 134); Liszt S. 441 ff.; Hälschner S. 406 ff.; Berner S. 591 ff. u. a. m. Urteil des Reichsgerichts vom 11. I. 81 (E. Bd. III S. 194 ff.); vom 22. I. 81 (E. Bd. III. S. 294 ff.); vom 8. IV. 81 (E. Bd. IV S. 68 ff.); vom 21. VI. 86 (E. Bd. XIV S. 221 ff.); Bezold Bd. I S. 429 23)—25); Bd. II S. 492 ff. 20)—30).

ist aber ausgeschlossen, wo die Zahlungsunfähigkeit (Ueberschuldung) fälschlich vorgeschützt oder nur irrtümlich angenommen wurde; für beide Fälle ist ein Vorgang im Innern des Schuldners, keineswegs ein äußeres Ereignis, kausal.[1])

Diese Einschränkung steht auch nicht im Widerspruch mit den Bedürfnissen, denen das Gesetz dienen soll. Der einfache Bankerott wird nicht so sehr wegen der Größe der Verschuldung des Thäters als wegen der Größe des Schadens bestraft, den er im Gefolge hat oder haben kann (vgl. oben S. 122). Ist keine Zahlungsunfähigkeit vorhanden, so erleiden die Gläubiger durch die Zahlungseinstellung als solche auch keinen Ausfall; der Kreditverkehr mag dadurch vielleicht vorübergehend beunruhigt werden, eine schwerere Erschütterung desselben, wie sie entsteht, wenn die durch die Zahlungseinstellung bewirkten Verluste weitere Kreise in Mitleidenschaft ziehen, kann dabei nicht eintreten. Freilich mögen die Gläubiger durch eine vorgespiegelte Zahlungsunfähigkeit schwer getroffen werden — allein dann erfolgt die Schädigung nicht unter dem Gesichtspunkt des einfachen Bankerotts, nicht durch Verursachung der Zahlungsunfähigkeit, sondern durch die Mittel, mit welchen der Anschein der Zahlungsunfähigkeit erweckt werden sollte, durch Verheimlichung von Vermögensstücken u. s. w., durch Handlungen des betrügerischen Bankerotts.

3. Weiter folgt aus dem Satz, daß Bankerotthandlung und Zahlungseinstellung in einem möglichen Ursachenzusammenhang stehen müssen, daß die betreffende Handlung der Zahlungseinstellung, genauer, der Zahlungsunfähigkeit zeitlich vorangegangen sein muß. Es ist begreiflich, daß die gemeine Meinung hier anderer Ansicht ist.[2]) Die Rechtsprechung des Reichsgerichts schwankt in dieser Beziehung.[3])

[1]) Zu dem gleichen Ergebnis kommen Goltdammer, Materialen Bd. II S. 599 und Köstlin G. A. Bd. VI S. 20, ferner v. Wilmowski, deutsche Reichskonkursordnung 4. Aufl. 1889 S. 477. — Vgl. auch unten S. 165.

[2]) Merkwürdiger Weise auch Rohland S. 31 A. 1; es läßt sich dies kaum mit seiner Behauptung (S. 64) vereinen, daß die generelle Möglichkeit eines Ursachenzusammenhangs stets gegeben sein müsse.

[3]) Nach dem Urteil vom 16. II. 81 (R. Bd. III S. 51 ff.) kann die unterlassene Bilanzziehung nur bestraft werden, wenn sie der Zahlungseinstellung vorangeht (was allerdings auf die eigentümliche Natur der Bilanzziehung zurückgeführt wird). Der gleiche Grundsatz ist wohl ausgesprochen in

Man hat gegen die hier vertretene Auffassung besonders eingewendet, daß auf diese Weise der Schuldner nach Eintritt der Zahlungseinstellung ungestraft sein ganzes Vermögen vergeuden könne.[1]) Nun ist aber die Strafwürdigkeit derartiger Handlungen vor der Konkurseröffnung oder Zahlungseinstellung eine ungleich größere als nachher. Vor diesem Zeitpunkt ist den Gläubigern die Möglichkeit benommen, die Vermögensverwaltung des Schuldners zu überwachen. Bei Eröffnung des Konkurses dagegen hat der Konkursverwalter die Masse sofort in Besitz zu nehmen (K. O. § 107), so daß eine derartige Handlungsweise des Gemeinschuldners ausgeschlossen erscheint. Liegt eine Zahlungseinstellung vor, so können die Gläubiger durch ihren Antrag auf Eröffnung des Konkursverfahrens das Konkursgericht in die Lage versetzen, die zur Sicherung der Masse dienenden einstweiligen Anordnungen zu treffen (K. O. § 98). Verzichten die Gläubiger darauf, ihre Ansprüche auf dem Wege eines Konkursverfahrens geltend zu machen, so können sie zu ihrer Sicherheit um Anordnung eines Arrestes nachsuchen (C. P. O. § 796 ff.). „vigilantibus iura sunt scripta!“ Wenn aber die Straflosigkeit solcher Handlungen wirklich eine Lücke in unserem Strafrecht darstellt, so kann dies nicht dem einfachen Bankerott zur Last gelegt werden. Es handelt sich hier begrifflich um die vorsätzliche oder fahrlässige Beiseiteschaffung von Vermögen bei einer Zahlungseinstellung, also um den Grundbegriff des betrügerischen Bankerotts. Wenn diese Handlungen nur zum kleinen Teil unter § 209 fallen werden, so ist dies Schuld des Gesetzgebers, der eine fahrlässige Begehung dieses Verbrechens nicht, eine vorsätzliche nur unter Einschränkungen bestraft.

Nicht jede Bankerotthandlung, die eine ihr nachfolgende Zahlungseinstellung möglicherweise verursacht hat, erfüllt in Verbindung mit dieser Zahlungseinstellung den Thatbestand des einfachen

---

dem Urteil vom 10. V. 83 (R. Bd. V. S. 263), und zwar für alle Fälle des einfachen Bankerotts. Dagegen soll nach einer Entscheidung vom 21. VI. 86 (E. Bd. XIV S. 222 ff.) übermäßiger Aufwand auch dann bestraft werden, wenn er der Zahlungseinstellung nachfolgt. Unmittelbar widersprechen sich die Urteile vom 8./15. X. 83 und vom 8. XII. 84 (E. Bd. IX S. 136 und Bd. XI S. 386) hinsichtlich der Vernichtung der Handelsbücher.

[1]) So das oben erwähnte Urteil des Reichsgerichts vom 21. VI. 86; Petersen-Kleinfeller S. 601 und die dort angeführten.

Bankerotts. Derselbe erhält seine naturgemäße Begrenzung aus dem Allgemeinbegriff des Bankerotts als der Pflicht, die Leistungsfähigkeit des zur Befriedigung der Gläubiger dienenden Vermögens nicht zu vermindern, eine Pflicht, welche beim einfachen Bankerott durch die Verursachung der Zahlungsunfähigkeit verletzt wird.

Den Gläubigern ist nur das im Augenblick der Begründung ihrer Forderung vorhandene Vermögen verhaftet. War in diesem Zeitpunkt die Ursache der Zahlungsunfähigkeit schon gegeben, so können sie durch deren Setzung nicht verletzt sein. (Daß in der Verheimlichung dieses Zustands seitens des Schuldners ein Betrug liegen kann, gehört nicht weiter hieher.) Sind daher die zur Zeit der Bankerotthandlung schwebenden Forderungen vor Eintritt der Zahlungsunfähigkeit bezahlt, so bleibt für eine Bestrafung wegen einfachen Bankerotts kein Raum. Mit anderen Worten: die durch die Zahlungsunfähigkeit verletzten Forderungen müssen die gleichen sein, welche durch die Bankerotthandlung bedroht wurden.[1])

Ob eine Forderung als die „gleiche" zu betrachten ist, bemißt sich wohl nach ihrem wirtschaftlichen Grunde. Wie einerseits die Identität der Person des Gläubigers nicht genügt, eine Bestrafung wegen einfachen Bankerotts zu rechtfertigen, so kann andererseits auch der bloßen juristischen Umgestaltung einer Forderung nicht die Kraft beigelegt werden, die Bestrafung auszuschließen. Ferner kann nicht davon die Rede sein, daß es zu einer Bestrafung wegen einfachen Bankerotts erforderlich ist, daß alle zur Zeit der Bankerotthandlung begründeten Forderungen bei Eintritt der Zahlungsunfähigkeit noch vorhanden sein müssen. Der einfache Bankerott verletzt allerdings die Gesammtheit der Gläubiger; aber das Ausscheiden einzelner Mitglieder vermag den Begriff dieser Gesammtheit nicht zu ändern, solange auch nur ein Glied als Träger derselben übrig bleibt.

Ähnliche Forderungen sind denn auch in neuerer Zeit von Wissenschaft und Rechtsprechung wiederholt vertreten worden. Das Reichsgericht hat in einer Reihe von Urteilen dahin entschieden, daß ein Kaufmann, der eine der Handlungen des § 210 Z. 2 und 3 begangen, nach Aufgabe seines Geschäftes nur dann wegen ein=

---

[1]) Vgl. auch Völderndorff Bd. III S. 37.

fachen Bankerotts bestraft werden könne, wenn von der Zahlungseinstellung Schulden aus der Zeit des Geschäftsbetriebs mitbetroffen wurden.[1]) Allerdings soll dabei nicht die Zeit der Bankerotthandlung, sondern die des Geschäftsbetriebes maßgebend sein, so daß das Urteil vom 26. VI. 82 (E. Bd. VII S. 393) bei fortdauerndem Geschäftsbetrieb die Einrede des Angeklagten verwarf, daß die Gläubiger aus der Zeit der Bankerotthandlung befriedigt seien.[2])

Ähnlich verlangen Petersen-Kleinfeller (S. 584): „Die Bankerotthandlungen müssen sich auf diejenige Vermögenslage beziehen, welche zur Zahlungseinstellung oder Konkurseröffnung geführt hat, beziehungsweise nachträglich führt.“ Meves (S. 381) fordert: „Beide (Bankerotthandlung und Zahlungseinstellung) müssen sich auf dieselben, die Zahlungseinstellung bedingenden Thatsachen beziehen.“[3]) Wenn aber die ebengenannten Schriftsteller diesen Gedanken auch in der Form wiedergeben, daß Bankerotthandlung und Zahlungseinstellung nicht durch eine andere Zahlungseinstellung getrennt sein dürfen, so ist diese Fassung wohl zu eng. Man setze z. B. den Fall, daß ein Kaufmann seinem Geschäfte übermäßige Summen entzieht, mit denen er in der Lotterie setzt; das Geschäft geht zurück, und auf die Nachricht, daß er in der Lotterie nichts

---

[1]) Urteil vom 21. IV. 80 (Rep. 580/80); vom 5. V. 80 (E. Bd. II S. 50); vom 1. IV. 81 (E. Bd. IV S. 43); vom 22. XI. 86 (E. Bd. XV S. 66). — Ähnlich verlangt das Urteil vom 17. I. 82 (R. Bd. IV S. 50) hinsichtlich der Bankerotthandlung und der Zahlungseinstellung eine „Beziehung auf dasselbe kaufmännische Geschäft.“

[2]) Vgl. aber andererseits das Urteil vom 2. II. 81 (R. Bd. III S. 191): „Wenn die gegenwärtigen rechtlichen Beziehungen des Gemeinschuldners in keiner Weise mehr in die Zeit zurückreichen, in welcher die Bücher unrichtig geführt worden sind, kann die Frage entstehen, ob nicht der späteren richtigen Buchführung allein Bedeutung beizumessen sei.“ — Ebenso Pezold Bd. I S. 428 21).

[3]) Die Begründung, die Meves für seine Ansicht aufstellt, erscheint kaum als stichhaltig: das Gesetz habe durch die Wendung „eingestellt haben“ zu erkennen gegeben, daß es einen zeitlichen Zusammenhang von Bankerotthandlung und Zahlungseinstellung verlange. Diese Redeform kann wohl nichts anderes bedeuten, als daß die verschiedenen Thatbestandsmerkmale vor der Bestrafung verwirklicht worden sein müssen. Vgl. auch das Urteil des Reichsgerichts vom 21. VI. 86 (E. Bd. XIV S. 222).

gewonnen, erklärt er seine Zahlungseinstellung; diese Nachricht war aber irrtümlich, er hat thatsächlich gerade so viel gewonnen, daß er in der Lage ist, seine Zahlungen wieder aufzunehmen; um ihn nun nicht aller Betriebsmittel für sein Geschäft zu entblößen, gewähren ihm einige Gläubiger Stundung; das Geschäft gedeiht nicht mehr, nach einiger Zeit ist er genötigt, seine Zahlungen von neuem einzustellen. Offenbar ist es die gleiche Vermögenslage, auf welche sich beide Zahlungseinstellungen beziehen, beide sind durch die Thatsache des Spiels bedingt. Warum soll der ersten Zahlungseinstellung dann die reinigende Kraft innewohnen, den Schuldner vor einer Verurteilung wegen des Spiels in Verbindung mit der zweiten Zahlungseinstellung zu bewahren?

Der frühere persönlich haftende Gesellschafter einer offenen Handelsgesellschaft oder Kommanditgesellschaft soll nach Petersen-Kleinfeller (S. 604) für die vor seinem Austritt vorgekommenen Unregelmäßigkeiten nur dann haften, wenn die spätere Zahlungseinstellung „eine Folge der zur Zeit seiner Teilhaberschaft schon vorhandenen Überschuldung gewesen ist." Aber auch hier muß es genügen, wenn die Schulden aus dieser Zeit stammen; warum gerade eine Überschuldung gefordert wird, ist nicht recht ersichtlich.[1])

Der Wortlaut des § 210 wird somit nach der objektiven Seite durch die beiden Erfordernisse eingeschränkt, daß die Verursachung der Zahlungsunfähigkeit nicht unmöglich sein dürfe, und weiter, daß sie Forderungen aus der Zeit der Bankerotthandlung verletzen müsse. Die Forderung Merkels,[2]) daß sämmtliche Thatbestandsmerkmale — wenigstens in ihren Wirkungen — zeitlich zusammentreffen müssen, ist bei diesen Einschränkungen überflüssig: daß die durch Aufwand, Spiel oder Differenzhandel verbrauchten Summen, die nicht geführten Bücher, die nicht gezogenen Bilanzen auch noch bei der Zahlungseinstellung fehlen, ist selbstverständlich. Daß die mangelnde Übersicht aus den unordentlich geführten Büchern auch noch bei der Zahlungseinstellung fortdauern müsse, ergibt die positive

---

[1]) Die Genannten berufen sich auf das Urteil des Reichsgerichts vom 21. IV. 80 (R. Bd. I S. 628). Allein dort wird die Überschuldung nicht als Voraussetzung, sondern als Bekräftigung des Urteils verwertet, indem auf die Billigkeit der Entscheidung in einem solchen Falle hingewiesen wird.

[2]) H. R. Bd. I S. 227.

Rechtsvorschrift, „daß sie keine Übersicht des Vermögenszustandes gewähren.“ [1])

Über den subjektiven Thatbestand des einfachen Bankerotts schweigt der Gesetzgeber. Dieses Stillschweigen hat die verschiedenartigsten Deutungen erfahren, und so steht heute die Schuldfrage (mit ihrer Grundlage auf Seiten des objektiven Verbrechensthatbestands) im Mittelpunkt all der zahlreichen Kontroversen, die sich an den Bankerott knüpfen.

1. Eine Reihe von Schriftstellern [2]) folgern aus dem Schweigen des Gesetzes über die Verschuldung, daß der Thatbestand des Verbrechens überhaupt keine Verschuldung verlange — eine Auffassung, die sich auch das Reichsgericht im Anschluß an die Rechtsprechung des preußischen Obertribunals [3]) in einer Reihe von Urteilen zu eigen gemacht hat. [4]) Der einfache Bankerott wird als eine Summe „objektiver Strafnormen“, als „Formaldelikt“ betrachtet, welches zwar den allgemeinen Voraussetzungen strafrechtlicher Zurechnung unterliege, im übrigen aber von einer schuldhaften Gesinnung des Thäters unabhängig sein soll.

Zweifellos ist die praktische Handhabung des Gesetzes nach dieser Konstruktion eine sehr einfache. Allein sie unterliegt schweren Bedenken.

Zunächst ist es unzutreffend, daß der Gesetzgeber in den Fällen, in welchen er eine Schuld nicht ausdrücklich verlangt, über-

---

[1]) Vgl. die Urteile des Reichsgerichts vom 21. XI. 81 (E. Bd. V S. 415 ff.); vom 26. VI. 82 (E. Bd. VII. S. 393); vom 26. IX. 87 (G. A. Bd. XXXV S. 313).

[2]) Berner S. 594; Merkel H. H. Bd. III S. 824 und H. R. Bd. I S. 227; Rüdorff-Stenglein, Kommentar zum Strafgesetzbuch 3. Aufl. 1881 S. 651; Schwarze S. 827; v. Sarwey, Konkursordnung für das deutsche Reich 1879 S. 740 3); Völderndorff Bd. III S. 27 und 35; Wilmowski S. 479; Schmid S. 109 — jedoch nur für Z. 2 und 3.

[3]) Vgl. Meves S. 385 A. 7.

[4]) Vgl. die Urteile vom 17. IX. 81 (E. Bd. IV S. 418 ff.); vom 11. I. 82 (R. Bd. IV S. 35 ff.); vom 28. I. 82 (R. Bd. IV. S. 92 ff.); vom 1. II. 82 (R. Bd. V S. 425 ff.); vom 11. VI. 83 (E. Bd. V S. 407 ff.); vom 7. I. 84 (bei Meves S. 386). Bei Petersen-Kleinfeller S. 600 A. 1 wird auch das Urteil vom 18. II. 86 (nicht 85.— E. Bd. XIII S. 354 ff.) hiehergestellt; dasselbe spricht sich jedoch gerade für die Notwendigkeit einer Verschuldung aus. — Ebenso Pezold Bd. I S. 435 2); Bd. II S. 501 ff. 2), 11), 16).

haupt von ihr absehen wolle. Es wird niemand einfallen, einen, der eine fremde bewegliche Sache in seinem Gewahrsam sich rechtswidrig, aber in gutem Glauben zueignet, der Unterschlagung zu bezichtigen, weil St. G. B. § 246 nicht ausdrücklich eine vorsätzliche Begehung der Unterschlagung erfordert. Auch aus dem Gegensatz des § 210 zu § 209, welcher die „Absicht, die Gläubiger zu benachteiligen“ ausdrücklich verlange [1]), kann eine derartige Folgerung nicht gezogen werden, da gerade auch § 209 über die Verschuldung schweigt und nur ein davon unabhängiges Motiv zum Thatbestand des Verbrechens verlangt.

Vor allem aber krankt diese Konstruktion an einem unlöslichen inneren Widerspruch. Es sollen die „Schuldausschließungsgründe“ der §§ 51 ff. des Strafgesetzbuches berücksichtigt werden [2]), wo gar keine Schuld vorhanden ist, die ausgeschlossen werden könnte? Eine Nichtberücksichtigung der Schuldausschließungsgründe, wie etwa der Zurechnungsunfähigkeit, ist undenkbar, und so bleibt nur die Möglichkeit, mit den Schuldausschließungsgründen auch die Schuld anzuerkennen. [3])

Ist doch der Satz „keine Strafe ohne Schuld!“ einer der Grundpfeiler, auf denen der Bau des Strafrechts ruht, mag man den Rechtsgrund der Strafe in ihrer Notwendigkeit für die Aufrechterhaltung der Rechtsordnung oder in ihrem Beruf der Vergeltung erblicken. Binding [4]) gibt dem einmal kräftigen Ausdruck: „Die Annahme, daß ein materielles Strafgesetz mit vollem Bewußtsein an schuldlose Thatbestände eine Strafdrohung knüpfen könnte, enthält den schlimmsten Vorwurf, der je der modernen Strafgesetzgebung gemacht worden ist, den Vorwurf bewußter Verletzung der höchsten Grundsätze der Gerechtigkeit und des schnödesten Verrates an der Rechtschaffenheit der Staatsbürger“.

Schließlich darf wohl auch daran erinnert werden, daß bei der Neuschaffung des Begriffes des einfachen Bankerotts im französischen Recht wiederholt betont wurde, daß nur der Schuldige den Drohungen des Gesetzes unterliegen solle. [5])

---

[1]) Meves S. 385.

[2]) Urteil des Reichsgerichts vom 17. IX. 81 (E. Bd. IV S. 420); vom 11. I. 82 (R. Bd. IV S. 36).

[3]) Vgl. insbesondere Kleinfeller S. 168; Meves S. 386.

[4]) Normen Bd. II S. 616.

[5]) So wurde in einer der Kommissionen bei Beratung des einfachen

2. Wenn somit für den Begriff des einfachen Bankerotts ein Verschulden gefordert werden muß, so ergibt sich sofort die Schwierigkeit, wie sich dasselbe zu dem Thatbestandsmerkmal der Zahlungseinstellung verhalte. Daß die Zahlungseinstellung selbst keine verschuldete sein müsse, ist kaum bestritten. Und so hat denn das Reichsgericht in neueren Urteilen [1]), und insbesondere Meves (S. 390 ff.) eine neue Schuldart aufgestellt, die Schwierigkeit zu lösen. Die dem einfachen Bankerott zu grunde liegende Schuld soll „in einer Vernachlässigung der dem Thäter obliegenden Pflichten" bestehen, eine Schuld, die weder Vorsatz noch Fahrlässigkeit zu sein braucht und sich auf keinen weiteren Erfolg als eben auf die Verletzung einer Pflicht erstreckt. [2]) Bei den vernachlässigten Pflichten wird man in erster Reihe an die Vorschriften des Handelsgesetzbuches denken, welche von einem Vollkaufmann ordentliche Buchführung und regelmäßige Bilanzziehung verlangen. Allein Meves verweist

---

Bankerotts geäußert (Locré Bd. VII S. 413): „.. il est toujours sousentendu que la condamnation ne frappera que celui qu'on aura reconnu coupable." In einer andern Kommission wurde bemerkt (ebenda S. 413 ff.): „Le commencement de l'article est conçu dans des termes tellement impératifs que des juges trop asservis à la lettre de la loi pourroient se croire obligés à déclarer banqueroutier simple tout commerçant failli qui se trouveroit matériellement dans l'un des cinq cas exprimés. Un fait quelconque n'est un délit qu'autant que son auteur est coupable tout au moins d'imprudence, les tribunaux peuvent, seuls, scruter sur ce point la conduite et les intentions du prévenu. — Auf den gleichen Standpunkt hat sich auch die spätere Gesetzesauslegung gestellt; vgl. Alauzet Bd. VI S. 683 ff.

[1]) Vom 9. I. 86 (E. Bd. XIII S. 242); vom 18. II. 86 (E. Bd. XIII S. 358 ff.); vom 5. IV. 86 (E. Bd. XIV S. 87); vom 1. XI. 87 (E. Bd. XVI S. 278 und 280); minder deutlich die Urteile vom 4. I. 87 (R. Bd. IX S. 5); vom 25. II 87 (E. Bd. XV S. 314); vom 14. X. 87 (E. Bd. XVI S. 272). — Das Reichsgericht selbst scheint das erste dieser Urteile anders auszulegen. Vgl. Urteil vom I. XI. 87 (R. Bd. IX S. 546): „Streit bestand darüber, ob § 210 ein reines Formaldelikt sei oder ein subjektives Verschulden (dolus oder culpa) erfordere. Für die letztere Alternative hat sich das Plenum der Strafsenate des Reichsgerichts unter dem 9. I. 86 entschieden."

[2]) Die Schuld, die weder Vorsatz noch Fahrlässigkeit zu sein braucht, ist auch von Oppenhoff S. 725 2) übernommen. Er faßt diese Schuld als „eine gesetzliche (durch Gegenbeweis zu entkräftende) Vermutung für einen die Rechte der Gläubiger gefährdenden und darum strafbaren Leichtsinn". Allerdings spricht er S. 728 14) von einer „Präsumtion der Fahrlässigkeit". Vgl. im übrigen unten S. 147.

darauf, „daß auch demjenigen Nichtkaufmann, welcher mit fremden Mitteln wirtschaftet, Pflichten obliegen, die ihn zu einer Sicherung des fremden Eigentums verbinden, und daß es als eine Vernachlässigung dieser Pflichten angesehen werden kann, wenn er durch Aufwand, Spiel oder Differenzhandel übermäßige Summen verbraucht". Ganz gewiß! Wie auch der Thäter des betrügerischen Bankerotts die Pflicht verletzt, sein Vermögen für die Gläubiger leistungsfähig zu erhalten, wie der Dieb die Pflicht verletzt, sich nicht an fremdem Besitz und Eigentum zu vergreifen! Jedes Verbrechen ist normwidrig und darum eine Pflichtvernachlässigung. Die neue Schuldart müßte also alle Verbrechen umfassen und, da sie eine besondere Schuldart neben Vorsatz und Fahrlässigkeit sein soll, eine Unterscheidung derselben nach Vorsatz und Fahrlässigkeit ausschließen. Die Folgerung ist widersinnig, und in der That ergibt sich auch aus dem Wesen der Schuld mit Notwendigkeit, daß eine dritte Schuldart neben den beiden genannten unmöglich ist.[1]) Jede Handlung bewirkt eine Reihe von Veränderungen in der Außenwelt, deren Eintritt dem Handelnden entweder bewußt war oder nicht bewußt war. War dem Handelnden der Erfolg nicht bewußt, so ist er für seine Unkenntnis entweder verantwortlich oder unverantwortlich. Ein Drittes ist nicht möglich. Vorsatz ist die Vorstellung von der verursachenden Bedeutung einer Handlung. Fahrlässigkeit ist die Nichtvorstellung eines Erfolges, den der Handelnde zu verantworten hat, d. h. den er hätte voraussehen können und sollen.

Pflichtvernachlässigung ist nichts anderes als schuldhafte Nichterfüllung einer Pflicht[2]); eine Schuldart, die ihren Inhalt nur durch ihren Widerspruch mit einer Pflicht bestimmte, ist aber nach dem Gesagten unmöglich, vielmehr muß die Pflichtvernachlässigung ihrerseits eine vorsätzliche oder fahrlässige sein.

Die Pflichtvernachlässigung kann somit keine Qualitätsbestimmung der Schuld darstellen, sondern nur einen Quantitätsbegriff: der schuldhafte Erfolg soll einzig in der Verletzung einer Pflicht bestehen. Dann erscheint aber die Pflichtvernachlässigung nur als ein neuer Name für die alte Behauptung, daß sich die Verschuldung beim einfachen Bankerott auf die Bankerotthandlung beschränke.[3])

[1]) Vgl. zum folgenden Liszt S. 160 ff.

[2]) Vgl. Kleinfeller S. 172.

[3]) Die neue Schuldart wird — außer von Kleinfeller — auch abgelehnt

3. Dieser letzte Standpunkt wird denn auch von einer Reihe von Schriftstellern vertreten. Sie gehen davon aus, daß es unthunlich ist, für die Zahlungseinstellung ein Verschulden zu verlangen, und beschränken sich darauf, für den übrigen Teil des Verbrechens ein solches zu fordern. „Es gilt das Erfordernis der Schuld nicht weiter auszudehnen, als möglich ist, und diesen indifferenten Thatbestandsteil in seiner Indifferenz zu belassen“ (Binding, Normen Bd. II S. 480). Daher verlangen Binding (a. a. O.) und Liszt (S. 444) eine vorsätzliche, Hälschner (Bd. II S. 414 A. 5) und Meyer (S. 739 A. 35) eine vorsätzliche oder fahrlässige Begehung der Bankerotthandlung.[1])

Nun ist bei den Ausführungen der genannten Schriftsteller nicht recht ersichtlich, wie weit dieses Verschulden zu erstrecken ist. Soll nur die Bankerotthandlung selbst eine schuldhafte sein, so besteht z. B. der Vorsatz des spielenden Schuldners in seiner Vorstellung, seine Körperthätigkeit stelle ein „Spielen“ dar. Eine solche Schuld aber, die nicht weiter reicht als bis zur Würdigung des körperlichen Wertes der schuldhaften Handlung, ist keine Schuld; sie ist lediglich das Kennzeichen der Zurechnungsfähigkeit. Die bloße Zurechnungsfähigkeit darf aber nimmermehr genügen, den subjektiven Thatbestand des Verbrechens zu erfüllen.

Eine wesentliche Bereicherung hat die Lehre, daß nur die Bankerotthandlung eine verschuldete sein müsse, von Kleinfeller[2]) erfahren. Anknüpfend an den Wortlaut des Gesetzes, daß die Schuldner durch Aufwand, Spiel oder Differenzhandel „übermäßige“ Summen verbraucht, oder daß sie ihre Bücher so unordentlich geführt haben müssen, „daß sie keine Uebersicht ihres Vermögenszustandes gewähren“, soll zur Begehung des einfachen Bankerotts Vorsatz oder Fahrlässigkeit auch in Bezug auf das Uebermaß und in Bezug auf die Unübersichtlichkeit erforderlich sein. Die Forderung ist eine berechtigte. Allein auch sie vermag noch nicht völlig zu

---

von Liszt 4. Aufl. 1891 S. 479 A. 7 und von Binding, Normen 2. Aufl. 1890 Bd. I S. 212 A. 6.

[1]) Dies ist wohl auch der Standpunkt des Reichsgerichts in den Urteilen vom 7. I. 80 (E. Bd. I S. 49); vom 13. III. 80 (R. Bd. I S. 467 ff.); ferner vom 1. XI. 87 (R. Bd. IX S. 546); vom 16. IV. 88 (R. Bd. X. S. 298); vom 13. VII. 88 (R. Bd. X S. 487).

[2]) S. 175. — Vgl. auch Petersen-Kleinfeller S. 601.

befriedigen. Der Schuldinhalt von Aufwand, Spiel und Differenzhandel, wie der einer unordentlichen Buchführung wird durch sie wesentlich erweitert. Aber wie steht es mit der Unterlassung der Buchführung und Bilanzziehung? Kleinfeller verlangt hier als Erfolg in ähnlicher Weise Mangel bzw. Erschwerung der Vermögensübersicht. Nun ist es aber selbstverständlich, daß der Kaufmann, der vorsätzlich keine Bilanz zieht, weiß, daß durch das Fehlen einer solchen die Uebersicht über sein Vermögen erschwert wird, daß der Kaufmann, der fahrlässig die notwendigen Bücher nicht führt, wissen sollte und könnte, daß infolgedessen die Uebersicht über seine Verhältnisse fehlen werde. Es liegt in diesen Fällen nur eine formelle Ausdehnung der Schuld vor.

Eines aber spricht gegen alle diese Versuche, das Verschulden auf die Bankerotthandlung zu beschränken (und daher auch gegen die „Pflichtvernachlässigung" als Quantitätsbegriff): die Nichtberücksichtigung der für das Verbrechen so wesentlichen Beziehung zwischen Schuldner und Gläubiger. Die Schuld muß sich auf das Verbrechen als Ganzes erstrecken. Hier fehlt sein wichtigster Bestandteil.

4. Rohland (S. 30) bezeichnet den einfachen Bankerott (mit vielen anderen) als ein Gefährdungsdelikt, und zwar als eine vorsätzliche oder fahrlässige Gefährdung des Vermögens der Gläubiger. Aus dem Wesen des Gefährdungsdelikts aber entwickelt er (S. 23) folgerichtig den Satz: „Zum vorsätzlichen Gefährdungsdelikt gehört das Bewußtsein von der Rechtsgüter bedrohenden Eigenschaft der Handlung." [1]) Als das Verschulden des einfachen Bankerotts ergäbe sich somit die Vorstellung, daß die Bankerotthandlung das Vermögen der Gläubiger gefährden werde, bzw. die pflichtwidrige Unterlassung einer solchen Vorstellung. [2])

Eine Gefährdung des Vermögens der Gläubiger durch die Bankerotthandlung ist schlechterdings nur denkbar, insofern dieselbe die Zahlungsfähigkeit des Schuldners gefährdet. Gefahr ist nach Rohland. (S. 1) die „Wahrscheinlichkeit eines verletzenden Ereignisses". Es handelt sich also bei der Bankerotthandlung um die wahrscheinliche Verletzung der Zahlungsfähigkeit, um die wahrschein-

[1]) Ebenso Binding, Normen Bd. II S. 455 ff.

[2]) Aehnlich verlangt auch Oppenhoff S. 725 2) „einen die Rechte der Gläubiger gefährdenden . . Leichtsinn."

liche Bewirkung der Zahlungsunfähigkeit. Nun verbietet aber das Gesetz eine Untersuchung des Ursachenzusammenhanges im einzelnen Fall und erkennt infolgedessen auch solche Handlungen als geeignet an, den Thatbestand des einfachen Bankerotts zu erfüllen, die thatsächlich gar nicht Ursache der Zahlungsunfähigkeit gewesen sind. Es würde somit die Vorstellung eines Ursachenzusammenhanges gefordert werden, wo ein solcher gar nicht vorhanden ist — Schuld und Verursachung müssen aber notwendig gleichen Inhalt haben.

Abgesehen von der subjektiven Unmöglichkeit einer solchen Konstruktion mangelt es ihr auch an der objektiven Grundlage. Wir haben in unseren bisherigen Ausführungen zu beweisen gesucht, daß es sich bei dem einfachen Bankerott um die Herbeiführung der Zahlungsunfähigkeit handelt. Die Zahlungsunfähigkeit aber hat nicht eine Gefährdung, sondern notwendig eine Verletzung des Vermögens der Gläubiger zur Folge.

5. Unser Standpunkt zur Schuldfrage ist durch unsere früheren Ausführungen klar vorgezeichnet. Einfacher Bankerott ist — objektiv betrachtet — die Verursachung der Zahlungsunfähigkeit. Nach der subjektiven Seite erscheint er als die schuldhafte Verursachung der Zahlungsunfähigkeit, genauer, als die vorsätzliche oder fahrlässige Bewirkung dieses Erfolgs.

Auch die Fahrlässigkeit muß zur Erfüllung des Thatbestands genügen.

Jede Norm ist grundsätzlich einer vorsätzlichen und einer fahrlässigen Uebertretung fähig[1]); aber ihre fahrlässige Uebertretung wird nur ausnahmsweise gestraft. Unser geltendes Recht hat nun in einer Reihe von Fällen die fahrlässige Normwidrigkeit ausdrücklich für strafbar erklärt, und daraus wird von manchen gefolgert, daß zur Bestrafung der Fahrlässigkeit stets eine ausdrückliche diesbezügliche Strafdrohung erforderlich sei.[2]) Allein dieser Maßstab ist wohl zu äußerlich. Der Wille des Gesetzgebers, die fahrlässige Begehung des Verbrechens unter Strafe zu stellen, kann manchmal auch aus dem Wesen desselben mit Sicherheit gefolgert werden.[3]) Deshalb sind die Uebertretungen bei vorsätzlicher und fahrlässiger

[1]) Binding, Normen Bd. I S. 34 ff.

[2]) So Binding, Handbuch Bd. I S. 310 ff.; Meves S. 389.

[3]) Vgl. Liszt S. 175; Hälschner Bd. I S. 325; Berner S. 126 A. 1; Kleinfeller S. 169 u. a. Ebenso das Reichsgericht in zahlreichen Urteilen.

Begehung strafbar, deshalb § 330 des Strafgesetzbuches. Deutlich tritt dies auch bei dem einfachen Bankerott hervor. Derselbe ist seinem innersten Wesen nach so sehr ein Fahrlässigkeitsverbrechen, daß seine vorsätzliche Begehung stets einen Ausnahmsfall bildet, daß er von verschiedenen Gesetzgebungen kurzweg als „leichtsinniger" Bankerott bezeichnet wird [1]), daß manche Schriftsteller erst darauf hinweisen zu müssen glauben, daß er überhaupt einer vorsätzlichen Begehung fähig ist. [2]) Die Fahrlässigkeit hier nicht anerkennen, hieße den Zweck des Gesetzes vereiteln. — Dabei weist auch der Gebrauch des Wortes „unordentlich" im Gesetz auf eine Berücksichtigung der Fahrlässigkeit hin.

Der einfache Bankerott setzt somit die Vorstellung, bzw. die pflichtwidrige Nichtvorstellung des Schuldners voraus, daß die Bankerotthandlung seine Zahlungsunfähigkeit bewirken werde. Allein eines Beweises bedarf die Schuld in Bezug auf den Ursachenverlauf nicht. Denn da der Kausalzusammenhang zwischen Bankerotthandlung und Zahlungsunfähigkeit nur vermutet wird, kann nicht die Vorstellung eines durch die Bankerotthandlung bewirkten Erfolgs verlangt werden, der in Wirklichkeit vielleicht einer anderen Ursache seine Entstehung verdankt. Ursachenzusammenhang und Schuld werden vielmehr gemeinsam vermutet. Ob dann die Vermutung den thatsächlichen Hergang erfaßt oder nicht, immer hat die Schuld die notwendige kausale Grundlage, auf die sie sich stützt. [3])

Natürlich wird nur dies letzte Glied in der Kette der Verschuldung vermutet. Im übrigen erfordert die Schuldseite des Verbrechens folgendes:

a) „Schuldner werden bestraft." Zu einer Bestrafung ist die Kenntnis oder unentschuldbare Unkenntnis dieses Umstands unerläßlich. Der Sohn z. B., der, ohne eigene Schulden zu haben, zu einer Zeit übermäßige Summen verspielt, zu der sein Vater — ohne sein Wissen — gestorben ist, so daß er

---

[1]) Z. B. in den Mecklenburger Verordnungen von 1859 § 9; Lübecker Konkursordnung von 1862 § 139; Braunschweiger Gesetz von 1863 § 2; sächsisches Strafgesetzbuch von 1868 Art. 307; Hamburger Kriminalgesetzbuch von 1869 Art. 196.

[2]) So Köstlin G. A. Bd. V S. 729 A. 8; Rohland S. 30 A. 2.

[3]) Eine Verschuldung wird auch präsumiert von Merkel, Lehrbuch S. 333; Berner S. 594.

als dessen Erbe Schuldner der Erbschaftsgläubiger geworden ist, kann bei einer später erfolgenden Zahlungseinstellung nicht wegen einfachen Bankerotts belangt werden. — Freilich der Fall, daß jemand nicht in irgend einer Beziehung Schuldner ist, sei es nun für den laufenden Mietzins oder für geleistete ärztliche Dienste u. s. w., wird ein ziemlich seltener sein.

b) Schuldner werden bestraft, wenn sie eine der in Z. 1—3 bezeichneten Handlungen begangen haben. Es ist daher eine Vorstellung bzw. unentschuldbare Nichtvorstellung der Begehung der Handlung zu verlangen. Verzeihlicher Irrtum, daß der Aufwand aus fremdem Vermögen bestritten werde, muß den Schuldner von Strafe befreien.

Die verbrecherische Handlung kann auch durch Dritte begangen werden. Dies wird insbesondere dann praktisch, wenn der Schuldner als Kaufmann die Buchführung einem Buchhalter übertragen hat. Natürlich kann er dadurch nicht ohne weiters alle Verantwortung von sich abwälzen. Er haftet für eine sorgfältige Auswahl und für eine entsprechende Beaufsichtigung desselben. Allein hier hat die Verschuldung ihr Ende. Man kann von dem Großkaufmann unmöglich verlangen, daß er jeden einzelnen Bucheintrag auf seine Richtigkeit prüfe. Für Irrtümer, die sich trotz pflichtmäßiger Ueberwachung in die Buchführung eingeschlichen haben, kann er nicht verantwortlich gemacht werden.

Noch enger sind die Grenzen der Verschuldung zu ziehen, wenn der Schuldner selbst von der Buchführung nichts versteht. Das Urteil des Reichsgerichts vom 17. XI. 80 (R. Bd. II S. 525 ff.) behauptet in einem solchen Falle: „Diese Verantwortlichkeit würde ihm um deswillen nicht abzunehmen sein, weil er einen fähigen Buchhalter unter Anwendung der erforderlichen Sorgfalt angestellt hat . . denn der Angeklagte würde immer dafür verantwortlich bleiben, daß er das kaufmännische Geschäft unternommen hat“.[1]) Sicherlich trifft ihn hiebei ein Verschulden. Aber bestraft § 210 den Betrieb eines Handelsgeschäftes unter ungenügender kaufmännischer Vorbildung? Die Unterlassung der Bilanz-

[1]) Vgl. auch das Urteil vom 17. XI. 81 (E. Bd. IV S. 420 ff.); Oppenhoff S. 728 14).

ziehung oder Buchführung oder die unordentliche Führung der Bücher ist als solche nicht schuldhaft begangen, wenn der Schuldner nicht in der Lage war, seinen Buchhalter, den er für zuverlässig halten mußte, zu überwachen oder überwachen zu lassen; denn es war ihm unmöglich, von der unordentlichen Buchführung Kenntnis zu erhalten. Die Voraussehbarkeit eines Erfolgs aber bemißt sich nach subjektivem Maßstab.[1])

c) Auch ein Stück des Ursachenverlaufes von der Bankerotthandlung zur Zahlungsunfähigkeit muß von der Schuld umfaßt werden. Für die Handlungen aus Z. 1 ist die Kenntnis oder pflichtwidrige Unkenntnis des Umstands zu fordern, daß die verbrauchten Summen übermäßige sind. Ein entschuldbarer Irrtum über die Größe des Vermögens, wie über die Höhe der Ausgaben schließt daher die Schuld aus.[2])

d) Die Streitfrage, ob die Verschuldung auch die Rechtswidrigkeit der verbrecherischen Handlung umfassen müsse, mag hier auf sich beruhen bleiben. Was die Verursachung der Zahlungsunfähigkeit durch den Verbrauch übermäßiger Summen betrifft, so muß die Vorstellung, daß die darin begründete Verletzung der Gläubiger eine rechtswidrige sei, von einem zurechnungsfähigen Menschen ohne weiters verlangt

---

[1]) Vgl. Liszt S. 175.

[2]) Das Urteil des Reichsgerichts vom 5. IV. 86 (E. Bd. XIV S. 87 ff.) erkennt an, daß ein Irrtum über die Vermögenslage schuldausschließend wirke. „Geradezu unverständlich“ soll es aber sein, wenn man ein Bewußtsein von der Uebermäßigkeit eines Spielverlustes verlange. „Der die Strafbarkeit begründende Leichtsinn liegt in der Eingehung der gewagten Geschäfte, während deren Ausgang . . weder vorhersehbar noch von der Einwirkung des Spielers abhängig ist.“ Erkennt das Reichsgericht keinen dolus eventualis an? Oder ist der dolus ausgeschlossen, wenn der Thäter Naturkräfte entfesselt? — Richtig das Urteil vom 4. I. 87 (R. Bd. IX. S. 5). — Nach dem Urteil vom 1. XI. 87 (R. Bd. IX S. 546) soll für den subjektiven Thatbestand die Annahme genügen, „daß der Angeklagte einen Verbrauch übermäßiger Summen durch Aufwand hätte vermeiden können und sollen“. Nun setzt aber der Begriff des Aufwandes notwendig solche Ausgaben voraus, die hätten vermieden werden können; daß sie hätten vermieden werden sollen, ist mit der Kriminalisierung des Thatbestandes ausgesprochen. — Nach Rohland S. 30 genügt für eine Bestrafung die irrtümliche Annahme eines Uebermaßes, das thatsächlich gar nicht vorhanden war!

werden; der Mangel einer solchen Vorstellung ist stets zur Fahrlässigkeit zuzurechnen. Bei der Verursachung der Zahlungsunfähigkeit durch Versäumung der kaufmännischen Buchführungspflichten wird die Strafrechtswidrigkeit einer solchen Handlungsweise vom Gesetz abhängig gemacht von ihrer Privatrechtswidrigkeit, und es ist auf diese Weise das Merkmal der Rechtswidrigkeit in den Thatbestand des Verbrechens aufgenommen worden. Dann muß sich aber die Schuld auch auf die Rechtswidrigkeit der Handlung erstrecken, ob man dies nun bei jedem Verbrechen verlangt[1]), oder nur bei denjenigen Verbrechen, in deren Thatbestand das Merkmal der Rechtswidrigkeit ausdrücklich hervorgehoben ist.[2]) Daß es gleichgültig sein muß, ob das Gesetz die Worte „widerrechtlich" oder „rechtswidrig" oder „gegen die Bestimmung des Handelsgesetzbuchs" gebraucht, bedarf kaum der Erwähnung. Und so ist denn die Rechtswidrigkeit der unterlassenen Bilanzziehung durch die Wendung „gegen die Bestimmung des Handelsgesetzbuchs", die Rechtswidrigkeit der Unterlassung der Buchführung mit den Worten bezeichnet „deren Führung ihnen gesetzlich oblag" während der gleiche Gedanke auf die übrigen in Z. 2 behandelten Vergehungen durch den Gebrauch des Wortes „dieselben" ausgedehnt ist.[3]) Ein entschuldbarer Irrtum über die von Z. 2 und 3 vorausgesetzten kaufmännischen Verpflichtungen schließt daher eine Bestrafung wegen einfachen Bankerotts aus, mag dieser Irrtum hervorgerufen sein durch die Unkenntnis der betreffenden Rechtssätze oder ihrer thatsächlichen Voraussetzungen. Der letztere Punkt ist unbestritten.[4]) Hinsichtlich des ersteren wird von Petersen-Kleinfeller (S. 604) behauptet: „Das Bewußtsein von der Kaufmannseigenschaft und den Pflichten eines Vollkaufmanns ist nicht erforderlich, weil schon fahrlässige Verletzung der kaufmännischen Pflichten

[1]) So z. B. Binding, Normen Bd. II S. 607.

[2]) So z. B. Liszt S. 134.

[3]) Vgl. Petersen-Kleinfeller S. 604.

[4]) Oppenhoff S. 725 2); Petersen-Kleinfeller S. 595; Völderndorff Bd. III S. 34; Urteile des Reichsgerichts vom 11. I. 82 (R. Bd. IV S. 36 ff.); vom 28. I. 82 (R. Bd. IV S. 94); vom 1. II. 82 (E. Bd. V S. 410); Pezold Bd. I S. 436 7).

genügt, und der Vorwurf der Fahrlässigkeit auch denjenigen Kaufmann trifft, der sich seine Pflichten nicht zum Bewußtsein bringt." Allein es lassen sich hier sehr wohl Fälle denken, in welchen die Unkenntnis der Pflichten eine entschuldbare ist. Es unterlasse z. B. ein Ausländer die Buchführung bei seinem buchführungspflichtigen Betriebe im Inland, nachdem er auf seine Anfrage bei einem Rechtsanwalt die Auskunft erhalten hat, daß sein Betrieb eine solche nicht erfordere. Der Schuldner kann hier nicht wegen einfachen Bankerotts bestraft werden. Dies spricht auch das Urteil des Reichsgerichts vom 13. III. 80 (R. Bd. I S. 469) aus: „Wenn ein entschuldbarer Irrtum des Angeklagten über den Umfang der ihm als Kaufmann gesetzlich obliegenden Pflichten nachgewiesen wäre, würde von einer Ausschließung des § 283 die Rede sein können".[1]) Von diesem Standpunkt ist jedoch das Reichsgericht in seinen späteren Entscheidungen abgewichen, indem es nur einem Irrtum über die Thatsachen, welche den Schuldner zum Vollkaufmann machen, schuldausschließende Kraft beilegt, eine Unkenntnis der handelsrechtlichen Vorschriften aber — im Widerspruch mit seiner sonstigen Rechtsprechung[2]) — als einen dem Strafrechtsirrtum gleichstehenden Rechtsirrtum für unbeachtlich erklärt.[3])

Schließlich ist neben der Wissensseite auch noch die Willensbeschaffenheit des Thäters zu berücksichtigen. Handlung ist gewolltes Thun oder Unterlassen.[4]) Es fehlt an einer rechtlich relevanten Handlung, wenn dem Schuldner die Erfüllung seiner kauf-

[1]) Auch das Urteil vom 5. VI. 80 (R. Bd. II S. 33) verlangt „ein schuldhafte Nichtkenntnis der betreffenden Pflichten". Ebenso Meyer S. 736 A. 14; Hälschner Bd. II S. 415 A. 5; Fuchs, Konkursprozeß S. 169.

[2]) Vgl. die Zusammenstellung bei Olshausen S. 288 ff.

[3]) Vgl. außer den schon genannten Urteilen vom 11. und 28. I. und vom 1. II. 82 die Entscheidungen vom 8. II. 83 (E. Bd. VIII S. 149); vom 11. VI. 83 (R. Bd. V S. 426); vom 19. II. 86 (R. Bd. VIII S. 128); vom 4. VI. 86 (R. Bd. VIII S. 422). Während die älteren Urteile diese Folgerung aus dem Wesen des einfachen Bankerotts als Formaldelikt ableiten, stützen sich die späteren Erkenntnisse auf das Verhältnis des St. G. B. § 59 zum Rechtsirrtum. — Ebenso Pezold Bd. I S. 436 7); Bd. II S. 502 ff. 12) 17).

[4]) Liszt S. 116.

männischen Pflichten körperlich oder geistig unmöglich war. Dem Kaufmann, der bei einer plötzlichen Mobilisierung einberufen wird,[1]) dem der Buchführung unkundigen Kaufmann, dessen Buchhalter erkrankt, kann die unterlassene Buchführung nicht zur Last gelegt werden, wenn er nicht für einen entsprechenden Ersatz Sorge zu tragen vermochte, trotzdem der objektive Thatbestand des Verbrechens verwirklicht wurde, und trotz seiner Vorstellung dieses Erfolgs.[2])

Eine Feststellung des Verschuldens im Urteil ist nach den herrschenden prozessualen Grundsätzen nicht erforderlich.[3])

Der einfache Bankerott stellt sich somit dar als die schuldhafte Verursachung der Zahlungsunfähigkeit.

Als angegriffenes Rechtsgut erscheinen die Forderungen der Gläubiger, welche bei der Zahlungseinstellung Not leiden. Freilich vermag eine Zahlungseinstellung weit über den Kreis der unmittelbar betroffenen Gläubiger hinaus Schaden zu stiften, sie legt vielleicht den Grund zu weiteren Zusammenbrüchen, sie kann lähmend eingreifen in den gesammten Kreditverkehr, und sicherlich liegt hierin ein schwerwiegender Grund, den Eintritt von Zahlungseinstellungen durch Strafdrohungen nach Möglichkeit einzudämmen. Allein wesentlich ist eine solche Fernwirkung für den Begriff des einfachen Bankerotts nicht. Auch die Herbeiführung einer Zahlungseinstellung, bei der die Verluste nur nach Hunderten zählen, ist strafwürdig.

Da sich der einfache Bankerott gegen die Forderungen der Gläubiger richtet, so kann er nicht als Gefährdungsverbrechen erscheinen. Denn die Zahlungsunfähigkeit hat notwendig eine Verletzung der Gläubiger zur Folge[4]).

Aus dem Wesen des einfachen Bankerotts ergibt sich des weitern, daß das Verbrechen grundsätzlich von jedem begangen

---

[1]) Vgl. Völderndorff Bd. III S. 35 A. 32.

[2]) Vgl. auch Petersen-Kleinfeller S. 604; Völderndorff Bd. III S. 35.

[3]) Vgl. z. B. das Urteil des Reichsgerichts vom 18. II. 86 (E. Bd. XIII S. 359). — Die Ansicht wird neuerdings bekämpft von Kleinfeller a. a. O. S. 178 ff.

[4]) Gleicher Ansicht sind Liszt S. 440, Völderndorff Bd. III S. 27 ff. — Abweichend Kleinfeller S. 163 ff. und die dort Angeführten.

werden kann, **der Schuldner zu sein vermag**, und auf diesen Standpunkt hat sich auch unser geltendes Recht gestellt. Hälschner (Bd. II S. 405) findet eine Bestrafung nur bei Kaufleuten gerechtfertigt, indem er sich auf die Eigentümlichkeit des kaufmännischen Kredits beruft, der ohne genauere Prüfung der Verhältnisse gewährt werden müsse, dessen fortwährende Benutzung dem Kaufmann ganz besondere Sorgfalt zur Pflicht mache; für den Nichtkaufmann fehle es an einem genügenden Strafgrund. Daß in Handelskreisen Kredit ohne nähere Prüfung der Verhältnisse gewährt werden muß, ist sicher richtig. Allein der Kaufmann weiß dies und stellt sich vor Verlusten sicher, indem er Risikoprämien auf den Preis schlägt. Der höheren Gefahr entspricht der höhere Gewinn, sodaß in dieser Beziehung ein Grund für die Gesetzgebung nicht vorliegt, zwischen dem Kredit der Kaufleute und der Nichtkaufleute zu unterscheiden. Dabei ist nicht nur der Kaufmann auf die fortwährende Benutzung des Kredits angewiesen. Auch der Produzent der Rohstoffe kann seiner nicht entbehren; ich erinnere in dieser Beziehung an die landwirtschaftlichen Genossenschaften, an die Hypothekenbanken, an die Aufnahme der Grundschuld in den Entwurf des bürgerlichen Gesetzbuchs, Institute, die sich die Pflege gerade dieses Zweiges des Kredits zur Aufgabe machen. Überhaupt aber ist es der Zug der Zeit, den Kredit allen Kreisen zugänglich zu machen. Die allgemeine Wechselfähigkeit legt davon Zeugnis ab, der Entwurf des bürgerlichen Gesetzbuchs will den abstrakten Schuldschein einführen. Wer den Kredit beansprucht, der haftet für seine sorgfältige Benützung! Jeder Schuldner hat gegen seine Gläubiger die Pflicht, sich zahlungsfähig zu erhalten.[1])

Nach § 214 der Konkursordnung sollen auch die Mitglieder

---

[1]) Umfangreiches Material liefern für diese Frage die Vorarbeiten der verschiedenen Gesetzgebungen. So zum preußischen Strafgesetzbuch von 1851 (Goltdammer, Materialien Bd. II S. 590), die Motive zum Strafgesetzbuch für den norddeutschen Bund (Drucksachen des Reichstags von 1870 Nr. 5 S. 136), die Reichstagsverhandlungen von 1870 (stenographische Berichte S. 718 und 720), die Motive zur Reichskonkursordnung (Materialien, herausgegeben von Hahn 1881 S. 405). Die Konkursordnung ist der alten deutschen Rechtsüberlieferung treu geblieben, während das preußische Strafgesetzbuch von 1851, und ihm folgend auch das Reichsstrafgesetzbuch die romanische Auffassung übernommen hatten.

des Vorstands einer Aktiengesellschaft oder eingetragenen Genossenschaft und die Liquidatoren einer Handelsgesellschaft oder eingetragenen Genossenschaft, welche ihre Zahlungen eingestellt hat, unter die Strafvorschriften der §§ 209—211 fallen, wenn sie in dieser Eigenschaft die mit Strafe bedrohten Handlungen begangen haben.[1]) Das Gesetz hat damit einem empfindlichen Mangel der bisherigen Gesetzgebung abgeholfen, indem es eine Strafe nicht blos auf die Verletzung der Pflicht setzte, das eigene Vermögen den Gläubigern leistungsfähig zu erhalten, sondern auch die Verletzung der Pflicht, das der Verwaltung jemands unterstellte Vermögen leistungsfähig zu erhalten, mit Strafe belegte. Freilich ist es dann wenig folgerichtig, bei gewissen Arten der Vermögensverwaltung die Bankerottstrafen zu verhängen, bei anderen dagegen auf die Strafvorschriften über Betrug, Unterschlagung, strafbaren Eigennutz u. s. w. zu verweisen,[2]) wenngleich nicht verkannt werden soll, daß das Bedürfnis eines strafrechtlichen Schutzes bei den im Gesetz genannten kaufmännischen Personenvereinigungen ein ungleich größeres ist als in anderen Fällen.

Die Erfordernisse des einfachen Bankerotts gelten entsprechend auch für die dem Schuldner nach gesetzlicher Vorschrift gleichstehenden Persönlichkeiten. Dieselben müssen die mit Strafe bedrohten Handlungen „begangen“ haben, d. h. sie müssen selbst die verbotene Handlung vorgenommen bzw. da zu handeln unterlassen haben, wo Handeln ihre Pflicht war.[3]) Sie müssen ferner die strafbaren Handlungen „in dieser Eigenschaft“ begangen haben, d. h. in Bezug auf das Vermögen oder die Buchführung der Gesellschaft, in Kenntnis oder schuldhafter Unkenntnis davon, daß die Gesellschaft Schuldner ist.

---

[1]) Nach dem Einführungsgesetz zur Konkursordnung § 6 stehen diesen gleich die Vorstände und Liquidatoren von Vereinen und registrierten Gesellschaften, welche auf Grund des bayerischen Gesetzes vom 29. IV. 1869 bestehen

[2]) Motive zur Konkursordnung (Hahn, Materialien S. 407).

[3]) Daß die Geschäftsverteilung unter mehrere Mitglieder des Vorstands die Verantwortlichkeit der nicht mit der Buchführung betrauten Mitglieder für die unterlassene Buchführung ausschließe, wird — wohl mit Recht — bejaht von dem Urteil des Reichsgerichts vom 9. III. 85 (E. Bd. XII S. 78 ff.) und von Petersen-Kleinfeller S. 618 ff. verneint von dem Urteil vom 9. I. 86 (E. Bd. XIII S. 238 ff.) und von Oppenhoff S. 736 4).

Der Versuch des Vergehens ist nicht für strafbar erklärt.[1]) Mit Recht! Denn wenn die Fähigkeit der Bankerotthandlung, für eine Zahlungseinstellung verursachend zu wirken, aus deren Eintritt zu Lasten des Thäters gefolgert wird, so muß ihr Nichteintritt auch zu seinen Gunsten den Schluß gestatten, daß der Handlung eine kausale Bedeutung für eine Zahlungseinstellung überhaupt nicht innewohnte.

Die Verjährung beginnt mit dem Tage der Bankerotthandlung zu laufen. Zwar ist der einfache Bankerott erst mit der Zahlungseinstellung vollendet, allein da sich die Zahlungseinstellung nach unserer Auffassung als der Erfolg der Bankerotthandlung darstellt, greift die Vorschrift des § 67 Abs. 4 des St. G. B. platz: „Die Verjährung beginnt mit dem Tage, an welchem die Handlung begangen ist, ohne Rücksicht auf den Zeitpunkt des eingetretenen Erfolges." [2])

Als Thatort erscheint derjenige Ort, an welchem sich die Zahlungsunfähigkeit des Schuldners in der Einstellung seiner Zahlungen oder in der Eröffnung des Konkursverfahrens über sein Vermögen geäußert hat. Denn eine Handlung ist da begangen, wo ihr Erfolg eintritt.[3]) Der Bankerott ist daher im Inlande

---

[1]) St. G. B. § 43 Abs. 2.

[2]) Zu diesem Ergebnis kommt auch Liszt S. 443 vermöge seiner Auffassung der Zahlungseinstellung als einer Bedingung der Strafbarkeit; ferner Meyer S. 740 für den Fall, daß „auch die Zahlungseinstellung noch auf einer schuldhaften Thätigkeit des Schuldners beruht" (vgl. aber S. 737: „Unwesentlich ist . . ob ein sogenannter Kausalzusammenhang . . vorliegt"). Die Auffassung, daß die Verjährung beginnen solle mit dem Eintritt des letzten Thatbestandsmerkmales, Bankerotthandlung oder Zahlungseinstellung, wird vertreten von den Urteilen des Reichsgerichts von 15. II. 81 (E. Bd. III S. 350 ff.); vom 17. I. 82 (R. Bd. IV S. 50); vom 26. VI. 82 (E. Bd. VII S. 392); vom 10. V. 83 (R. Bd. V S. 263); Pezold Bd. II S. 495 37); Binding, Handbuch Bd. I S. 838; Olshausen S. 356 11); Oppenhoff S. 718 38); Petersen-Kleinfeller S. 584 und die A. 2 angeführten.

[3]) Liszt S. 129. Dies Ergebnis erfährt eine entsprechende Änderung für die Vertreter der Ansicht, daß ein Verbrechen überall da begangen ist, wo ein Thatbestandsmerkmal desselben verwirklicht wurde. Vgl. Petersen-Kleinfeller S. 583 Text und die A. 2 citierten. — Liszt selbst (S. 443) gelangt unter dem Gesichtspunkt der Bedingung der Strafbarkeit zu dem Resultat, daß der Bankerott am Orte der Bankerotthandlung begangen ist.

erfolgt, wenn der Thäter in Monte Carlo gespielt hat, und in Brandenburg über ihn der Konkurs eröffnet worden ist.[1])

Der einfache Bankerott ist ferner nur einmal begangen, wenn auch mehrere Bankerotthandlungen, oder dieselbe Handlung mehrfach vorgenommen worden ist. Da die Bankerotthandlung beim einfachen Bankerott als die Ursache der Zahlungseinstellung erscheint, so beweist das Vorliegen mehrerer solcher Handlungen, daß dieselben gerade durch ihr Zusammentreffen die überwiegende Bedingung für die eingetretene Zahlungseinstellung gesetzt haben.[2]) Natürlich schließt dies nicht aus, daß bei einer Mehrheit von Zahlungseinstellungen desselben Schuldners mehrere Bankerotthandlungen in Realkonkurrenz zu einander stehen können.[3])

Wie weit eine Teilnahme am einfachen Bankerott strafbar sei, ist lebhaft bestritten. Die Schwierigkeiten, die sich hier ergeben, sind doppelter Art:

Zunächst wird eingewendet, daß das Hauptmoment der Strafbarkeit, die Zahlungseinstellung, in der Person des Teilnehmers gar nicht eintrete, daß nur der Schuldner selbst die Verpflichtung habe, die Interessen seiner Gläubiger in vorgeschriebener Weise zu wahren. So gelangt denn Völderndorff[4]) zu einer völligen Ablehnung der Möglichkeit einer Teilnahme am einfachen Bankerott, sofern nicht der Teilnehmer selbst als Mitschuldner des Thäters, z. B. als der mit dem Thäter in Gütergemeinschaft lebende Ehegatte, erscheint.[5]) Allein diese Theorie verkennt die accessorische Natur der Teilnahme. § 50 des St. G. B. rechnet nur die besonderen

---

[1]) Urteil des Reichsgerichts vom 20. IX. 87 (E. Bd. XVI S. 188 ff.).

[2]) Dieser Standpunkt wird auch von der gemeinen Meinung vertreten; vgl. die Literaturübersicht bei Petersen-Kleinfeller S. 585 A. 1. Die gleiche Auffassung herrscht in der französischen Jurisprudenz; Schriftsteller und Urteile bei Alauzet Bd. VI S. 681 A. 1. — Realkonkurrenz wird hier angenommen von Oppenhoff S. 717 33); Sarwey S. 741 9); Merkel H. H. Bd. II S. 821 und H. R. Bd. I S. 227; in seinem Lehrbuch S. 333 folgt Merkel jedoch der gemeinen Meinung.

[3]) Urteil des Reichsgerichts vom 9. VI. 84 (E. Bd. XI S. 5 ff.); Binding, Handbuch Bd. I S. 560 A. 4; Petersen-Kleinfeller S. 586.

[4]) Bd. III S. 8 ff. und 45.

[5]) Ebenso wird die Möglichkeit einer Teilnahme in Abrede gestellt von Köstlin G. A. Bd. VI S. 25 ff. und von dem überwiegenden Teile der französischen Jurisprudenz; vgl. Alauzet Bd. VI S. 681 Text und A. 2.

Thatumstände, welche die Strafbarkeit einer Handlung erhöhen oder vermindern, dem Thäter oder Teilnehmer zu, bei welchem sie vorliegen; Thatumstände, welche die Strafbarkeit des Thäters begründen, müssen auch dem Teilnehmer zugerechnet werden. So gut eine Teilnahme an Amtsdelikten für Nichtbeamte möglich ist, so gut muß auch eine Teilnahme am einfachen Bankerott für Nichtschuldner möglich sein.[1])

Bedenklicher ist die andere Schwierigkeit, die sich hier ergibt: wie muß die Schuld des Teilnehmers beschaffen sein? Ausgehend von dem gewiß unanfechtbaren Grundsatze, daß sich der Vorsatz des Teilnehmers nicht nur auf die Handlung, an der er teilnimmt, als solche, sondern auch auf sie in ihrer Eigenschaft als Verbrechen erstrecken müsse, folgert Meves (S. 395 ff.), daß es zu einer Bestrafung wegen Teilnahme nicht genüge, wenn jemand einfach zu dem Verbrauch übermäßiger Summen seitens des späteren Gemeinschuldners angestiftet oder geholfen habe, vielmehr müsse die Schuld des Teilnehmers alle Thatbestandsmerkmale umfassen und sich auch auf den rechtswidrigen Erfolg der Bankerotthandlung erstrecken. Sicherlich ist dies die einzig richtige Lösung der Frage in abstracto, für den einfachen Bankerott als schuldhafte Verursachung der Zahlungsunfähigkeit. Allein unser geltendes Recht präsumiert diesen Ursachenzusammenhang bei dem Thäter, um den schwierigen Beweis der Kausalität zu umgehen. Und bei dem Teilnehmer sollte dies anders sein?

Es ist auch hier die accessorische Natur der Teilnahme, welche auf den richtigen Weg führt: die Teilnehmerhandlung erhält ihren rechtlichen Charakter durch die Handlung des Thäters. Wo daher das Gesetz den Thäter für einen schwereren Erfolg seiner Handlung verantwortlich macht, für den ihm ein Verschulden nicht nachgewiesen ist, da ist auch der Teilnehmer nach diesem Gesetz zu beurteilen. Bei einer gemeinschaftlich begangenen Körperverletzung sind alle Mitthäter aus St. G. B. § 224 zu bestrafen, wenn auch nur einer von ihnen die schwere Verletzung verursacht hat.[2]) Wenn

---

[1]) So auch Meves S. 396.

[2]) Urteil des Reichsgerichts vom 7. V. 86 (E. Bd. XIV S. 119 ff.). — Ebenso Berner S. 520 ff.; Meyer S. 278; Olshausen S. 201 15), S. 212 17 b); Oppenhoff S. 122 44), S. 126 16).

nun aber der Teilnehmer in einem solchen Falle für die Verursachung eines Erfolgs haftet, auf den sich seine Schuld nicht erstreckte, so muß eine solche Haftung bei dem einfachen Bankerott umsomehr angenommen werden, als hier der Schwerpunkt des Verbrechens durch die Abschwächung des Ursachenzusammenhangs noch in höherem Maße in die verursachende Handlung verlegt ist als dort. Die Verschuldung des Teilnehmers braucht daher beim einfachen Bankerott nicht weiter zu reichen als die des Thäters, eine Auffassung, die auch von dem Reichsgericht in seinen Urteilen vom 1. I. 87. (E. Bd. XVI S. 277 ff.) und vom 13. VII. 88 (R. Bd. X S. 487 ff.), sowie von Oppenhoff (S. 726 3a)) und Petersen-Kleinfeller (S. 601) vertreten wird. Als Inhalt dieser Verschuldung ergibt sich einerseits die Kenntnis des Teilnehmers, daß der Thäter als Schuldner durch Aufwand, Spiel oder Differenzhandel übermäßige Summen verbrauche, daß derselbe im Widerspruch mit den Vorschriften des Handelsgesetzbuches seine Bücher unübersichtlich oder gar nicht führe oder die Bilanz zu ziehen unterlasse, sowie andererseits seine Vorstellung, daß er zu dieser Handlung bzw. Unterlassung als Teilnehmer beitrage.

Die Beseitigung der Handelsbücher.

Auch der Schuldner, der seine Handelsbücher verheimlicht oder vernichtet, wird „wegen einfachen Bankerotts" gestraft, d. h. es wird auch ihm eine schuldhafte Verursachung der Zahlungsunfähigkeit zur Last gelegt. Aber das Verhältnis dieser Handlungen zu der verursachten Zahlungsunfähigkeit ist ein anderes als das der übrigen in § 210 genannten Handlungen und Unterlassungen. Während dort bei einer teilweisen Verwirklichung des Thatbestandes dessen vollständige Erfüllung vermutet wird, wird hier von einem außerhalb des verbrecherischen Thatbestandes gelegenen Umstand auf dessen Eintritt geschlossen.[1]) Die logische Brücke zwischen diesem Thatbestand und der Beseitigung der Bücher bildet — wie schon erwähnt — der Gedanke, daß nur derjenige

[1]) Treffend wird dies Verhältnis bei älteren Schriftstellern betont; so von Köstlin G. A. Bd. V S. 743; von Escher S. 299; besonders treffend von dem ungenannten Verfasser G. A. Bd. II S. 657 ff.

Anlaß hat, seine Bücher zu verheimlichen, dem ein aus den Büchern ersichtliches Unrecht — nach positivrechtlicher Vorschrift ein einfacher Bankerott — zur Last fällt, daß die Verheimlichung somit erfolgt ist, die schuldhafte Verursachung der Zahlungsunfähigkeit zu verdecken.[1])

Die für die übrigen Fälle des einfachen Bankerotts aufgestellten Grundsätze erfahren hier vielfache Abweichungen. So kann von einem Ursachenzusammenhang zwischen der Beseitigung der Handelsbücher und der Zahlungsunfähigkeit keine Rede sein und ebensowenig von der Vermutung eines solchen. Damit entfällt auch die Einrede gegen die Vermutung, daß die Verursachung nicht unmöglich sein dürfe mit allen ihren Folgerungen.

Die Forderung, daß eine thatsächliche Zahlungsunfähigkeit vorliegen müsse, um eine Bestrafung wegen einfachen Bankerotts zu rechtfertigen, muß auch hier aufrecht erhalten werden; denn wo erwiesenermaßen eine wirkliche Zahlungsunfähigkeit nicht vorliegt, da kann ihr Vorhandensein mit keinem Beweismittel bewiesen werden.

Die andere Forderung dagegen, daß die Zahlungseinstellung der Bankerotthandlung immer nachfolgen müsse, kann hier nicht platzgreifen: die Kennzeichen, die ein Verbrechen beweisen, können aus der Zeit vor, wie nach der That stammen.[2])

Doch ist auch hier das zeitliche Verhältnis zwischen der Beseitigung der Bücher und dem Eintritt der Zahlungseinstellung kein unbegrenztes. Da die Verheimlichung oder Vernichtung der Handelsbücher als Kennzeichen des einfachen Bankerotts dienen soll, so setzt dies notwendig voraus, daß aus den beseitigten Büchern der einfache Bankerott, also die schuldhafte Verursachung der Zahlungsunfähigkeit, erkannt werden konnte. Dies ist aber nnr dann

[1]) Es ist die durch den Mangel der Bücher bewirkte Dunkelheit über die Verhältnisse des Schuldners, welche zu seinen Lasten gedeutet wird. Wenn dieser Handelsbücher beseitigt hat, die noch vorhandenen Bücher aber eine Übersicht über seine Vermögenslage gewähren, liegt kein Grund vor, einen einfachen Bankerott anzunehmen. Ebenso Kleinfeller S. 177; Petersen-Kleinfeller S. 605; Rüdorff-Stenglein S. 652 3).

[2]) Vgl. Urteil des Reichsgericht vom 8. XII. 84 (E. Bd. XI S. 386). Abweichend das Urteil vom 8./15. X. 83. (E. Bd. IX S. 136 ff.); Oppenhoff S. 728 15a).

möglich, wenn die beseitigten Bücher Angaben enthielten über die Zeit vor Eintritt der Zahlungsunfähigkeit. Da aber ferner eine Handlung nur dann als Bankerotthandlung erscheint, wenn durch sie die gleichen Forderungen bedroht werden, welche bei der Zahlungseinstellung Not leiden, so ist es erforderlich, daß die beseitigten Handelsbücher Auskunft geben konnten über Vorkommnisse aus einer Zeit, zu welcher die bei der Zahlungseinstellung verletzten Forderungen schon begründet waren. Handelsbücher aus dieser Zeit können auch nach der Zahlungseinstellung beseitigt werden. Es ist nun aber klar, daß der Schuldner nach der Zahlungseinstellung nicht zeitlebens für eine Beseitigung seiner Bücher verantwortlich gemacht werden kann. Man könnte daran denken, diese Verantwortlichkeit mit dem Ablauf der handelsrechtlichen Aufbewahrungspflicht von zehn Jahren (H. G. B. Art. 33) aufhören zu lassen.[1]) Allein § 210 Z. 2 verweist nur auf die handelsrechtlichen Vorschriften über die Führung, nicht auch über die Aufbewahrung der Bücher. Vielmehr tritt hier die eigentümliche Verjährung des Thatbestands ergänzend ein (s. unten).

Die Beseitigung der Handelsbücher wird erst strafbar, wenn sie mit einer Zahlungseinstellung in Verbindung tritt. Daraus ergibt sich denn für den subjektiven Thatbestand des Verbrechens die Notwendigkeit, daß der Thäter die Handlung im Zusammenhang mit einer bevorstehenden oder schon eingetretenen Zahlungseinstellung, somit in Kenntnis dieses Umstands, vornehmen müsse.

Als das Motiv der Thäterhandlung erscheint die Absicht des Schuldners, die schuldhafte Herbeiführung seiner Zahlungsunfähigkeit zu verdecken — ein Motiv, das freilich nicht des Nachweises bedarf. Indes darf wohl auch hier angenommen werden, daß sein Vorhandensein wenigstens denkbar sein muß. Es kann unmöglich vorliegen, wenn der Schuldner vor der Vernichtung eines Handelsbuches eine wortgetreue Abschrift desselben anfertigt.[2])

---

[1]) So Völderndorff Bd. III S. 25; Urteil des Reichsgerichts vom 6. XII. 87 (E. Bd. XVI S. 430).

[2]) Straflosigkeit wird hier auch angenommen von Völderndorff Bd. III S. 25 und Sarwey S. 739 8). Anders Petersen-Kleinfeller S. 605; Oppenhoff S. 729 15a); Schwarze S. 829 A. 1; Urteil des Reichsgerichts vom 6. XII. 87 (E. Bd. XVI S. 426 ff.).

Im übrigen unterscheiden sich Verheimlichung und Vernichtung der Handelsbücher von den kaufmännischen Vergehungen des § 210 in subjektiver Hinsicht darin, daß sie nur eine vorsätzliche Begehung zulassen. Bei der Verheimlichung erhellt dies ohne weiters aus dem Wortsinn; es gilt dies aber auch für die Vernichtung. Denn nicht die Vernichtung als solche wird bestraft, sondern nur, insofern sie als Kennzeichen des einfachen Bankerotts dient; eine fahrlässige Vernichtung der Handelsbücher aber, in der Absicht vorgenommen, die schuldhafte Herbeiführung der Zahlungsunfähigkeit zu verdecken, ist undenkbar.

Die Verjährung des Verbrechens beginnt mit der Zahlungseinstellung. Denn da die Strafe „wegen einfachen Bankerotts" verhängt wird, als dessen Kennzeichen die Beseitigung der Handelsbücher erscheint, so muß sich auch die Verjährung auf den einfachen Bankerott, d. h. auf die schuldhaft verursachte Zahlungsunfähigkeit beziehen. Der Zeitpunkt, an welchem der Beweis des Verbrechens erbracht wird, kann auf den Lauf der Verjährung desselben keinen Einfluß üben. Dabei wird hier nicht, wie in den übrigen Fällen des § 210, auf eine schuldhafte Verursachung der Zahlungsunfähigkeit, sondern auf eine schuldhaft verursachte Zahlungsunfähigkeit geschlossen, so daß hier für eine Anwendung des § 67 Abs. 4 kein Raum ist. Eine nach Ablauf der fünfjährigen Verjährungsfrist vorgenommene Vernichtung oder Verheimlichung kann daher nicht mehr bestraft werden.

Als Thatort erscheint der Ort, an welchem das Verbrechen zur Vollendung gelangte, wo also die Zahlungseinstellung bzw. Konkurseröffnung erfolgte. Der Ort, an welchem der Beweis des Verbrechens erbracht wurde, ist bedeutungslos.

Eine Konkurrenz der Beseitigung der Handelsbücher mit anderen in § 210 genannten Handlungen ist ausgeschlossen. Denn die Vernichtung der Bücher beweist nur, was schon aus dem Verbrauch übermäßiger Summen hervorgeht: daß die Zahlungseinstellung eine schuldhafte ist. Und ebenso handelt es sich nur um mehrere Beweise derselben Thatsache, wenn eine Beseitigung von Büchern mehrfach vorgenommen wurde.

Als Teilnehmer ist jeder Dritte zu bestrafen, der in Kenntnis der bevorstehenden oder eingetretenen Zahlungseinstellung zu der Verheimlichung oder Vernichtung mitwirkt.

II.

Der betrügerische Bankerott.

K. O. § 209:

„Schuldner, welche ihre Zahlungen eingestellt haben, oder über deren Vermögen das Konkursverfahren eröffnet worden ist, werden wegen betrüglichen Bankerutts mit Zuchthaus bestraft, wenn sie in der Absicht, ihre Gläubiger zu benachteiligen,

1) Vermögensstücke verheimlicht oder bei Seite geschafft haben,

2) Schulden oder Rechtsgeschäfte anerkannt oder aufgestellt haben, welche ganz oder theilweise erdichtet sind,

3) Handelsbücher zu führen unterlassen haben, deren Führung ihnen gesetzlich oblag, oder

4) ihre Handelsbücher vernichtet oder verheimlicht oder so geführt oder verändert haben, daß dieselben keine Uebersicht des Vermögenszustandes gewähren.

Sind mildernde Umstände vorhanden, so tritt Gefängnißstrafe nicht unter drei Monaten ein."

Der Thatbestand des betrügerischen Bankerotts ist minder bestritten als der des einfachen Bankerotts. Und doch finden sich auch hier mehrfach Ansichten, die mit dem Wesen des Verbrechens nicht recht in Einklang stehen.

Daß ein Ursachenzusammenhang zwischen Bankerotthandlung und Zahlungseinstellung nicht erwiesen sein müsse, wird auch hier übereinstimmend behauptet. Allein es soll dies nach Merkel[1]) nur für das geltende Recht zutreffen, während die Benennung und sonstige Behandlung des Delikts an und für sich auf einen kausalen Zusammenhang hinweisen. Baumgarten[2]) nennt den betrügerischen Bankerott als ein Beispiel für seinen Satz, daß sich „in manchen verbrecherischen Thatbeständen gewisse Ereignisse als Merkmale des gesetzlichen Begriffes angeführt finden, deren kausaler Zusammenhang mit der verbrecherischen Handlung zwar nicht ausdrücklich verlangt wird, aber dennoch in leicht erkennbarer Beziehung zu derselben steht". So bringt denn auch das Urteil des Reichsgerichts

---

[1]) H. H. Bd. III S. 820 A. 11.

[2]) Die Lehre vom Versuch der Verbrechen 1888 S. 367 ff.

vom 9. XI. 85 (E. Bd. XIII S. 43) diesen Gedanken in aller Deutlichkeit zum Ausdruck: „Die Herbeiführung des Konkurses ist die schuldhafte Handlung des § 209.“ Und so behauptet auch Rohland (S. 61 ff.), die Bankerotthandlung schließe die „generelle Möglichkeit“ in sich, den „Erfolg“ der Zahlungseinstellung herbeizuführen; und er geht so weit, zu behaupten, der Thatbestand des Verbrechens sei nicht gegeben, wenn diesen Erfolg der Handelnde unmöglich verursacht haben könne, wenn z. B. ein Krieg auch seine Zahlungseinstellung zur Folge habe.

Bei einer durch Krieg bewirkten Zahlungseinstellung darf also der Schuldner ungestraft den Rest seines Vermögens bei Seite schaffen? Wenn er Schulden erdichtet, wenn er seine Bücher verbrennt, soll ihm das nicht weiter übel genommen werden?

Ein Ursachenzusammenhang zwischen Bankerotthandlung und Zahlungseinstellung ist dem Begriff des Verbrechens fremd. Gerade von der cessio bonorum, von einer unverschuldeten Zahlungseinstellung, hat das Verbrechen seinen Ausgang genommen. Die Vermögensminderung nach Eintritt der Zahlungseinstellung, die einen solchen Zusammenhang notwendig ausschließt, „ist von jeher recht als der Mittelpunkt für den Begriff des dolosen Bankerotts angesehen“ worden.[1]) Sollen diese Fälle aus dem betrügerischen Bankerott ausscheiden, so stünden für die Herbeiführung der Zahlungsunfähigkeit zwei Verbrechensformen zu gebote, für die viel verwerflichere Vergrößerung einer solchen keine einzige.

Dem wird denn auch von den meisten Schriftstellern Rechnung getragen, und so besteht der betrügerische Bankerott nach manchen teils aus Handlungen, die mit der Zahlungseinstellung in ursächlichem Zusammenhang stehen, teils aus Handlungen, wo ein solcher fehlt.[2])

Köstlin und Seeger nennen in ersterer Beziehung die Herbeiführung einer vorgespiegelten Zahlungsunfähigkeit durch Beiseiteschaffen von Vermögensstücken u. s. w. Allein wenn man genauer zusieht, so erscheint die Beiseiteschaffung hier nicht als Bedingung, geschweige als Ursache der vorgespiegelten Zahlungsunfähigkeit.

---

[1]) Köstlin G. A. Bd. VI S. 4; vgl. auch Seeger G. A. Bd. XX S. 142.

[2]) So Hälschner Bd. II S. 408; Löning S. 117; Köstlin G. A. Bd. VI S. 3 ff.; Seeger G. A. Bd. XX S. 142.

Kausal ist für diese die fälschliche Erklärung des Schuldners, wegen Zahlungsunfähigkeit seinen Verbindlichkeiten nicht nachkommen zu können. Eine solche Vorspiegelung läßt sich sehr wohl denken, ohne daß der thatsächlich zahlungsfähige Schuldner Vermögensstücke bei Seite schafft; nur wird er sich sagen müssen, daß ihm die Vorspiegelung wenig helfen wird, wenn er nicht zugleich durch Handlungen des Beiseiteschaffens und ähnliche den Schein erweckt, daß die Erklärung seiner Zahlungsunfähigkeit seiner thatsächlichen Vermögenslage entspreche. Es handelt sich hier um ein äußerliches Nebeneinander, aber nicht um ein ursächliches Durcheinander von Bankerotthandlung und Zahlungseinstellung.

Löning setzt den betrügerischen Bankerott zusammen aus den beiden Thatbeständen einer „absichtlichen Unterdrückung von Aktiven oder Aufstellung erdichteter Passiven nach eingetretener Insolvenz" und aus einer „absichtlichen Herbeiführung bzw. Nichtverhinderung der Insolvenz durch gewisse gesetzlich bezeichnete Handlungen".

Nun kann der zahlungsfähige Schuldner aber weder durch Verheimlichung von Vermögensstücken noch durch Erdichtung von Schulden, nicht durch Vernichtung und nicht durch Verfälschung von Handelsbüchern eine thatsächliche Zahlungsunfähigkeit bewirken. Und wenn auch einzelne der Bankerotthandlungen, wie die unterlassene Buchführung, an und für sich für den Eintritt der Zahlungsunfähigkeit kausal sein können, so ist doch für eine besondere Betonung ihrer Ursachenqualität nicht der geringste Anhaltspunkt gegeben, und es ist kaum anzunehmen, daß um ihretwillen der einheitliche Verbrechensbegriff ohne Not zerrissen werden sollte.

Als der einheitliche Thatbestand des betrügerischen Bankerotts erscheint die Verringerung des bei einer Zahlungseinstellung oder in einem Konkursverfahren für die Befriedigung der Gläubiger zu gebote stehenden schuldnerischen Vermögens.

Es handelt sich somit um eine Verringerung des schuldnerischen Vermögens. Alle in § 209 genannten Bankerotthandlungen stellen eine solche Vermögensminderung dar. Auch die Anerkennung erdichteter Schulden; denn nicht die Erfüllung, sondern die Begründung der Schuld mindert das Vermögen des Schuldners; den Gläubigern gegenüber aber wirkt eine erdichtete Schuld nicht anders als eine zu Recht bestehende. Daß auch die verschiedenen

Buchdelikte als eine Vermögensminderung erscheinen, haben wir schon oben (S. 119 A. 2) ausgeführt.

Es kommt ferner nur eine Verminderung des bei einer Zahlungseinstellung oder in einem Konkursverfahren vorhandenen Vermögens in Betracht. Der Schuldner ist für die Verminderung seines Vermögens nur insoweit verantwortlich, als sich dieses Vermögen als eine (Konkurs- oder Zahlungseinstellungs-) Masse darstellt. Ob die Zahlungseinstellung oder das Konkursverfahren auf wirklicher Zahlungsunfähigkeit (Ueberschuldung), auf ihrer Vorspiegelung, auf ihrer irrtümlichen Annahme beruht, ist hier völlig gleichgültig; soweit die besondere Gefahr, daß der Thäter bei der Rechtsunsicherheit, wie sie Zahlungseinstellung und Konkurs notwendig mit sich bringen, einige Aussicht hat, unentdeckt zu bleiben, strafbegründend für den betrügerischen Bankerott wirkt, trifft dies auch bei einer auf scheinbarer Insolvenz beruhenden Zahlungseinstellung zu; und in jedem Falle trifft den Schuldner der Vorwurf, daß er die Notlage seiner Gläubiger böswillig verschlimmert habe.

Endlich handelt es sich um eine Verringerung des bei einer Zahlungseinstellung oder in einem Konkursverfahren für die Befriedigung der Gläubiger zu gebote stehenden Vermögens. Es bedeutet dies gegenüber einer Verminderung des schuldnerischen Vermögens überhaupt eine Ausdehnung des Verbrechens, insofern eine Beiseiteschaffung von Vermögensstücken seinen Thatbestand auch dann erfüllt, wenn sich die hinterzogene Sache thatsächlich noch im Vermögen des Schuldners befindet. Es bedeutet dies andererseits eine Einschränkung desselben, insofern die Beiseiteschaffung eines Stückes aus dem schuldnerischen Vermögen, welches der Zwangsvollstreckung[1]) bzw. dem Konkursverfahren[2]) entzogen ist, eine Bestrafung wegen betrügerischen Bankerotts nicht begründet.[3]) Ebensowenig haben die Gläubiger gegen den Minderkauf-

---

[1]) C. P. O. §§ 715, 749, 757; andere diesbezügliche Reichsgesetze bei Petersen-Kleinfeller S. 6 ff.

[2]) K. O. §§ 1, 45. — Durch § 1 Abs. 3 der Konkursordnung entsteht eine beachtenswerte Verschiedenheit der Behandlung, je nachdem der Schuldner seine Zahlungen eingestellt hat, oder über ihn das Konkursverfahren eröffnet worden ist.

[3]) Vgl. Hälschner Bd. II S. 410; Petersen-Kleinfeller S. 591 und die

mann einen Anspruch auf die Führung von Handelsbüchern, wenngleich deren Mangel unter Umständen eine Entwertung seines Vermögens bedeutet; das Gesetz verweist in Z. 3 ausdrücklich auf die handelsrechtliche Verpflichtung zur Buchführung. Hat allerdings der Schuldner auch ohne gesetzlichen Zwang Handelsbücher geführt, so ist er verpflichtet, den Vorteil dieser Buchführung auch seinen Gläubigern zu gute kommen zu lassen; Z. 4 beschränkt die Strafrechtswidrigkeit des Thatbestands nicht auf seine Privatrechtswidrigkeit.[1])

Die Verringerung des bei einer Zahlungseinstellung oder in einem Konkursverfahren für die Befriedigung der Gläubiger zu gebote stehenden schuldnerischen Vermögens, oder kürzer, die Verringerung einer (Zahlungseinstellungs- oder Konkurs-) Masse, kann ebensowohl vor wie nach dieser Zahlungseinstellung (der Eröffnung des Konkurses) erfolgt sein — aber auch hier mit der Beschränkung, daß gleiche Forderungen durch Bankerotthandlung und Zahlungseinstellung verletzt werden. Geht die Bankerotthandlung der Zahlungseinstellung voraus, so haftet den nach der Handlung begründeten Forderungen nur das im Augenblick der Begründung bestehende, durch die Bankerotthandlung schon geschmälerte Vermögen des Schuldners; folgt sie der Zahlungseinstellung nach, so fehlt es für

---

in A. 7 citierten; Pezold Bd. I S. 430 31); Urteil des bayerischen obersten Gerichtshofes vom 28. XII. 72 (Entscheidungen in Strafsachen Bd. II S. 307 ff.).

[1]) Ebenso Liszt S. 445; Meyer S. 738 A. 27; Hälschner Bd. II S. 411 und andere; ferner die Urteile des Reichsgerichts vom 23. X. 80, vom 30. X. 80, vom 21. XI. 81 (R. Bd. II S. 376 und 410, Bd. III S. 720); Pezold Bd. I S. 431 38). Abweichend Schütze S. 493 und 495, Völderndorff Bd. III S. 25 und teilweise auch Merkel H. H. Bd. III S. 818. Merkel kann einen „zureichenden Grund für diese verschiedene Behandlung" nicht finden. Er liegt wohl in folgender Erwägung: Führt der Minderkaufmann überhaupt keine Bücher, so macht er nur von seinem Recht Gebrauch, auf den Grund der Unterlassung kann es nicht ankommen. Erklärt er dagegen durch die Führung von Büchern seinen Verzicht auf dies Recht, so liegt kein Grund vor, ihn anders zu behandeln, als einen buchführenden Kaufmann, der hiezu verpflichtet ist. Wie bei diesem, so erscheint auch bei ihm die Verheimlichung oder Vernichtung der Bücher als ein Akt reiner Böswilligkeit. Die unübersichtliche Führung der Bücher aber, die vorsätzlich und in der Absicht vorgenommen wurde, die Gläubiger zu benachteiligen, stellt, gerade wie deren böswillige Veränderung, die arglosen Gläubiger viel schlechter, als wenn die Buchführung gänzlich unterblieben wäre.

die später entstehenden Forderungen an dem die Strafbarkeit der Vermögensminderung begründenden Merkmal der Zahlungseinstellung. Uebrigens erfährt der Umfang des Verbrechens eine wesentliche Einschränkung durch die vom Gesetzgeber geforderte Absicht, die Gläubiger zu benachteiligen.

Eine Verminderung der Masse ist nach gesetzlicher Vorschrift nur dann als betrügerischer Bankerott strafbar, wenn sie in der Absicht erfolgt ist, die Gläubiger zu benachteiligen. Die Bedeutung dieses Erfordernisses ist bestritten. Nach der einen Ansicht verlangt der Gesetzgeber damit zu einer Bestrafung, daß es gerade die Vorstellung des die Gläubiger treffenden Schadens war, welche den Thäter zur Vornahme der Bankerotthandlung reizte, daß er zum Zwecke ihrer Benachteiligung thätig wurde; nach der andern Ansicht dagegen bedeutet die Benachteiligungsabsicht nicht mehr als den für die Begehung des Verbrechens erforderlichen dolus: das Bewußtsein von der die Gläubiger benachteiligende Eigenschaft der Bankerotthandlung, bzw. den Willen, diesen Erfolg herbeizuführen.

Schwerwiegende Gründe sprechen für diese letztere Ansicht. Wird der betrügerische Bankerott nur bestraft, wenn die Benachteiligung das Motiv des Thäters bildete, so hat dies eine bedauerliche Schutzlosigkeit der Gläubiger zur Folge. Die Verminderung der Masse wird nur in seltenen Fällen der reinen Bosheit des Schuldners entspringen, seiner Freude darüber, daß er seinen Gläubigern einen Possen spielen könne. Ihre natürliche Erklärung finden die Handlungen aus Z. 1 und 2 darin, daß der Schuldner durch deren Vornahme sich einen Vorteil verschaffen will — wie ja auch bei der Bankerottunterstützung nach § 21? der Thäter im „Interesse" des Schuldners handeln muß — während die Handlungen aus Z. 3 und 4 naturgemäß zur Verdeckung unlauterer Vorkommnisse verübt werden. Soll die Benachteiligung als Motiv der Thäterhandlung gefordert werden, so ergibt sich ferner die außerordentliche Schwierigkeit, dieses Motiv zu beweisen. Da ein innerer Vorgang, wie die Einwirkung von Reizen und Gegenreizen auf das Zustandekommen der Handlung, der sinnlichen Wahrnehmung entrückt ist, kann es sich bei dem Beweise eines solchen Vorganges immer nur um einen Wahrscheinlichkeitsschluß handeln. Es besteht nun ein hoher Grad von Wahrscheinlichkeit, daß die Bankerotthandlung aus Eigennutz, bzw. um der Entdeckung von Unredlichkeiten vorzubeugen, ein sehr geringer dagegen, daß sie aus Böswilligkeit erfolgte. Insbesondere war es auch der Gedanke des Gesetzgebers, mit der „Absicht, zu benachteiligen" für den betrügerischen Bankerott nicht mehr zu verlangen als den gleichinhaltlichen Vorsatz. Nach den Motiven zum Strafgesetzbuch (S. 134) wurde die Absicht in den Thatbestand aufgenommen, „weil selbst diejenigen Handlungen, welche, wie das Beiseiteschaffen von Vermögensstücken oder die Anerkennung erdichteter Forderungen, häufig zum Zweck einer widerrechtlichen Bereicherung des Schuldigen oder eines bestimmten Dritten begangen werden, immer mit der bewußten Absicht verbunden sind, daß bestimmte Sachen oder Werte der Gesammtheit der Gläubiger entzogen werden sollen." Der gesetzliche Wortlaut stimmt denn auch wörtlich mit dem gleichen Erfordernis in K. O. § 24 Z. 1 und Anfechtungsgesetz vom 21. VII. 1879 § 3 Z. 1 überein, welche ihrerseits der gemeinrechtlichen Pauliana entsprechen, die eine mit dem Bewußtsein einer Benachteiligung der Gläubiger erfolgte Veräußerung als „animo fraudandi" unternommen bezeichnete.[1])

Allein mit dürren Worten besagt unser Gesetz das Gegenteil: die Bankerotthandlung muß begangen sein „in der Absicht, zu benachteiligen". Ein Infinitiv mit „in der Absicht zu", „um zu" ist nach den klaren Regeln der Grammatik ein finaler; die Bedeutung eines Finalsatzes aber ist notwendig die, den Zweck der im Hauptsatz bestimmten Handlung anzugeben. Wenn unser Strafgesetzbuch das Wort „Absicht" manchmal in dem Sinne von „Vorsatz" gebraucht, so ist dies doch nur da der Fall, wo es sprachlich möglich ist; die Wendung „in der Absicht zu" anders als final aufzufassen, verletzt die sprachliche Logik. Es ist dies zwar analoger Weise bei der römischen Pauliana geschehen; allein es liegt gar kein Grund vor, eine solche Ausnahme extensiv auszulegen. „animus enim latitantis quaeritur, quo animo latitet, ut fraudet creditores, an alia ex causa" (vgl. oben S. 10).[2])

[1]) l. 17 D. 42, 8.

[2]) Ebenso Liszt S. 444 mit 167; Meyer S. 738; Löning S. 38; Oppenhoff S. 716 26) mit S. 158 1); Rohland S. 35; Urteil des Reichsgerichts vom 12. VII. 83 (R. Bd. V S. 580 ff.); das preußische Obertribunal für § 259 Z. 3 und 4 des preußischen Strafgesetzbuchs; teilweise auch Merkel H. H. Bd. III S. 818 und Pezold Bd. I S. 430 28); Binding, Normen Bd. I S. 114 spricht von einem „animus nocendi" beim betrügerischen Bankerott, vgl. aber Bd. II S. 597. Abweichend Hälschner Bd. II S. 412 und

Eine weitere Angabe enthält das Gesetz nach der subjektiven Seite nicht. Wenn somit die Absicht des § 209 als der Beweggrund aufzufassen ist, der den Thäter zum Handeln trieb, so fehlt es an einer näheren Bezeichnung für die Schuld, welche der Thäterhandlung zu eigen sein muß. Indessen kann es nach dem ganzen Wesen des Verbrechens nicht zweifelhaft sein, daß den Thäter nur eine vorsätzliche Begehung desselben strafbar macht. Als Inhalt dieses Vorsatzes ergibt sich die Vorstellung des Thäters, daß er die Masse vermindere, daß er bei einer Zahlungseinstellung eine der in Z. 1—4 bezeichneten Handlungen vornehme.

Was den Irrtum über die handelsrechtliche Verpflichtung zur Buchführung anlangt, so wirkt ein solcher in Z. 3 unter allen Umständen schuldausschließend, da das Merkmal der Rechtswidrigkeit in den Thatbestand aufgenommen ist[1]), während er in Z. 4 diese Wirkung nie üben kann, da ja der Thäter auch dann bestraft wird, wenn er zur Buchführung nicht verpflichtet war.

Als wichtigster Bestandteil des verbrecherischen Vorsatzes erscheint seine Beziehung auf die Zahlungs-einstellung bzw. Konkurseröffnung: der Thäter muß der Masse einen Gegenstand entziehen, er muß handeln im Hinblick auf eine bevorstehende oder eingetretene Zahlungseinstellung.[2]). Wie die Zahlungseinstellung zu stande gekommen, ist für den objektiven und subjektiven Thatbestand des Verbrechens gleichmäßig unwesentlich. Der Schuldner muß von der zu erwartenden oder schon erfolgten Zahlungseinstellung bei Vornahme der Bankerotthandlung Kenntnis haben, wie der Deutsche, der in einer fremden Kriegsmacht Dienste nimmt, wissen muß, daß dies während eines von dieser Macht gegen das deutsche Reich geführten Krieges geschehe, wenn er wegen Landesverrats (St. G. B. § 88) bestraft werden soll. Es handelt sich hier wie dort um ein von der Verschuldung umfaßtes Thatbestandsmerkmal, welches außerhalb der Thäterhandlung liegt. Eigentümlicherweise erklärt Binding[3]) eine Ausdehnung der

424; Geyer Bd. II S. 66 mit Bd. I S. 108; Petersen-Kleinfeller S 589.; Urteil des Reichsgerichts vom 17. III. 82 (E. Bd. VI. S. 95).

[1]) Vgl. ein solches Beispiel bei Binding, Normen Bd. II S. 480.

[2]) Ebenso Merkel H. H. Bd. III S. 819; Oppenhoff S. 716 28); Schwarze S. 822; Petersen-Kleinfeller S. 589; Völderndorff Bd. III S. 16 A. 16; Pezold Bd. II S. 495 40).

[3]) Normen Bd. II S. 480.

Schuld auf die Zahlungseinstellung für unmöglich, während Merkel[1]) eine Verschuldung hinsichtlich derselben präsumieren will.

Betrügerischer Bankerott ist somit die von dem Schuldner vorsätzlich vorgenommene Verminderung seines bei einer Zahlungseinstellung oder in einem Konkursverfahren für die Befriedigung der Gläubiger verfügbaren Vermögens zum Zwecke einer Benachteiligung derselben. Als strafbar erscheint daher keineswegs die Zahlungseinstellung[2]), sondern die Vermögensminderung, und es folgt daraus die Natur des betrügerischen Bankerotts als eines reinen Vermögensdelikts. Da ferner eine Vermögensminderung die Gläubiger notwendig beschädigt, handelt es sich bei dem betrügerischen Bankerott um ein Verletzungsverbrechen, nicht um ein Gefährdungsverbrechen[3]) und nicht um den Versuch eines Verletzungsverbrechens.[4]) Aus dem Wesen des Verbrechens ergibt sich denn auch, daß es grundsätzlich keinen Unterschied machen kann, ob es von Kaufleuten oder Nichtkaufleuten begangen wird. Im übrigen erweitern auch hier die Vorschriften des § 214 den Kreis der Verbrechenssubjekte.

Das Verbrechen ist vollendet, wenn die Bankerotthandlung der Zahlungseinstellung nachfolgte, mit der Vollendung der Handlung; wenn sie der Zahlungseinstellung vorausging, mit dem Eintritt der die Vermögensminderung erst zur Masseminderung stempelnden Zahlungseinstellung.[5])

Die Verjährung des Verbrechens beginnt mit der Bankerotthandlung zu laufen, wenn dieselbe nach Eintritt der Zahlungseinstellung begangen worden. Ist sie im Hinblick auf eine bevorstehende Zahlungseinstellung begangen, so ist die Thätigkeit des

---

[1]) Lehrbuch S. 333 — nachdem er H. H. Bd. III S. 819 bei der Bankerotthandlung ausdrücklich Rücksicht auf eine erfolgte oder in Aussicht genommene Zahlungseinstellung verlangt —

[2]) Wie Merkel Lehrbuch S. 333, Hälschner G. A. Bd. XVIII S. 671 und wohl auch Liszt S. 441 2a behaupten; ebenso die Urteile des Reichsgerichts vom 9. IX. 85 (E. Bd. XIII S. 43) und vom 20. IX. 87 (E. Bd. XVI S. 189).

[3]) Petersen-Kleinfeller S. 582 und die A. 1 citierten.

[4]) Rohland S. 35.

[5]) Vgl. Liszt S. 129.

Schuldners mit der Begehung der Bankerotthandlung abgeschlossen, und es steht der Erfolg der That nur insoferne aus, als die Vermögensminderung erst durch den Eintritt der Zahlungseinstellung zu einer Masseminderung werden kann. Die Verjährung des Verbrechens muß mit Rücksicht auf St. G. B. § 67 Abs. 4 wohl auch hier mit dem Abschluß der Bankerotthandlung beginnen.[1])

Die Verminderung der Masse wird dort wirksam, wo sich die Masse befindet; dort ist daher der betrügerische Bankerott begangen,[2]) mag z. B. die Anerkennung erdichteter Forderungen auch anderwärts erfolgt sein.

Der Versuch des betrügerischen Bankerotts kann in verschiedenartigen Formen zum Dasein gelangen.

1. Der nächstliegende Fall ist der, daß die Verminderung der Masse um deswillen nicht zur Vollendung gelangte, weil die Verminderungshandlung unvollendet blieb. Es ist hier eine doppelte Möglichkeit vorhanden:

a) Der Schuldner beginnt die Ausführung der Bankerotthandlung nach Eintritt der Zahlungseinstellung, ohne dieselbe zu vollenden.[3])

b) Der Schuldner versucht eine Bankerotthandlung im Hinblick auf die später wirklich erfolgende Zahlungseinstellung.[4])

2. Wurde die Bankerotthandlung im Hinblick auf eine bevorstehende Zahlungseinstellung zu Ende geführt, und es ist die erwartete Zahlungseinstellung ausgeblieben, so hat die Bankerott-

---

[1]) Vgl. dazu Olshausen S. 355 10) und das Urteil des Reichsgerichts vom 2. XI. 83 (E. Bd. IX S. 155).

[2]) Vgl. Liszt S. 129.

[3]) Ebenso Liszt S. 443; Meyer S. 739; Hälschner Bd. II S. 411; Merkel H. H. Bd. III S. 820; Baumgarten, Versuch S. 368 A. 71; Olshausen S. 165 5); Oppenhoff S. 718 36); Schwarze S. 826 22); Petersen-Kleinfeller S. 598; Völderndorff Bd. III S. 8; Urteil des Reichsgerichts vom 9. XI. 85 (E. Bd. XIII S. 42). — Rubo, Kommentar über das Strafgesetzbuch für das deutsche Reich 1879 § 43 13), leugnet die Möglichkeit eines Versuchs des betrügerischen Bankerotts gänzlich.

[4]) Ebenso Liszt S. 443 mit 181; Schwarze S. 826 22); wohl auch Geyer Bd. II S. 67; Oppenhoff S. 718 36); das angeführte Reichsgerichtsurteil. Baumgarten S. 367 verwirft diesen Fall, weil es hier offenbar sei, daß die Zahlungseinstellung nicht durch die Bankerotthandlung verursacht wurde.

handlung zwar das Vermögen des Schuldners, aber nicht dessen (Zahlungseinstellungs- oder Konkurs-)Masse vermindert; der Thatbestand erscheint somit als ein Versuch am untauglichen Objekt. Nun handelt der Schuldner im Hinblick auf eine bevorstehende Zahlungseinstellung, und niemand kann es besser beurteilen, als er selbst, ob eine Zahlungseinstellung wirklich zu erwarten sei; subjektiv und objektiv sind daher für diesen Thatbestand die Merkmale der Gefahr gegeben, und der so beschaffene Versuch ist strafbar.[1])

Ein strafbarer Versuch liegt aber auch schon dann vor, wenn die erwartete Zahlungseinstellung nicht erfolgte, und die Bankerotthandlung nicht völlig zu Ende geführt wurde. Auch hier handelt es sich um einen gefährlichen Anfang der Ausführung des Verbrechens.[2])

Dagegen ist es kein untauglicher Versuch,[3]) sondern vollendetes Verbrechen, wenn der Schuldner bei einer auf irrtümlicher Annahme der Zahlungsunfähigkeit beruhenden Zahlungseinstellung Vermögensstücke bei Seite schafft (vgl. oben S. 167).

Es ist andererseits strafloses Wahnverbrechen, wenn er ein dem Konkursverfahren nicht unterliegendes Vermögensstück bei Seite schafft in der irrigen Meinung, dasselbe bilde einen Bestandteil seiner Konkursmasse (vgl. oben S. 167).

Thätige Reue ist gemäß St. G. B. § 46 Z. 2 dann mög-

---

[1]) Vgl. Liszt S. 200. — Strafbarer Versuch ist dies auch nach Meyer S. 739; Meves S. 383 A. 5a; Seeger G. A. Bd. XX S. 149; Petersen-Kleinfeller S. 599; Hälschner Bd. II S. 411 ff. (Hälschner vermengt die Frage nach der Möglichkeit eines Versuchs mit der Frage nach seiner Beweisbarkeit und gelangt so zu ungerechtfertigten Einschränkungen); nach Merkel H. H. Bd. III S. 820 (und ähnlich Lehrbuch S. 333) nur, wenn die Handlung darauf gerichtet war, eine wirkliche oder scheinbare Insolvenz herbeizuführen. Nach Baumgarten S. 369 ist dieser Fall abzulehnen, weil die verbrecherische Handlung ohne den Eintritt des Erfolgs der Zahlungseinstellung nicht als deren Ursache betrachtet werden dürfe; nach Liszt S. 443 und Olshausen S. 165 5), weil die Bedingung der Strafbarkeit, die Zahlungseinstellung, nicht eingetreten sei.

[2]) Ebenso Oppenhoff S. 718 26) und das oben erwähnte Reichsgerichtsurteil (jedoch mit der unrichtigen Begründung, daß der Versuch nicht verlange, „daß ein Anfang der Ausführung aller Thatbestandsmerkmale vorliege, also bei dem betrügerischen Bankerott auch der Herbeiführung des Konkurses“).

[3]) Wie Baumgarten S. 369 A. 71 behauptet.

lich, wenn die Bankerotthandlung der Zahlungseinstellung vorausging. Denn es fehlt hier bis zum Eintritt der Zahlungseinstellung an dem Erfolg des Verbrechens: der Verminderung einer Masse. Werden die verheimlichten Bücher vor Eröffnung des Konkurses wieder herbeigeschafft, so bleibt der Thäter straflos.[1])

Treffen mehrere der in § 209 genannten Handlungen zusammen, so liegt nach der fast einstimmigen Annahme von Theorie und Praxis doch nur ein Verbrechen vor.[2]) Der betrügerische Bankerott wird als eine der von Buri so genannten gesetzlichen Einheiten bezeichnet,[3]) deren Thatbestand ebensowohl durch die einmalige als durch die wiederholte Begehung der verbrecherischen Handlung erfüllt wird. Oder es erscheint die gesammte Handlungsweise des Schuldners vor und nach der Zahlungseinstellung überhaupt als eine Handlung, es wird eine „Mißachtung der Interessen der Gläubiger“,[4]) „ein unreelles Verhalten als Ganzes“[5]) bestraft. Der Mangel scharfer Begriffsbestimmungen macht sich hier empfindlich fühlbar. Warum sollen gerade beim Bankerott allgemeine und unbestimmte Gesichtspunkte ausschlaggebend sein, die anderwärts, wo es sich um scharf ausgeprägte Verbrechensbegriffe handelt, nicht in Betracht kommen? Es ist ebensowohl ein ungetreues Verhalten als Ganzes, wenn der Kassier wiederholte Eingriffe in die anvertraute Kasse macht, und doch wird hier regelmäßig jede Unterschlagung für sich bestraft.

Im einzelnen wird die Verbrecheneinheit verschieden begründet. Nach Liszt (S. 442) werden die sämmtlichen Einzelhandlungen durch die allen gemeinsame Bedingung der Strafbarkeit (die Zahlungseinstellung) in eine Handlungseinheit zusammengefaßt; Liszt bezieht sich dabei auf seine Ausführungen im allgemeinen Teil (S. 326): „Auch durch eine gemeinsame objektive Bedingung der Strafbarkeit kann eine Mehrheit natürlicher Hand-

---

[1]) Straflosigkeit wird hier auch angenommen von Merkel H. H. Bd. III S. 820 A. 10; Berner S. 594; Petersen-Kleinfeller S. 599.

[2]) Literaturübersicht bei Petersen-Kleinfeller S. 585 A. 1.

[3]) v. Buri, Einheit und Mehrheit der Verbrechen 1879 S. 40; ihm folgend Hiller, über den gegenwärtigen Stand der Lehre von der Konkurrenz der Delikte, im Gerichtssaal Bd. XXXII S. 217; Olshausen S. 378 5).

[4]) Urteil des Reichsgerichts vom 17. III. 82 (E. Bd. VI S. 97).

[5]) Binding, Handbuch Bd. I S. 363.

lungen zur juristischen Einheit zusammengefaßt werden." Nun ist es klar, daß nicht einer jeden mehreren Handlungen gemeinsamen Bedingung der Strafbarkeit eine solche verschmelzende Wirkung zukommen kann; die Beleidigung eines auswärtigen Landesherrn und der zwei Jahre später von demselben Thäter gegen jenen verübte Mordversuch werden dadurch nicht zu einer That, daß in dem betreffenden Staate hinsichtlich der Bestrafung solcher Verbrechen dem deutschen Reiche die Gegenseitigkeit verbürgt ist. Demgemäß sagt denn auch Liszt nur, daß eine solche Zusammenfassung stattfinden kann. Wann sie möglich ist, muß offenbar aus dem Wesen des betreffenden Verbrechens entnommen werden. Wenn die Bedingung der Strafbarkeit etwa den Erfolg der Handlung enthielte, wenn z. B. ein Schuldner durch Spiel und Differenzhandel seine Zahlungsunfähigkeit verursacht, so werden diese Handlungen durch die (von Liszt angenommene) gemeinsame Bedingung der Strafbarkeit gewiß zu einem Ganzen vereinigt. Aber dies ist dann nicht darum der Fall, weil, sondern, obwohl die Zahlungseinstellung als Bedingung der Strafbarkeit erscheint. Die Bedingung der Strafbarkeit übt hier einen Einfluß auf den Begriff des Verbrechens, obwohl sie ihrem Wesen nach sonst derartige Wirkungen nicht hat. Wenn sich somit Liszt bei der Begründung der Einheit mehrerer Handlungen aus § 209 einfach auf die allen gemeinsame Bedingung der Strafbarkeit bezieht, so ist dies ohne Angabe des inneren Grundes dieser Einheit nicht beweiskräftig.

Ähnlich verhält es sich, wenn Petersen-Kleinfeller (S. 585) die Verbrecheneinheit aus „der Eigenschaft der Zahlungseinstellung sowie der Konkurseröffnung als Thatbestandsmerkmale" folgern. Wer in der gleichen Nacht unberechtigt fischt (St. G. B. § 296) und sich dann in ein bewohntes Gebäude einschleicht und darin stiehlt (§ 243 Z. 7), macht sich ganz gewiß zweier verschiedener Verbrechen schuldig. Und doch handelt es sich dabei in Gestalt der „Nachtzeit" um ein beiden Vergehungen gemeinsames Thatbestandsmerkmal. Es ist eben nicht die äußere Form des Thatbestandsmerkmals entscheidend, sondern auch hier das Verhältnis des in dem Merkmale verkörperten Verbrechensteiles zum Ganzen.

Und so ist denn diese wie die vorige Auffassung thatsächlich nur eine Umschreibung des Gedankens, daß die Zahlungseinstellung den Schwerpunkt des Verbrechens bilde, daß beim betrügerischen

Bankerott die Zahlungseinstellung bestraft werde. Die Bedeutung dieses Gedankens hat das Reichsgericht in seinem Urteil vom 9. XI. 85 (E. Bd. XIII S. 43) mit aller wünschenswerten Deutlichkeit zum Ausdruck gebracht: „Die Herbeiführung des Konkurses ist die schuldhafte Handlung des § 209 . . Von dieser Auffassung aus hat das Reichsgericht . . die eine Zahlungseinstellung als die strafbare Handlung da, wo mit ihr eine Mehrheit der im § 209 genannten vier Arten von Handlungen zusammentrifft, angesehen und nicht eine Realkonkurrenz mehrerer von einem Kridar begangener Verbrechen angenommen" — —

Buri führt für die Einheit der Bankerotthandlungen die wunderliche Behauptung ins Feld, daß ohne deren Annahme ebensoviele konkurrierende Verbrechen als verletzte Gläubiger vorhanden wären. Nun handelt es sich aber bei jedem Bankerott um eine Verletzung der Gläubigergesammtheit, und es liegt in dieser Beziehung stets nur eine „rechtsverletzende Kausalität" (der Maßstab Buris) vor.

Seeger (G. A. Bd. XX S. 153 ff.) beruft sich auf das Vorbild des französischen Rechts; allein dort bestimmte die positivrechtliche Vorschrift des code de commerce art. 593: „Sera déclaré banqueroutier frauduleux tout commerçant failli qui se trouvera dans un ou plusieurs des cas suivans . .", eine Bestimmung, die bei der 1838 erfolgten Neuregelung der Gesetzgebung stillschweigend übernommen wurde.[1]) Weiter weist Seeger auf die Ungerechtigkeit hin, die entstünde, wenn man den Schuldner, der bei seinem unverschuldeten Vermögensverfall noch etwas für sich und seine Angehörigen retten möchte, wegen mehrerer Bankerotthandlungen mehrfach bestrafen müßte, während der zahlungsfähige Schuldner, der böswillig eine Zahlungsunfähigkeit vorspiegelt, sich seinen Verpflichtungen zu entziehen, und durch mehrere Bankerotthandlungen seine Zahlungseinstellung verursacht, wegen des einheitlichen Erfolges seiner That nur einmal bestraft werden könnte. Allein — abgesehen davon, daß ein solcher Kausalzusammenhang überhaupt unmöglich ist (vgl. oben S. 165) — hat es der Richter ja in der Hand, die mehreren leichten Verbrechen milder zu be-

[1]) Seeger a. a. O.

strafen als das eine schwere. Sollte dieser Unterschied in der Verschuldung so groß sein, daß er innerhalb des gesetzlichen Strafrahmens nicht genügend berücksichtigt werden könnte, so würde daraus folgen, daß der Gesetzgeber den Strafrahmen zu enge bestimmt hat, aber nicht, daß eine Verbrechensmehrheit dadurch zur Verbrechenseinheit wird.

Es erschöpft vielmehr jede Bankerotthandlung grundsätzlich den ganzen Thatbestand des Verbrechens; jede einzelne erscheint als eine Verminderung der Masse; mehrere Bankerotthandlungen stehen zu einander im Verhältnisse eines sachlichen Zusammenflusses.[1]) Wenn der Schuldner im Hinblick auf eine drohende Zahlungseinstellung in der Doppelabsicht, sich einen Zehrpfennig zurückzuhalten, seine Gläubiger zu benachteiligen, Vermögensstücke bei Seite schafft und später, mit seiner Bitte um Stundung von den Gläubigern abgewiesen, aus Rache seine Bücher ins Feuer wirft, so liegt gewiß keine Verbrechenseinheit vor.

Freilich stehen die einzelnen Handlungen in naher Beziehung zu einander. Es ist das gleiche Angriffsobjekt, gegen das sie sich kehren, es ist die gleiche Art und Weise, auf die sie die Verletzung bewirken, der gleiche Beweggrund ist mitbestimmend für alle Handlungen. Entstammen nun die mehreren Handlungen einem einheitlichen Entschluß, so werden dieselben in der That zu einer Einheit zusammengeschlossen, die die Wissenschaft als „fortgesetztes Verbrechen“ bezeichnet.[2]) Auch Schwarze[3]) und Hälschner[4]) bezeichnen den betrügerischen Bankerott als fortgesetztes Verbrechen; aber ihnen zufolge soll diese Konstruktion unterschiedslos in jedem Falle zutreffen. Dies widerstreitet dem Begriff des fortgesetzten Verbrechens. „Die Eigentümlichkeit der Deliktsart . . ermöglicht . . nur eventuell die Annahme einer fortgesetzten Handlung, die eigentümliche thatsächliche Gestaltung des Falles gibt . . schließlich den Ausschlag, ob eine solche anzunehmen sei, oder nicht“.[5]) Ein

---

[1]) Ebenso Oppenhoff S. 717 33); Merkel H. H. Bd. III S. 821 und H. R. Bd. I S. 227 (abweichend Lehrbuch S. 333).

[2]) Vgl. Berner S. 299.

[3]) Zur Lehre von dem sogenannten fortgesetzten Verbrechen 1857 S. 65 ff.

[4]) Bd. II S. 413 ff.

[5]) Olshausen S. 379 6).

Beispiel solcher Einheit bietet der oben besprochene Fall, daß ein zahlungsfähiger Schuldner durch mehrere Bankerotthandlungen den Anschein der Zahlungsunfähigkeit erweckt und seine Zahlungen einstellt.

Handlungen, die nach ihrer äußeren Gestaltung ebensowohl unter § 209 als unter § 210 gezogen werden können, wie z. B. die Vernichtung der Handelsbücher, sind lediglich als betrügerischer Bankerott zu betrachten. Zwar erfolgt eine solche Vernichtung beim einfachen Bankerott in der Absicht, eine schuldhafte Verursachung der Zahlungsunfähigkeit zu verdecken, beim betrügerischen in der Absicht, die Gläubiger zu benachteiligen, und es läge infolge dieser Verschiedenheit die Annahme einer Idealkonkurrenz der beiden Verbrechen nahe; allein unser Gesetz sagt nur, daß die Vernichtung der Handelsbücher als in Verdeckungsabsicht vorgenommen aufzufassen sei, wenn dieselbe als einfacher Bankerott bestraft wird. Trägt die Handlung die ausgesprochenen Merkmale des betrügerischen Bankerotts, so liegt wohl kein Grund vor, sie durch Zuhilfenahme von Präsumtionen erst dem einfachen Bankerott anzupassen. Das gleiche gilt für die hier in Betracht kommenden Handlungen, die durch ihre Bestrafung als einfacher Bankerott zu Ursachen der Zahlungsunfähigkeit gestempelt werden.

Handlungen des betrügerischen Bankerotts, die mit solchen des einfachen Bankerotts zusammentreffen, stehen in Realkonkurrenz mit denselben.[1]) Die Verursachung einer Zahlungsunfähigkeit und die Verminderung einer Masse sind zwei ganz verschieden geartete Rechtsverletzungen. Die gemeine Meinung nimmt, von ihrem allgemeinen Bankerottbegriff ausgehend, hier bald Gesetzeskonkurrenz, bald Idealkonkurrenz an.[2])

---

[1]) Ebenso Oppenhoff S. 717 34); Merkel H. H. Bd. III S. 821 und H. R. Bd. I S. 227; Löning S. 117; Buri S. 40; Rüdorff-Stenglein S. 650 8); vgl. auch Bezold Bd. I S. 433 51) und Bd. II S. 495 38); ferner die Rechtsprechung des preußischen Obertribunals für das preußische Recht (vgl. G. A. Bd. XVIII S. 291); desgleichen die französische Jurisprudenz (vgl. Alauzet Bd. VI S. 681). Seeger G. A. Bd. XX S. 137 ff. nimmt Realkonkurrenz nur für die Bankerotthandlungen an, die, nach der Zahlungseinstellung verübt, mit anderen vor oder nach derselben begangenen zusammentreffen; für die sämmtlichen vor der Zahlungseinstellung verübten Handlungen soll eine Idealkonkurrenz der §§ 209 und 210 vorliegen.

[2]) Vgl. die Literatur bei Petersen-Kleinfeller S. 585 A. 3.

Aus dieser Verschiedenheit der beiden Verbrechen folgt denn in prozessualer Hinsicht, daß der Angeklagte, gegen den das Hauptverfahren wegen betrügerischen Bankerotts eröffnet, und in Bezug auf dieselbe Zahlungseinstellung im Laufe der Hauptverhandlung die Beschuldigung des einfachen Bankerotts erhoben wurde, nur auf Antrag des Staatsanwalts und mit seiner Zustimmung gleichzeitig wegen beider Verbrechen abgeurteilt werden kann (St. P. O. § 265), daß wegen jeden Verbrechens an die Geschworenen eine gesonderte Hauptfrage zu richten ist (St. P. O. § 292 Abs. 3), daß eine rechtskräftige Aburteilung aus § 209 eine Verfolgung aus § 210 nicht ausschließt.

Eine Teilnahme am betrügerischen Bankerott liegt nach allgemeinen Grundsätzen dann vor, wenn jemand zu einer der in Ziffer 1—4 genannten Handlungen des Schuldners mitwirkt, in Kenntnis des Vorliegens der objektiven und subjektiven Erfordernisse der Thäterhandlung. [1])

Die Teilnehmerhandlungen zu § 209 sind nahe verwandt mit den Fällen der sogenannten Bankerottunterstützung, welche K. O. § 212 regelt. Auf Grund dieses Paragraphen wird „mit Zuchthaus bis zu zehn Jahren . . bestraft, wer

1. im Interesse eines Schuldners, welcher seine Zahlungen eingestellt hat, oder über dessen Vermögen das Konkursverfahren eröffnet worden ist, Vermögensstücke desselben verheimlicht oder bei Seite geschafft hat, oder

2. im Interesse eines solchen Schuldners, oder, um sich oder einem Anderen Vermögensvorteil zu verschaffen, in dem Verfahren erdichtete Forderungen im eigenen Namen oder durch vorgeschobene Personen geltend gemacht hat.

Sind mildernde Umstände vorhanden, so tritt Gefängnißstrafe oder Geldstrafe bis zu sechstausend Mark ein."

Die positivrechtliche Verschiedenheit der Thatbestände einer Teilnahmehandlung zu § 209 und einer Handlung nach § 212 können nicht darüber täuschen, daß es sich grundsätzlich hier wie

[1]) Motive zum Strafgesetzbuch S. 134: „Die Anwendung der Vorschriften über die Teilnahme muß sich nach den allgemeinen Grundsätzen entscheiden"; ebenso die Urteile des Reichsgerichts vom 27. I. 81 (E. Bd. IV S. 2); vom 17. I. 84 (E. Bd. IX S. 430); vom 13. I. 91 (E. Bd. XXI S. 291 ff.) und die meisten Schriftsteller.

dort um einen gleichgearteten Thatbestand handelt. Allein § 212 enthält nicht etwa Teilnahmehandlungen zum betrügerischen Bankerott mit selbstständiger Strafdrohung. Es handelt sich hier um durchaus selbstständige Vergehungen. Dies beweist schon der Umstand, daß die Geltendmachung erdichteter Forderungen seitens des Dritten ebensowohl in dessen eigenem Interesse als in dem des Schuldners erfolgen kann, ein Thatbestand, der dem Bankerott nicht näher steht als z. B. eine Handlung aus K. O. § 213. Auch wenn die Handlung im Interesse des Schuldners erfolgt, so kann dieses Interesse nicht etwa einen animus socii begründen. Die Strafdrohung des § 212 bezieht sich gerade auch auf die Fälle, in welchen der Schuldner selbst gar keinen betrügerischen Bankerott begangen hat, wo somit eiue accessorische Teilnahme überhaupt nicht vorliegen kann.[1])

Deutlich ist dies in dem auch hier vorbildlichen französischen Recht zum Ausdruck gebracht; art. 593 der Novelle von 1838 bestraft denjenigen, der im Interesse des Gemeinschuldners Vermögensstücke verheimlicht u. s. w., „le tout sans préjudice des autres cas prévus par l'article 60 du Code pénal" (worin über die Teilnahme gehandelt wird). Und so sagt der entsprechende art. 865 des italienischen Handelsgesetzbuchs von 1882: „Sono puniti . . coloro che s e n z a c o m p l i c i t à in bancarotta sono convinti" u. s. w.

Als der selbstständige Thatbestand des § 212 erscheint die vorsätzliche Verminderung einer Masse seitens eines andern als des Gemeinschuldners, in dessen, des Thäters oder eines Dritten Interesse[2]) — ein Thatbestand, auf welchen die Eigentümlichkeiten des betrügerischen Bankerotts entsprechend Anwendung finden. Das Verbrechen als solches steht außerhalb des Gebietes, welches uns hier beschäftigt, es fehlt ihm das kennzeichnende Merkmal des „Bankerotts", die Verletzung der Pflicht, sich zahlungsfähig zu erhalten[3]).

---

[1]) Vgl. Hälschner Bd. II S. 419; Meyer S. 741; Merkel Lehrbuch S. 334 u. a. m.

[2]) Vgl. auch Löning S. 117.

[3]) Es ist daher ungenau, wenn das Strafgesetzbuch den damaligen § 282 in den Titel „Bankerott" aufnahm, umsomehr, als sein Thatbestand auch Handlungen umfaßt, welche gar nicht im Interesse des Schuldners verübt worden sind. Dasselbe gilt für die übliche Bezeichnung dieser Handlungen als „Bankerottunterstützung".

Völderndorff[1]) behauptet: „Der § 212 behandelt diejenigen Fälle der Teilnahme am Bankerutt, welche der Gesetzgeber bestrafen wollte. Die hier aufgeführten Handlungen erschöpfen vollständig den Begriff der Gehilfenschaft zum betrüglichen Bankerutt . . ich wüßte sonst absolut nicht, weshalb man, wenn die Teilnahme allgemein bestraft werden sollte, in § 212 zwei Hilfeleistungen herausgehoben . . hätte." Die Ansicht bedarf nach dem Gesagten keiner weiteren Widerlegung. Es handelt sich in § 212 grundsätzlich gar nicht um Teilnahmehandlungen zum betrügerischen Bankerott. Und gerade die von Völderndorff ausschließlich angezogenen Beihilfehandlungen zu § 209 können den Thatbestand des § 212 nie erfüllen (vgl. unten).

So ist es denn nur ein Zufall, wenn sich eine Handlung gleichzeitig als Teilnahme am betrügerischen Bankerott und als die Strafthat des § 212 darstellt — und zwar ein Zufall, der nur ganz selten sich ereignen wird.[2]). Teilnahmehandlungen zu § 209 Ziffer 3 und 4 kommen dabei von vorne herein nicht in Betracht. Zwar ist auch die Verheimlichung eines Handelsbuches Verheimlichung eines Vermögensstücks, allein die Gegenüberstellung beider in § 209 beweist, daß der Gesetzgeber unter „Vermögensstücken" nur solche Wertgegenstände begreift, welche der unmittelbaren Befriedigung der Gläubiger dienen. Teilnahme an der Aufstellung einer erdichteten Forderung nach § 209 Z. 2 kann nicht gleichzeitig als Geltendmachung einer solchen erscheinen; denn die Geltendmachung einer Forderung setzt deren Vorhandensein voraus, während die Aufstellung einer Forderung eine solche erst in's Leben ruft. Dagegen setzt die Anerkennung einer erdichteten Forderung allerdings deren Geltendmachung von anderer Seite voraus — ähnlich wie die Partirerei eine strafbare Handlung zur Voraussetzung hat, durch welche die verhehlte Sache erlangt wurde; aber ein Einverständnis zwischen dem Schuldner und dem Dritten, der die erdichtete Forderung anmeldet, macht diesen so wenig zum Teilnehmer am betrügerischen Bankerott, als es den Dieb zum Teilnehmer an der Partirerei macht, wenn er im Einverständnis mit dem Hehler

---

[1]) Bd. III S. 44 ff.; ähnlich Schütze S. 497 A. 10; Rüdorff-Stenglein S. 656 8).

[2]) Vgl. Merkel H. H. Bd. III S. 823 A. 2.

stiehlt.[1]) Ueberhaupt ist eine Teilnahme an der Anerkennung erdichteter Forderungen als einer Willenserklärung des Schuldners wohl nur in Form der Anstiftung möglich; hier aber ist es in der That denkbar, daß sich die Geltendmachung einer erdichteten Forderung gleichzeitig als Anstiftung zu deren Anerkennung darstellt.[2]) Was die Handlungen aus Ziffer 1 anlangt, so ist es wohl klar, daß sich dieselbe Handlung nicht als Verheimlichung und als Anstiftung zur Verheimlichung eines Vermögensstückes darstellen kann. Und ebensowenig kann die nämliche Handlung als die Strafthat des § 212 Z. 1 und als Beihilfe zum betrügerischen Bankerott nach § 209 Z. 1 erscheinen. Wer verheimlicht, der hilft nicht verheimlichen. Unmöglich kann die gleiche Handlung die überwiegende Bedingung für den Eintritt des Erfolgs und nur eine untergeordnete Bedingung für denselben darstellen. Dagegen verstößt das Reichsgerichtsurteil vom 13. I. 91 (E. Bd. XXI S. 291 ff.), welches hier Idealkonkurrenz der beiden Verbrechensformen für möglich hält. Und so bleibt nur mehr der Fall, daß sich der Dritte in derselben Handlung als Thäter einer Beiseiteschaffung nach § 212, als Mitthäter einer solchen nach § 209 schuldig macht — ein Fall, dessen Möglichkeit nach den Grundsätzen der Mitthäterschaft bestritten ist.[3])

Stellt sich eine Handlung ausnahmsweise sowohl als die Strafthat des § 212, wie als Teilnahme am betrügerischen Bankerott dar, so bleibt bei Anwendung des § 209 das Motiv des Thäters, durch die That das Interesse des Schuldners wahrzunehmen, d. h. ihm dadurch einen Vorteil zuzuwenden[4]), sowie das Erfordernis unberücksichtigt, daß die Geltendmachung erdichteter Forderungen

---

[1]) Vgl. Merkel H. H. Bd. III S. 823 A. 2. Abweichend Oppenhoff S. 719 ff. 15); Schwarze S. 824 12); Petersen-Kleinfeller S. 592; Pezold Bd. I S. 435 5).

[2]) Man setze z. B. den Fall, daß der Gemeinschuldner an einen Freund in der benachbarten Stadt um Rat schreibt, wie er seine Gläubiger am besten verkürzen könne. Der Freund erscheint im Prüfungstermin und macht eine inzwischen angemeldete, erdichtete Forderung geltend, die der Schuldner, den Plan durchschauend, anerkennt.

[3]) Vgl. Olshausen S. 202 20) und die dort Angeführten.

[4]) Vgl. Oppenhoff S. 734 9); Petersen-Kleinfeller S. 613 2); Urteil des Reichsgerichts vom 13. I. 91 (E. Bd. XXI S. 293).

„in dem Verfahren" erfolgt sein muß[1]), während bei einer Anwendung des § 212 die Kenntnis von des Schuldners Absicht, seine Gläubiger zu benachteiligen, sowie das Bewußtsein, mit dem Schuldner zusammenzuhandeln[2]), keine Verwertung findet. Beide Verbrechen treffen daher in Idealkonkurrenz gemäß St. G. B. § 73 zusammen.[3])

Schließlich sei noch erwähnt, daß der betrügerische Bankerott nicht blos strafrechtliche Wirkungen nach sich zieht, sondern auch in den Gang des Konkursverfahrens eingreift. Es ist der Abschluß eines Zwangsvergleichs unzulässig, wenn der Schuldner wegen betrügerischen Bankerotts rechtskräftig verurteilt worden ist, und das gleiche gilt für die Dauer eines darum eröffneten Hauptverfahrens.[4]) Ist der Zwangsvergleich schon abgeschlossen, so hebt die rechtskräftige Verurteilung wegen betrügerischen Bankerotts den durch den Zwangsvergleich begründeten Erlaß für alle Gläubiger auf, und es kann, wenn genügende Masse vorhanden ist, das Konkursverfahren auf Antrag eines Konkursgläubigers wieder aufgenommen werden; schon vor der rechtskräftigen Verurteilung kann das Konkursgericht auf Antrag eines Gläubigers Sicherheitsmaßregeln gegen den Gemeinschuldner anordnen.[5])

Die Gläubigerbegünstigung.

K. O. § 211:

„Schuldner, welche ihre Zahlungen eingestellt haben, oder über deren Vermögen das Konkursverfahren eröffnet worden ist, werden mit Gefängniß

---

[1]) Vgl. Petersen-Kleinfeller S. 613 3) und die dort Angeführten.

[2]) Vgl. Merkel H. H. Bd. III S. 822 ff.

[3]) Ebenso Fuchs S. 175; Oppenhoff S. 732 2); Urteil des Reichsgerichts vom 13. I. 91; Pezold Bd. S. 435 5) und Bd. II S. 500 3). — Häufig wird hier Gesetzeskonkurrenz angenommen, und soll infolge dessen nur § 209 mit St. G. B. § 47 ff. zur Anwendung gelangen nach Merkel H. H. Bd. III S. 822 ff. und H. R. Bd. I S. 228; Hälschner Bd. II S. 419; Meyer S. 741; Hiller Gerichtssaal Bd. XXXII S. 218; Schwarze S. 831 2); Pezold Bd. I S. 435 6) und Bd. II S. 499 1) — während v. Kries (ein Beitrag zu der Lehre von der Teilnahme, in der Zeitschrift für die gesammte Strafrechtswissenschaft Bd. VII S. 543 ff.) und Petersen-Kleinfeller S. 614 4) aus dem gleichen Grunde § 212 zur Anwendung bringen wollen.

[4]) K. O. §§ 163 Z. 2 und 3, 172 Z. 2.

[5]) K. O. §§ 183, 184 Abs. 1.

bis zu zwei Jahren bestraft, wenn sie, obwohl sie ihre Zahlungsunfähigkeit kannten, einem Gläubiger in der Absicht, ihn vor den übrigen Gläubigern zu begünstigen, eine Sicherung oder Befriedigung gewährt haben, welche derselbe nicht oder nicht in der Art oder nicht zu der Zeit zu beanspruchen hatte".

Die Gläubiger eines Schuldners haben Anspruch auf Befriedigung aus dessen gesammtem Vermögen. Reicht das Vermögen zu ihrer vollständigen Bezahlung nicht aus, so können sie wenigstens gleichmäßige Befriedigung nach dem Maße ihrer Forderungen beanspruchen. Zwar ist es auch dem zahlungunfähigen Schuldner nicht zu verübeln, wenn er einen Gläubiger dem Inhalt einer ihm obliegenden Verbindlichkeit gemäß sichert oder befriedigt[1]); denn die Rücksicht auf die gleichmäßige Befriediguug seiner Gläubiger tritt hier in Widerspruch mit seiner Pflicht, dem gegebenen Versprechen treu zu bleiben. Allein wenn er einem Gläubiger eine Sicherung oder Befriedigung gewährt, welche dieser nicht zu beanspruchen hatte, so bedeutet eine solche Handlungsweise einen unentschuldbaren Eingriff in die Rechte der übrigen Gläubiger; die Begünstigung erscheint als eine Verminderung des zur Befriedigung der Gläubiger verfügbaren schuldnerischen Vermögens, als eine Verletzung der Pflicht des Schuldners, sein Vermögen für seine Gläubiger leistungsfähig zu erhalten.

Und zwar erfolgt die Verletzung dieser Pflicht auch bei der Gläubigerbegünstigung gegenüber der Gesammtheit der beteiligten Gläubiger. Es bedarf hier so wenig, als beim einfachen oder beim betrügerischen Bankerott, einer gesonderten Vorstellung der durch die Handlung verkürzten Gläubiger; das Ausscheiden einzelner vermag hier so wenig wie dort den Angriff gegen die Gläubigergesammtheit in einen solchen gegen die einzelnen Gläubiger zu verwandeln. Wenn die Ehefrau des Schuldners, eine höhere Konkursdividende zu erzielen, statt der von ihr zu beanspruchenden 1000 eine Forderung von 2000 anmeldet, welche der Schuldner in der

---

[1]) Und diese Verbindlichkeit besteht auch dann noch, wenn sie durch das entgegenstehende Gläubigerrecht auf gleichmäßige Befriedigung privatrechtlich wirkungslos gemacht werden kann; vgl. das Urteil des Reichsgerichts vom 7 VI. 82 (R. Bd. IV S. 541 ff.).

Absicht, seine Frau zu begünstigen, die übrigen Gläubiger zu benachteiligen, anerkennt, so ist es nicht ersichtlich, warum diese Anerkennung in ihrer Eigenschaft als betrügerischer Bankerott die Gläubigergesammtheit mit Ausnahme der Frau, als Begünstigung gefaßt, dagegen alle einzelnen Gläubiger mit Ausnahme der Frau verletzen soll.[1])

So erscheint denn auch die Gläubigerbegünstigung als eine Art des Bankerotts.[2]) Innerhalb desselben bildet sie keine gesonderte Erscheinung gegenüber den beiden anderen Verbrechensformen. Sie steht in engster Beziehung zu dem betrügerischen Bankerott, sodaß beide sich nur als Abart desselben Begriffes darstellen.

Auch hier erfüllt den objektiven Thatbestand des Verbrechens eine Verminderung des bei einer Zahlungseinstellung oder in einem Konkursverfahren für die Befriedigung der Gläubiger zu gebote stehenden schuldnerischen Vermögens. Allein der Thatbestand des § 211 weist gegenüber dem des § 209 eine Einschränkung auf: der Schuldner muß die Begünstigung verüben in Kenntnis seiner Zahlungsunfähigkeit. Daraus folgt, daß die Masseminderung, die als Gläubigerbegünstigung bestraft werden soll, zwar vor oder nach der Zahlungseinstellung, aber stets erst dann erfolgen darf, wenn sich der Schuldner die eingetretene Zahlungsunfähigkeit zum Bewußtsein gebracht hat.[3]) Es ergibt sich aus dem klaren Wortlaut des Gesetzes aber auch die sehr bedenkliche Konsequenz, daß nur diejenige Begünstigung unter die Strafdrohung des § 211 fällt, welche bei einer auf thatsächlicher Zahlungsunfähigkeit beruhenden Zahlungseinstellung oder einem derart begründeten Konkurse erfolgt; beruhen Konkurs und Zahlungseinstellung auf einer irrtümlich angenommenen oder fälschlich vorgegebenen Zahlungsunfähigkeit, ist der Konkurs auf Grund einer Ueberschuldung eröffnet, welche sich nicht gleichzeitig als Zahlungsunfähigkeit darstellt, so kann der Schuldner unmöglich seine „Zahlungsunfähigkeit" kennen,

---

[1]) Abweichend Hälschner Bd. II S. 422; Schütze S. 494.

[2]) Ebenso Liszt S. 445; Löning S. 117.

[3]) So auch Hälschner Bd. II S. 421; Merkel H. H. Bd. IV S. 453 Meyer S. 741; Petersen-Kleinfeller S. 609 und andere; Urteil des Reichsgerichts vom 8. IV. 81 (E. Bd. IV S. 67).

und die bei solcher Gelegenheit verübte Begünstigung muß straflos bleiben.[1])

Der entscheidende Unterschied zwischen betrügerischem Bankerott und Gläubigerbegünstigung liegt auf subjektivem Gebiet. Dort ist es die Vorstellung des durch die Masseminderung den Gläubigern erwachsenden Schadens, welche den Schuldner zur That reizt, hier die Vorstellung, daß die Verminderung der Masse zur Tilgung einer Schuld dienen werde, dort die Absicht, zu benachteiligen, hier die Absicht, zu begünstigen. Die Absicht, einen Gläubiger vor den andern Gläubiger zu begünstigen, d. h. ihn günstiger zu stellen, als er beanspruchen kann, umfaßt zwar notwendig das Bewußtsein, daß die übrigen Gläubiger durch die Handlung ungünstiger gestellt werden, als sie zu verlangen berechtigt sind; keineswegs aber ist dieses Bewußtsein von den schädigenden Wirkungen der Gläubigerbegünstigung eins mit der Absicht, eine solche Wirkung herbeizuführen, der Benachteiligung als Motiv der Thäterhandlung, wie es der betrügerische Bankerott voraussetzt.[2]) Es fehlt an der erforderlichen Begünstigungsabsicht, wenn etwa der Thäter im Interesse der gesammten Gläubigerschaft zu handeln glaubte, als er einem drängenden Gläubiger eine Befriedigung gewährte, wie sie dieser nicht zu beanspruchen hatte.[3])

Die Gläubigerbegünstigung kann nur vorsätzlich begangen werden. Als Inhalt dieses Vorsatzes erscheint die Vorstellung des Thäters, daß er als zahlungsunfähiger Schuldner einem Gläubiger eine Sicherung oder Befriedigung gewähre, welche dieser in der

---

[1]) So auch Merkel H. H. Bd. IV S. 453 und H. R. Bd. I S. 227; Berner S. 595; Löning S. 117. Dagegen behauptet Petersen-Kleinfeller S. 608, Sarwey S. 742 1), Völderndorff Bd. III S. 42, daß die Kenntnis der Zahlungsunfähigkeit immer mit der Kenntnis der Zahlungseinstellung gegeben sei.

[2]) So auch Liszt S. 445; Völderndorff Bd. III S. 41 A. 6; Zürcher in der Zeitschrift für Schweizer Strafrecht Bd. II S. 320 und 328; Urteil des Reichsgerichts vom 13. II. 82 (R. Bd. IV S. 162 ff.) und vom 12. VII. 83 (R. Bd. V S. 520 ff.). Abweichend die Urteile vom 25. II. 82 (R. Bd. IV S. 206), vom 17. III. 82 (E. Bd. VI S. 95) und vom 19. III. 83 (Annalen des Reichsgerichts Bd. VII S. 443); Hälschner Bd. II S. 422; Geyer Bd. II S. 67; Oppenhoff S. 719 41); Petersen-Kleinfeller S. 609.

[3]) Ebenso das Urteil des Reichsgerichts vom 10. X. 82 (E. Bd. VII S. 142 ff.).

gewährten Weise nicht zu beanspruchen hatte. Die irrtümliche Annahme, daß der Gläubiger ein Recht auf die erhaltene Sicherung oder Befriedigung habe, schließt den Thatbestand des Verbrechens aus.[1])

Als Masseminderung stellt auch die Gläubigerbegünstigung ein Verletzungsverbrechen dar. Das Verbrechen kann begangen werden von dem Schuldner, sowie von dessen Vertreter nach § 214. Es ist vollendet mit dem Eintritt des letzten der Thatbestandsmerkmale, Masseminderung oder Zahlungseinstellung. Seine Verjährung beginnt stets von der Begünstigungshandlung an zu laufen (vgl. oben S. 172). Der Versuch der Begünstigung ist nicht strafbar.

Treffen mehrere Begünstigungen zusammen, so stehen dieselben grundsätzlich in Realkonkurrenz; doch kann eine Mehrheit solcher Handlungen nach Lage des Falls als ein fortgesetztes Verbrechen erscheinen (vgl. oben S. 178).[2]) Ebenso stehen auch Handlungen aus § 211, welche mit solchen aus § 209 oder aus § 210 zusammentreffen, in Realkonkurrenz mit denselben.[3]) Erscheint dieselbe Handlung zufällig als Gläubigerbegünstigung und zugleich als betrügerischer Bankerott, so ist infolge der Verschiedenheit der jeweils erforderlichen Absicht Idealkonkurrenz anzunehmen.[4])

---

[1]) Ebenso Liszt 4. Aufl. S. 480; Meyer S. 742 A. 7; Oppenhoff S. 732 10); Urteil des Reichsgerichts vom 8. II. 83 (R. Bd. V S. 90); vom 6. XI. 84 (R. Bd. VI S. 708); vom 27. II. 88 (E. Bd. XVII S. 223).

[2]) Verbrechenseinheit wird hier in allen Fällen angenommen von Geyer Bd. II S. 67; Petersen-Kleinfeller S. 612; in den Urteilen des Reichsgerichts vom 5. II. 83 (R. Bd. V S. 87); vom 20. X. 84 (R. Bd. VI S. 640); vom 18. IX. 85 (R. Bd. VII S. 517) — Realkonkurrenz von Hiller Gerichtssaal Bd. XXXII S. 219 und wohl auch von Oppenhoff S. 732 13).

[3]) So auch Hälschner Bd. II S. 422; Geyer Bd. II S. 67; Löning S. 117; wohl auch Oppenhoff S. 732 13). Idealkonkurrenz nehmen hier an Petersen-Kleinfeller S. 611 ff. und die Urteile des Reichsgerichts vom 5. II. 83 (R. Bd. V S. 87); vom 26. IX. 84 (R. Bd. VI S. 573); vom 17. X. 84 (R. Bd. VI S. 633); 16. VI. 85 (R. Bd. VII S 400 ff.).

[4]) Oppenhoff S. 719 41) und Petersen-Kleinfeller S. 612 nehmen hier Gesetzeskonkurrenz an. Nach dem Urteil des Reichsgerichts vom 17. III. 82 (E. Bd. VI S. 94 ff.) liege in einem solchen Falle im allgemeinen Gesetzeskonkurrenz vor; nur wenn eine Benachteiligungsabsicht „unabhängig" von der Begünstigungsabsicht vorhanden sei, sei Idealkonkurrenz gegeben. Aber die Benachteiligungsabsicht ist entweder vorhanden oder nicht vorhanden; ist sie

Als Teilnehmer ist der Dritte zu bestrafen, der — in Kenntnis dieses Thatbestands — zu der Gewährung einer ungerechtfertigten Sicherung oder Befriedigung seitens des zahlungsunfähigen Schuldners mitwirkt.

Eigenartig gestaltet sich dies Verhältnis, wenn die Teilnahmehandlung von dem begünstigten Gläubiger ausgeht. Die Frage ist in letzter Zeit von Kries,[1]) Zadek[2]) und Dalcke[3]) eingehend untersucht worden, und alle drei Schriftsteller kommen übereinstimmend — und zwar mit überzeugender Beweisführung — zu dem Ergebnis, daß eine Teilnahme des begünstigten Gläubigers an dem Vergehen des § 211 in keiner Form strafbar ist: Die „Gewährung" einer Begünstigung von seiten des Schuldners setzt deren Annahme von seiten des begünstigten Gläubigers voraus; es handelt sich bei dem Thatbestand des § 211 sonach um einen Fall der sogenannten notwendigen Teilnahme. Nun pflegt unser Gesetzgeber in solchen Fällen den notwendigen Teilnehmer, den er bestrafen will, stets unter eine gesonderte Strafdrohung zu stellen

---

gegeben, so liegt sie „unabhängig" vor, mangelt sie, so kann ein betrügerischer Bankerott auch nicht für eine Gesetzeskonkurrenz vorhanden sein. Sehr widerspruchsvoll ist das Urteil vom 12. VII. 83 (R. Bd. V S. 518 ff.); S. 519 wird ausgeführt: „Hat ein Schuldner .. Vermögensstücke an einen Gläubiger weggegeben in der alleinigen Absicht, diesen vor den übrigen Gläubigern zu begünstigen, so kann darin zwar eine Beiseiteschaffung liegen, wie der § 209 Abs. 1 der Konkursordnung sie fordert, aber nicht das Verbrechen des § 209 Abs. 1; denn teils hindert dies der Unterschied der Absicht, welche bei dem letzteren auf die Benachteiligung der Gläubigerschaft gerichtet sein muß, teils ist der Thatbestand des § 211 durch das Gesetz aus dem des § 209 Abs. 1 überhaupt ausgeschieden .. worden, so daß hier nicht von einer Idealkonkurrenz, sondern nur von einer Gesetzeskonkurrenz gesprochen werden kann." Weiter wird die Entscheidung vom 17. III. 82 gebilligt, und S. 521 fährt das Urteil fort: „Angenommen es hätte sich die Benachteiligungsabsicht .. genau auf die nämlichen weggegebenen Vermögensstücke und auf keinen größeren Wert derselben als die Begünstigungsabsicht .. bezogen, so würde sich fragen, ob nicht gerade eines der Verhältnisse vorliege, die im Vorstehenden als unter den Begriff der Idealkonkurrenz fallend bezeichnet worden sind." — Hälschner Bd. II S. 422 und Geyer Bd. II S. 67 stellen die Möglichkeit eines solchen Zusammentreffens gänzlich in Abrede.

1) Zeitschrift für die gesammte Strafrechtswissenschaft Bd. VII S. 546 ff.

2) Gerichtssaal Bd. XL S. 561 ff.

3) G. A. Bd. XXXVII S. 342 ff.

(soferne nicht schon die Strafdrohung gegen den Thäter auch auf den Teilnehmer paßt, wie beim Zweikampf); sein Stillschweigen läßt mit Sicherheit erkennen, daß er die Handlung des Teilnehmers als straflos behandeln will.[1]) Folgt dies Ergebnis schon aus allgemeinen Grundsätzen, so wird es im vorliegenden Falle noch besonders bestätigt. § 309 der preußischen Konkursordnung stellte den Gläubiger unter Strafe, „welcher nach erlangter Kenntnis von der Zahlungseinstellung, zu seiner Begünstigung und zum Nachteil der übrigen Gläubiger einen besonderen Vertrag mit dem Gemeinschuldner oder dessen Erben eingeht." Die Motive zur Reichskonkursordnung[2]) äußern sich dem gegenüber: „Diese Vorschrift ist mit Recht in der Praxis als zu hart getadelt worden. Der Gläubiger verfolgt sein Recht, verletzt er dabei den Konkursanspruch der übrigen, so kann er wohl civilrechtlich unwirksam handeln, aber nicht bestraft werden." Das Schweigen des Gesetzgebers über eine Bestrafung des begünstigten Gläubigers erscheint also als ein durchaus absichtliches. Dabei kann nicht etwa eine unumgänglich notwendige Beteiligung des annehmenden Gläubigers in Bezug auf die Strafbarkeit von den Fällen unterschieden werden, wo er über diese Grenzen hinaus an dem Verbrechen thätig Anteil genommen.[3]) Der begünstigte Gläubiger pflegt nicht in vollständiger Unthätigkeit zu verharren und sich die Begünstigung vom Schuldner aufdrängen zu lassen.[4]) Wenn die Annahme der Begünstigung straflos bleiben soll, so müssen es auch die mit ihr sich naturgemäß

---

[1]) So stellt z. B. St. G. B. § 332 die Annahme von Geschenken für eine pflichtwidrige Handlung seitens eines Beamten unter Strafe, während § 333 das Anbieten solcher Geschenke bestraft; in § 331 dagegen wird die Annahme von Geschenken für eine nicht pflichtwidrige Handlung mit Strafe belegt, während der Gesetzgeber über das Anbieten von Geschenken in solchem Fall ein beredtes Schweigen beobachtet. Zahlreiche andere Beispiele bei den genannten Schriftstellern a. a. O.

[2]) Hahn, Materialien S. 406.

[3]) § 309 der preußischen Konkursordnung und die darauf bezügliche Stelle der Motive umfaßt alle Fälle eines „Vertragsabschlusses" von seiten des begünstigten Gläubigers, ob er bei Eingehung desselben mehr oder weniger thätig war, ob die Anregung zu demselben von ihm oder dem Gemeinschuldner ausging. Dies wird vom Reichsgericht bei Anführung der betreffenden Stellen regelmäßig übersehen. Vgl. Kries S. 551 ff.

[4]) Kries S. 552 ff.

verknüpfenden Handlungen sein. Insbesondere kann auch die Anstiftung zur Begünstigung seitens des Gläubigers nicht bestraft werden. Denn wenn es ihm strafrechtlich erlaubt ist, die Begünstigung anzunehmen, so kann er dadurch nicht straffällig werden, daß er zu dieser ihm erlaubten Handlung den Anstoß gibt.[1])

Die durch eine Begünstigung benachteiligten Gläubiger sind natürlich auch privatrechtlich geschützt[2]); allein keine dieser Wirkungen knüpft sich an den Thatbestand des § 211 als solchen.

K. O. § 213, demzufolge der Gläubiger bestraft werden soll, der sich für eine in gewissem Sinne vorzunehmende Abstimmung im Konkurse Vorteile gewähren oder versprechen läßt, fällt so wenig in das Gebiet des Bankerotts als K. O. § 212. Nur der kann einen Bankerott begehen, der die Pflicht verletzt, sich zahlungsfähig zu erhalten, also nur der Schuldner oder dessen Vertreter.

Andere auf den Konkurs bezügliche Strafbestimmungen ent-

[1]) Vgl. Zadek S. 577. Zadek weist darauf hin, daß man sonst auch denjenigen, der von einem Wucherer ausgebeutet worden, wegen Anstiftung zum Wucher bestrafen müsse, wenn von ihm die Anregung zu dem wucherischen Geschäft ausgegangen sei. — Straflosigkeit des begünstigten Gläubigers wird denn auch in allen Fällen angenommen von Liszt S. 446; wohl auch von Meyer S. 742 und Merkel Lehrbuch S. 333 (anders H. H. Bd. IV S. 453); ferner von Völderndorff Bd. III S. 42 ff. (dieser mit der Begründung, daß der Gläubiger an der Qualität des Thäters als eines zahlungsunfähigen Schuldners nicht Anteil nehme!); dem Urteil des Reichsgerichts vom 12. XI. 80 (E. Bd. II S. 439 ff.); vgl. auch das einen ähnlichen Thatbestand behandelnde Urteil vom 27. IV. 83 (E. Bd. VIII S. 298). Regelmäßig unterscheidet das Reichsgericht zwischen der „bloßen Annahme" der Begünstigung und einer darüber hinaus bethätigten Mitwirkung des Gläubigers, die Anstiftung stets bestrafend, schwankend in Bezug auf die Möglichkeit einer strafbaren Beihilfe; vgl. die Urteile vom 21. XII. 81 (E. Bd. V S. 276 ff.); vom 10. I. 82 (R. Bd. IV S. 28 ff.); vom 10. II. 82 (E. Bd. V S. 455 ff.); vom 10. III. 83 (Entscheidungen in Civilsachen Bd. VIII S. 92); vom 31. I. 90 (E. Bd. XX S. 216); ähnlich Geyer Bd. II S. 67; Oppenhoff S. 733 12); Rüdorff-Stenglein S. 654 4); Petersen-Kleinfeller S. 610 ff.; Wilmowski S. 481. Die Urteile vom 27. I. 81 (E. Bd. IV S. 1 ff.) und vom 21. III. 81 (R. Bd. III S. 153 ff.) lassen auch die Straflosigkeit einer bloßen Annahme der Begünstigung dahingestellt.

[2]) Vgl. K. O. §§ 23 Z. 2, 168, 173.

hält die Aktiennovelle vom 18. VII. 1884 Art. 249 c und das Genossenschaftsgesetz vom 1. V. 1889 § 142, wonach die Mitglieder des Vorstands und die Liquidatoren einer Aktiengesellschaft bzw. Genossenschaft bestraft werden sollen, die es schuldhafter Weise unterlassen haben, im Falle der Zahlungsunfähigkeit (Überschuldung) der Gesellschaft die Eröffnung des Konkurses zu beantragen — ferner das Einführungsgesetz zur K. O. § 5 Z. 2, welches die Landesgesetze aufrecht erhält, die die Nichtbefolgung der Vorschriften über die Anzeige des zwischen dem Gemeinschuldner und seinem Ehegatten bestehenden Güterrechts unter Strafe stellen. In diesen Fällen handelt es sich zwar um Subjekte, die fähig sind, einen Bankerott zu begehen, allein die verbrecherische Handlung erscheint nicht als Bankerotthandlung, als Verletzung der Pflicht, sich zahlungsunfähig zu erhalten.

St. G. B. § 361 Z. 5 enthält einen dem einfachen Bankerott ganz ähnlichen Thatbestand: die Bestrafung desjenigen, der durch Spiel, Trunk oder Müssiggang in einen Zustand gerät, in welchem er sich oder diejenigen, zu deren Unterhalt er verpflichtet ist, ohne fremde Hilfe nicht mehr ernähren kann — allein es mangelt hier die dem Bankerott eigentümliche Beziehung auf die durch das Delikt geschädigten Gläubiger.

Daß der sogenannte Arrestbruch (St. G. B. § 137) nicht in den Bereich des Bankerotts fällt, bedarf kaum der Erwähnung; derselbe wird schon in der Überschrift des Titels, in welchem er enthalten, als „Vergehen wider die öffentliche Ordnung" bezeichnet.

Schließlich ist auch noch ein Blick auf das Verhältnis des St. G. B. § 288 zum Bankerott zu werfen. Auch die Vereitelung der Zwangsvollstreckung setzt einen Schuldner als Thäter voraus, einen Gläubiger als Verletzten, eine Mißachtung der Pflicht, sich leistungsfähig zu erhalten, als Inhalt des Verbrechens. Und doch kann eine solche Vereitelung der Zwangsvollstreckung nicht als Bankerott betrachtet werden. Denn hier erscheint als Angriffsobjekt ein einzelner Gläubiger, dort die Gesammtheit der Gläubiger des Schuldners. Zwar trifft eine Verminderung des schuldnerischen Vermögens stets dessen sämmtliche Gläubiger und schmälert deren Aussicht auf Befriedigung ihrer Forderungen in gleicher Weise (vgl. oben S. 118). Allein die Verletzung der bloßen Aussicht auf Befriedigung erscheint nur dann als strafbar, wenn die Nichtbezahlung von Schulden in Verbindung tritt mit des Schuldners Zahlungsunfähigkeit (Ueberschuldung). Ist dieser erschwerende Umstand nicht gegeben, so ist es erst die Vereitelung der **Befriedigung selbst**, welche den Schuldner strafbar macht. Droht von seiten eines der mehreren Gläubiger eines Schuldners eine Zwangsvollstreckung, so beeinträchtigt der Schuldner durch eine Verminderung seines Vermögens in strafloser Weise alle seine Gläubiger in Bezug auf die für sie vorhandene Möglichkeit, Befriedigung ihrer Forderungen zu erlangen, aber er vereitelt in strafbarer Weise nur die Befriedigung desjenigen Gläubigers, der seine Befriedigung in der bevorstehenden Zwangsvollstreckung sucht. Sollte auch von seiten aller Gläubiger eines Schuldners Zwangsvollstreckung drohen, und eine Vermögensminderung somit sie alle beschädigen, so wäre dies doch nur ein zufälliges Zusammentreffen, durch welches nicht die Gläubigergesammtheit, sondern alle einzelnen Gläubiger des Schuldners verletzt würden.

Und so beschränkt sich denn unser Bankerottrecht auf die drei Verbrechen des einfachen Bankerotts, des betrügerischen Bankerotts und der Gläubigerbegünstigung.

Abschluß.

Die Bankerottstrafgesetzgebung ist ein Gegenstand von einschneidenster wirtschaftlicher Bedeutung. Nur wo ein leichtfertiges oder gar betrügliches Gebahren des Schuldners seine sichere Bestrafung zu gewärtigen hat, vermag sich ein gedeihlicher Kreditverkehr zu entwickeln. Und so ist es begreiflich, daß das Bankerottstrafrecht in besonderem Maße unter dem Drucke der öffentlichen Meinung steht.

Ueber unser geltendes Bankerottrecht habe ich ernste Klagen gehört. Und zwar zielen diese Beschwerden weniger darauf hin, daß in den gesetzlichen Bestimmungen etwa der oder jener Fall, der eine Bestrafung erheische, übergangen sei, als vielmehr darauf, daß der nach unserm Recht strafbare Schuldner so häufig der verdienten Bestrafung entgehe: daß nur eine geringe Zahl der begangenen Bankerotte zur Kenntnis der Gerichte gelange, und daß in den Fällen, mit welchen sich die Gerichte befassen, gar nicht selten Freisprechungen erfolgen, welche von den beteiligten Kreisen als ungerechtfertigt empfunden werden. Die Versuche auswärtiger Gesetzgebungen, gerade hiefür Abhilfe zu schaffen, beweisen, daß es sich hier in der That um eigentümliche, dem Bankerottrecht anhangende Schwierigkeiten handelt, welchen mit den allgemeinen prozessualen Rechtsnormen kaum erfolgreich zu begegnen ist.

Begreiflicher Weise gelangt nur eine geringe Zahl der begangenen Bankerotte zur Kenntnis der Gerichte. Hauptkenntnisquelle eines begangenen Verbrechens ist im allgemeinen die Anzeige des durch das Verbrechen Verletzten. Allein von seiten der verletzten Gläubiger wird hier nur selten eine Anzeige zu erwarten sein. Der Bankerott hat die Eigentümlichkeit, daß die durch ihn Betroffenen sehr häufig gar nicht wissen, daß sie verletzt sind, und die erlittene Verletzung auf Rechnung des strafrechtlich gleichgiltigen, mit dem Konkurse verknüpften Ausfalles setzen. Insbesondere werden ihnen positive, das Verbrechen beweisende Thatsachen nur ausnahmsweise bekannt sein, und gar viele wird die Scheu, einen unbestimmten Verdacht auszusprechen, von einer Anzeige abhalten. Mancher mag die Anzeige auch aus Mitleid mit dem Gemeinschuldner unterlassen, der durch seine Mittellosigkeit schon genug gestraft sei. Vor allem aber werden die Gläubiger häufig gegen ihr Interesse handeln, wenn sie durch eine Anzeige mit dem Gemeinschuldner brechen, während sie doch bei Abwickelung der Verhältnisse vielfach auf den guten Willen des Schuldners oder der ihm nahestehenden, für ihn eingreifenden Personen angewiesen sind.

Und so liegt es nahe, in solchen Fällen durch gesetzliche Sonderbestimmung Beziehungen zu dem Strafgericht herzustellen, die eine Bestrafung der begangenen Verbrechen nach Möglichkeit gewährleisten. Zweckmäßige Bestimmungen enthält in dieser Richtung die französische Konkursnovelle von 1838 Art. 482, und entsprechend das belgische Handelsgesetzbuch (3. Buch von 1851) Art. 494: die Konkursverwalter haben dem Konkursrichter einen Bericht über den Stand des Konkurses, über seine Ursachen und Begleiterscheinungen und über seine vermutliche Beschaffenheit einzureichen, der, mit den Bemerkungen des Konkursrichters versehen, an die Staatsanwaltschaft gelangt.[1]) Das italienische Handelsgesetzbuch von 1882 (Art. 694 und 696 Abs. 3 und 4) macht

[1]) Vgl. außerdem noch für das französische Recht Art. 459, 460, 483; für das belgische Recht Art. 464, 469.

dem Staatsanwalt die Untersuchung eines jeden Konkurses zur Pflicht, wozu das Konkursgericht alles ihm bekannt gewordene Material beizustellen hat; die Entscheidung über Aufnahme oder Ablehnung des Strafverfahrens muß von dem Strafgericht ausgehen und veröffentlicht werden.[1]) Auch nach österreichischem Recht ist „von der Eröffnung des Concurses dem Staatsanwalt ohne Verzug zu dem Ende Nachricht zu geben, damit die strafrechtlichen Erhebungen über die Ursachen der Zahlungsunfähigkeit des Gemeinschuldners sofort eingeleitet werden" [2]); ebenso ist die Verweigerung des Offenbarungseides bei der Staatsanwaltschaft anzuzeigen.[3]) In England ist das Konkursgericht befugt, die Initiative zur Strafverfolgung zu ergreifen.[4])

Das deutsche Reichsrecht kennt keine derartigen Bestimmungen.[5]) Doch verordnet das preußische Ausführungsgesetz zur Reichskonkursordnung § 12, und ebenso eine Reihe von Ausführungsgesetzen kleinerer deutscher Staaten [6]), daß der Gerichtsschreiber des Konkursgerichts der Staatsanwaltschaft bei dem Landgericht eine Abschrift des Konkurseröffnungsbeschlusses unter Bezeichnung des Konkursverwalters mitzuteilen habe, eine Vorschrift, durch welche wenigstens die Aufmerksamkeit der Anklagebehörde auf den Gegenstand gelenkt wird. In Bayern besitzen wir keine derartigen Bestimmungen. — Es sei mir gestattet, dem einige überraschende Ziffern aus der Reichskriminalstatistik der letzten Jahre beizufügen. Demgemäß erfolgten — bei einem Bevölkerungsverhältnis von ungefähr 5:1 — Verurteilungen

---

[1]) Vgl. auch Art. 695 und 696 Abs. 2.

[2]) Concursordnung § 102; Strafprozeßordnung § 85.

[3]) Concursordnung §§ 66 und 99.

[4]) Bankruptcy Act CLXV ff.

[5]) Wenigstens nicht für Civilpersonen. Nach einer — in Bayern und Württemberg nicht geltenden — Vorschrift des Reichsmilitärstrafprozesses (preußische Militärstrafgerichtsordnung von 1845, Beilage B § 41 Abs. 1 mit Reichsverfassung Art. 61) hat das Konkursgericht die aus den Akten sich ergebenden Thatsachen, welche auf einen Bankerott schließen lassen, dem zuständigen Militärgericht mitzuteilen.

[6]) Anhalt § 9; Lippe-Detmold § 11; Sachsen-Altenburg § 9; Schaumburg-Lippe § 96; Schwarzburg-Sondershausen § 5. Vgl. v. Wilmowski Ausführungs- und Uebergangsgesetze zur Reichskonkursordnung 1880.

wegen betrügerischen Bankerotts in

	Preußen	Bayern
1882:	60	20
1883:	69	7
1884:	53	10
1885:	58	13
1886:	52	6
1887:	63	7
1888:	58	15

wegen einfachen Bankerotts in

	Preußen	Bayern
1882:	351	14
1883:	315	17
1884:	317	19
1885:	343	14
1886:	385	8
1887:	418	13
1888:	456	17.

Schwieriger dürfte es sein, dem andern der Beschwerdepunkte abzuhelfen: ungerechtfertigte Freisprechungen des Gemeinschuldners zu vermeiden, wie sie bei der außerordentlichen Schwierigkeit des Beweises eines Bankerotts leicht möglich sind.

Es erwächst daraus für den Gesetzgeber die Pflicht, bei der Fassung der Verbrechensthatbestände eine besondere Sorgfalt auf die Beweisbarkeit der einzelnen Merkmale zu verwenden (die „Absicht" des § 209 z. B. läßt in dieser Beziehung zu wünschen übrig); dies hat denn auch fast allerwegen zu einer Auflösung der Verbrechensbegriffe in einzelne näher bestimmte Begehungsweisen geführt.

Freilich gäbe es ein drastisches Mittel, diese ganze Schwierigkeit zu beseitigen: man betrachtet eine Zahlungseinstellung solange als eine schuldhafte und strafbare, bis der Schuldner nachweist, daß sie ohne sein Verschulden eingetreten, eine Maßregel, wie sie z. B. von dem Nationalökonomen Graf Soden [1]) empfohlen wird, wie sie in Österreich [2]) thatsächlich zu Recht besteht. Gewiß ist diese Bestimmung vom wirtschaftlichen Standpunkt durchaus zu billigen, und sie mag in gar vielen Fällen dem thatsächlichen Ver-

---

[1]) Nationalökonomie 1805 Bd. III S. 231.

[2]) Strafgesetzbuch § 486.

lauf der Dinge angemessen erscheinen[1]); allein sie steht in allzuschroffem Gegensatz zu den Grundsätzen des modernen Strafprozesses, als daß sie ernstlich befürwortet werden könnte. Eine Verurteilung einzig um deswillen, weil dem Schuldner der Entlastungsbeweis mißlungen ist, wäre unverträglich mit dem obersten Grundsatze des Strafverfahrens: daß es sich um die Erforschung der materiellen Wahrheit handle.

Trotzdem enthält diese Forderung einen Gedanken, der einer eingehenderen Erwägung vielleicht nicht unwert wäre. Daß den Gemeinschuldner im Zweifel die volle Strafe des Bankerotts treffen soll, beleidigt unser Rechtsgefühl — die Einrichtung aber findet sich allerwärts, daß der Gemeinschuldner in Bezug auf seine Ehrenrechte als Bürger zweiter Ordnung betrachtet wird, und doch dürfte dem nichts anderes als eine unwiderlegliche Vermutung unehrenhaften Gebahrens bei des Schuldners Vermögensverwaltung zu grunde liegen. Wollte der Gesetzgeber diese Vermutung zur widerleglichen machen, wollte er dem Gemeinschuldner hiegegen einen Entlastungsbeweis gestatten, so würde dadurch der Notwendigkeit einer Bestrafung der begangenen Verbrechen einigermaßen Rechnung getragen, ohne daß diese Maßregel, die ja nicht als Beschwerung eines möglicherweise Unschuldigen, sondern als Begünstigung eines zweifellos Unschuldigen erscheint, unseren Rechtsgrundsätzen allzunahe treten würde. Daß eine solche Maßregel auch vorbeugend für die Schwere der Insolvenzen wirken müßte, sei nur nebenbei erwähnt. Es ist nichts anderes als die alte cessio bonorum! Der englische Bankruptcy Act von 1883 (XXXII) läßt die Ehrenminderung des Schuldners durch die Bestätigung des Konkursgerichts ein Ende finden, daß der Konkurs durch Unglück und ohne Verschulden herbeigeführt wurde. Auch die neueste französische Konkursgesetzgebung von 1889 bringt diesen Gedanken in der Einführung der „gerichtlichen Liquidation“ zum Ausdruck.[2])

Schließlich aber wird es auch der besten Gesetzgebung nicht gelingen, alle Klagen verstummen zu machen. Insbesondere spielt

---

[1]) Roscher Bd. I S. 151 erwähnt eine englische Quelle, wonach in England regelmäßig nur ein Zehntel der Zahlungseinstellungen unverschuldet seien.

[2]) Vgl. die Aufsätze von Fuld in der Bayerischen Handelszeitung 1891 S. 45 u. 49 ff.

da ein Grund herein, den Renouard trefflich klar legt, wenn er sagt[1]): „Tout le monde perd dans une faillite . . Or, on impute facilement à loi les maux qui dérivent de la nécessité à laquelle la loi doit obéir, et comme dans aucun temps ni aucun pays du monde une loi n'empêchera qu'une faillite ne soit une fort mauvaise affaire, il est à présumer que partout et toujours on se plaindra des législations sur les faillites."

---

[1]) Bei Alauzet Bd. VI S. 24.

Druck von C. Brügel & Sohn in Ansbach.

Verlag von J. Schweitzer in München.

Bauer, O., Die Dareingabe beim Kauf nach römischem Rechte. gr. 8⁰ (90 S.) 1887. ℳ 1.50.

Kraus, K., Die Vereinbarung über die Zuständigkeit der Gerichte, histor.-dogmatisch dargestellt. Lex. 8⁰ (71 S.) 1888. ℳ 3.—.

Lindner, Fr., Bayerische Gemeindeordnung für die Landesteile diesseits des Rheins. Gesetz vom 29. April 1869. Erläutert und mit einem Anhange versehen. gr. 8⁰ (557 S.) 1890. Broch. ℳ 5.50, Gebunden ℳ 6.50.

Maurer, O., Praktische Anleitung zur anwaltschaftlichen Buch- und Geschäftsführung. Lex. 8⁰ (19 S.) 1891. ℳ —.80.

Mayr, G. v., Der Staat als Schuldner und als Gläubiger. Lex. 8⁰ (20 S.) 1890. ℳ —.60.

Prüfungs-Aufgaben für den bayer. Finanzdienst, 1875—1889. Enthaltend die Aufgaben der I. Abteilung aus den Jahren 1882, 1884, 1885, 1886 u. 1889 und die der II. Abteilung aus den Jahren 1875, 1880 und 1886. Mit hoher minist. Genehmigung. Lex. 8⁰ (204 S.) 1890. ℳ 4.—.

Rüdiger, A., Vereine und Genossenschaften. Ein Beitrag zum Verständnis der Vereins- und Genossenschaftsgesetzgebung. gr. 8⁰ (23 S.) 1890. ℳ —.60.

Seitz, G., Die Alimentationspflicht des außerehelichen Erzeugers nach gemeinem Recht. gr. 8⁰ (32 S.) 1891. ℳ 1.—.

Staatskonkurs-Aufgaben für den höheren Justiz- und Verwaltungsdienst im Königreich Bayern in den Jahren 1880 bis 1884 incl. Mit hoher ministerieller Genehmigung. 8⁰. Ermäßigter Preis ℳ 3.—.

— Die Aufgaben in den Jahren 1885 bis 1890 incl. Ermäßigter Preis ℳ 4.50.

Daran anschließend:

Juristische Monatsschrift zur Vorbereitung auf die zweite praktische Prüfung für den höheren Justiz- und Verwaltungsdienst im Königreich Bayern. Herausgegeben unter Mitwirkung mehrerer Juristen von Heinrich Becher. 4⁰. Halbjährlich 6 Lieferungen. Im Abonnement ℳ 10.—

Wehler, Ph. J., Zur Lehre von der sogenannten Transmissio Theodosiana. gr. 8⁰ (24 S.) 1891. ℳ 1.—.

FSC
www.fsc.org
MIX
Papier | Fördert gute Waldnutzung
FSC® C083411

Kolibri 360 GmbH
Ferdinand-Jühlke-Straße 7
99095 Erfurt, Deutschland
produktsicherheit@kolibri360.de